U0369710

近代稀见旧版文献再造丛书

民国中国文化史要籍汇刊

（影印本）

侯杰 主编

第二十卷

张星烺 欧化东渐史

郑寿麟 中西文化之关系

梁启超 中国文化史·社会组织篇

吕思勉 中国文化史六讲

南開大學出版社

图书在版编目(CIP)数据

民国中国文化史要籍汇刊. 第二十卷 / 侯杰主编. —影印本. —天津 ：南开大学出版社，2019.1
(近代稀见旧版文献再造丛书)
ISBN 978-7-310-05719-1

Ⅰ. ①民… Ⅱ. ①侯… Ⅲ. ①文化史－文献－汇编－中国 Ⅳ. ①K203

中国版本图书馆 CIP 数据核字(2018)第 278420 号

南开大学出版社出版发行
出版人：刘运峰
地址：天津市南开区卫津路 94 号　　邮政编码：300071
营销部电话：(022)23508339　23500755
营销部传真：(022)23508542　　邮购部电话：(022)23502200
*
北京隆晖伟业彩色印刷有限公司
全国各地新华书店经销
*
2019 年 1 月第 1 版　　2019 年 1 月第 1 次印刷
148×210 毫米　32 开本　14.125 印张　4 插页　405 千字
定价：180.00 元

如遇图书印装质量问题，请与本社营销部联系调换，电话：(022)23507125

出版说明

一、本书收录民国时期出版的中国文化史著述，包括通史性文化著述、断代史性文化著述和专题性文化史著述三大类；民国时期出版的非史书体裁的文化类著述，如文化学范畴类著述等，不予收录；同一著述如有几个版本，原则上选用初始版本。

二、个别民国时期编就但未正式出版过的书稿如吕思勉的《中国文化史六讲》和民国时期曾以文章形式公开发表但未刊印过单行本的著述如梁启超的《中国文化史·社会组织篇》，考虑到它们在文化史上的重要学术影响和文化史研究中的重要文献参考价值，特突破标准予以收录。

三、本书按体裁及内容类别分卷，全书共分二十卷二十四册；每卷卷首附有所收录著述的内容提要。

四、由于历史局限性等因，有些著述中难免会有一些具有时代烙印、现在看来明显不合时宜的内容，如『回回』『满清』『喇嘛』等称谓及其他一些提法，但因本书是影印出版，所以对此类内容基本未做处理，特此说明。

南开大学出版社
二〇一八年十一月

总序

侯杰

中国文化，是世代中国人的集体创造，凝聚了难以计数的华夏子孙的心血和汗水，不论是和平时期的锲而不舍、孜孜以求，还是危难之际的攻坚克难、砥砺前行，都留下了历史的印痕，闪耀着时代的光芒。其中，既有精英们的思索与创造，也有普通人的聪明智慧与发奋努力；既有中华各民族儿女的发明创造，也有对异域他邦物质、精神文明的吸收、改造。中国文化，是人类文明的一座巨大宝库，发源于东方，却早已光被四表，传播到世界的很多国家和地区。

如何认识中国文化，是横亘在人们面前的一道永恒的难题。虽然，我们每一个人都不可避免地受到文化的熏陶，但是对中国文化的态度却迥然有别。大多离不开对现实挑战所做出的应对，或恪守传统，维护和捍卫自身的文化权利、社会地位，或从中国文化中汲取养料，取其精华，并结合不同历史时期的文化冲击与碰撞，进行综合创造，或将中国文化笼而统之地视为糟粕，当作阻碍中国迈向现代社会的羁绊，欲除之而后快。这样的思索和抉择，必然反映在人们对中国文化的观念和行为上。

中国文化史研究的崛起和发展是二十世纪中国史学的重要一脉，是传统史学革命的一部分——传统史学在西方文化的冲击下，偏离了故道，即从以帝王为中心的旧史学转向以民族文化为中心的新史学，又和中国的现代化进程有着天然的联系。二十世纪初，中国在经受了一系列内乱外患后，千疮百孔，国力衰微；与此同时，西方的思想文化如潮水般涌入国内，于是有些人开始对中国传统文化产生怀疑，甚至持否定态度，全盘西化论思潮的出笼，更是把这种思想推向极致。民族自信力的丧失既是严峻的社会现实，又是亟待解决的问题。而第一次世界大战的惨剧充分暴露出西方社会的弊端，其文化取向亦遭到人们的怀疑。人们认识到要解决中国文化的出路问题就必须了解中国文化的历史和现状。很多学者也正是抱着这一目的去从事文化史研究的。

在中国文化史书写与研究的初始阶段，梁启超是一位开拓性的人物。早在一九〇二年，他就深刻地指出：『中国数千年，唯有政治史，而其他一无所闻。』为改变这种状况，他进而提出：『历史者，叙述人群进化之现象也。』而所谓『人群进化之现象』，其实质是文化演进以及在这一过程中所进发出来的缤纷事象。以黄宗羲『创为学史之格』为楷模，梁启超呼吁：『中国文学史可作也，中国种族史可作也，中国财富史可作也，中国宗教史可作也。诸如此类，其数何限？』从而把人们的目光引向中国文化史的写作与研究。一九二一年他受聘于南开大学，讲授『中国文化史』，印有讲义《中国文化史稿》，后经过修改，于一九二二年在商务印书馆以《中国文化史稿第一编——中国历史研究法》之名出版。截至目前，中国学术界将该书视为最早的具有史学概论性质的著作，却忽略了这是梁启超对中国文化历史书写与研究的整体思考和潜心探索之举，充满对新史学的拥抱与呼唤。

与此同时，梁启超还有一个更为详细的关于中国文化史研究与写作的计划，并拟定了具体的撰写目录。梁启超的这一构想，部分体现于一九二五年讲演的《中国文化史·社会组织篇》中。在这个关于中国文化史的构想中，梁启超探索了中国原始文化以及传统社会的婚姻、姓氏、乡俗、都市、家族和宗法、阶级和阶层等诸多议题。虽然梁启超终未撰成多卷本的《中国文化史》（其生前，只有《中国文化史·社会组织篇》等少数篇目问世），但其气魄、眼光及其所设计的中国文化史的书写与研究的构架令人钦佩。因此，鉴于其对文化史的写作影响深远，亦将此篇章编入本丛书。

此后一段时期，伴随中西文化论战的展开，大量的西方和中国文化史著作相继被翻译、介绍给中国读者。桑戴克的《世界文化史》和高桑驹吉的《中国文化史》广被译介，影响颇大。国内一些学者亦仿效其体例，参酌其史观，开始自行编撰中国文化史著作。一九二一年梁漱溟出版了《东西文化及其哲学》，这是近代国人第一部研究文化史的专著。尔后，中国文化史研究进入了一个短暂而兴旺的时期，一大批中国文化史研究论著相继出版。在二十世纪二三十年代，有关中国文化史的宏观研究的著作不可谓少，如杨东莼的《本国文化史大纲》、陈国强的《物观中国文化史》、柳诒徵的《中国文化史》、陈登原的《中国文化史》、王德华的《中国文化史略》等。在这些著作中，柳诒徵所著《中国文化史》被称为『中国文化史的开山之作』，而杨东莼所撰写的《本国文化史大纲》则是第一本试图用唯物主义研究中国文化史的著作。与此同时，对某一历史时期的文化研究也取得很大进展。如孟世杰的《先秦文化史》、陈安仁的《中国上古中古文化史》和《中国近世文化史》等。在宏观研究的同时，微观研究也逐渐引起学人们的注意。其中，中西文化交流史研究成绩斐然，如郑寿麟的《中西文化之关系》、张星烺的《欧化东渐史》等。一九三六至一九三七年，商务印书馆出版了由王云五等主编的《中国文化史丛书》，共有五十余种，体例相当庞大，内容几乎囊括了中国文化史的大部分内容。

此外，国民政府在三十年代初期出于政治需要，成立了『中国文化建设会』，大搞『文化建设运动』，致力于『中国的本位文化建设』。一九三五年十月，陶希盛等十位教授发表了《中国本位文化建设宣言》，提出『国家政治经济建设既已开始，文化建设亦当着手，而且更重要』。因而主张从中国的固有文化即传统伦理道德出发建设中国文化。这也勾起了一些学者研究中国文化史的兴趣。

同时，这一时期又恰逢二十世纪中国新式教育发生、发展并取得重要成果之时，也促进了『中国文化史』课程的开设和教材的编写。清末新政时期，废除科举，大兴学校。许多文明史、文化史的著作因非常适合作为西洋史和中国史的教科书，遂对历史著作的编纂产生很大的影响。在教科书撰写方面，多部中国史的教材，无论是否以『中国文化史』命名，实际上都采用了文化史的体例。而这部分著作也占了民国时期中国文化史著作的一大部分。如吕思勉的《中国文化史二十讲》（现仅存六讲）、王德华的《中国文化史略》、丁留余的《中国文化史问答》、李建文的《中国文化史讲话》、范子田的《中国文化小史》等。

二十世纪的二三十年代实可谓中国学术发展的黄金时期，这一时期的文化史研究成就是有目共睹的，不少成果迄今仍有一定的参考价值。此后，从抗日战争到解放战争十余年间，中国文化史的书写和研究遇到了困难，陷入了停顿，有些作者还付出了生命的代价。但尽管如此，仍有一些文化史论著问世。此时，综合性的文化史研究著作主要有缪凤林的《中国民族之文化》、陈安仁的《中国文化史》、王治心的《中国文化史类编》、陈竺同的《中国文化史略》和钱穆的《中国文化史导论》等。其中，钱穆撰写的《中国文化史导论》和陈竺同撰写的《中国文化史略》两部著作影响较为深远。钱穆的《中国文化史导论》，完成于抗日战争时期。该书是继《国史大纲》后，他撰写的第一部系统讨论中国文化史的著作，专就中国通史中有关文化史一端作的导论。因此，钱穆建议读者『此书当与《国史大纲》合读，庶易获得写作之大意所在』。不仅如此，钱穆还提醒读者该书虽然主要是在专论中国，实则亦兼论及中西文化异同问题。数十年来，『余对中西文化问题之商榷讨论屡有著作，而大体论点并无越出本书所提主要纲宗之外』。故而，『读此书，实有与著者此下所著有关商讨中西文化问题各书比较合读之必要，幸读者勿加忽略』。陈竺同的《中国文化史略》一书则是用生产工具的变迁来说明文化的进程。他在该书中明确指出：『文化过程是实际生活的各部门的过程』，『社会生产，包含着生产力与生产关系。这本小册子是着重于文化的过程。至于生产关系，就政教说，乃是权力生活，属于精神文化，而为生产力所决定』。除了上述综合性著作外，这一时期还有罗香林的《唐代文化史研究》、朱谦之的《中国思想对于欧洲文化之影响》等专门性著作影响较为深远。

不论是通史类论述中国文化的著作，还是以断代史、专题史的形态阐释中国文化，都包含着撰写者对中国文化的情怀，也与其人生经历密不可分。柳诒徵撰写的《中国文化史》也是先在学校教习之用，后在出版社刊行。鉴于民国时期刊行的同类著作，有的较为简略，有的只可供学者参考，不便于学年学程之讲习，所以他发挥后发优势，出版了这部比较丰约适当之学校用书。更令人难忘的是，柳诒徵不仅研究中国文化史，更有倡行中国文化的意见和主张。他在《弁言》中提出：『吾尝妄谓今之大学宜独立史学院，使学者了然于史之封域非文学、非科学，且创为斯院者，宜莫吾国若。三二纪前，吾史之丰且函有亚洲各国史实，固伾有世界史之性。丽、鲜、越、倭所有国史，皆师吾法。夫以数千年丰备之史为之干，益以近世各国新兴之学拓其封，则独立史学院之自吾倡，不患其异于他国也。』如今，他的这一文化设想，在南开大学等国内高校已经变成现实。正是由于有这样的文化观念，所以他才自我赋权，主动承担起治中国文化史者之责任：『继往开来……择精语详，以诏来学，以贡世界。』

杨东莼基于『文化就是生活。文化史乃是叙述人类生活各方面的活动之记录』的认知，打破朝代观念，将各时代和作者认为有关而又影响现代生活的重要事实加以叙述，并且力求阐明这些事实前后相因的关键，希望读者对中国文化史有一个明确的印象，而不会模糊。不仅如此，他在叙述中，尽力坚持客观的立场，用经济的解释，以阐明一事实之前因后果与利弊得失，以及诸事实间之前后相因的关联。这也是作者对『秉笔直书』『夹叙夹议』等历史叙事方法反思之后的选择。

至于其他人的著述，虽然关注的核心议题基本相同，但在再现中国文化的时候却各有侧重，对中国文化的评价也褒贬不一，存在差异。这与撰写者对中国文化的认知，及其史德、史识、史才有关，更与其学术乃至政治立场、占有的史料、预设读者有关。其中，既有学者之间的对话，也有学者与读者的倾心交流，还有对大学生、中学生、小学生的知识普及与启蒙，对中外读者的文化传播，及其跨文化的思考。他山之石，可以攻玉。二十世纪二十年代日本学者高桑驹吉的著述以世界的眼光，叙述中国文化的历史，让译者感到：数千年中，我过去的祖先曾无一息与世界相隔离，处处血脉流转，气息贯通。如此叙述历史，足以养成国民的一种世界的气度。三十年代，中国学者陈登原不仅将中国文化与世界联系起来，而且还注意到海洋所带来的变化，以及妇女地位的变化等今天看来都亟待解决的重要议题。实际上，早在二十世纪二十年代，就有一些关怀中国文化命运的学者对十九世纪末到二十世纪初通行课本大都脱胎于日本人撰写的《东洋史要》一书等情形提出批评：以外人目光编述中国史事，精神已非，有何价值？而陈旧固陋，雷同抄袭之出品，竟占势力于中等教育界，垂二十年，亦可怜矣。乃者，学制更新，旧有教本更不适用。为改变这种状况，顾康伯广泛搜集文化史料，因宜分配，撰成《中国文化史》，脉络分明，宗旨显豁，不徒国史常识可由此习得，即史学门径，亦由此窥见。较之旧课本，不可以道里计，故而受到学子们的欢迎。此外，中国文化的海外传播、中国对世界文化的吸收以及中西文化关系等问题，也是民国时期中国文化史撰写者关注的焦点议题。

围绕中国文化史编纂而引发的有关中国文化的来源、内涵、特点、价值和贡献等方面的深入思考，耐人寻味，发人深思。孙德孚更将翻译美国人盖乐撰写的《中国文化辑要》的收入全部捐献给因日本侵华而处于流亡之中的安徽的难胞，令人感佩。

实际上，民国时期撰写出版的中国文化史著作远不止这些，出于各种各样的原因，没有收入本丛书，也是非常遗憾的事情。至于已经收入本丛书的各位作者对中国文化的定义、解析及其编写体例、使用的史料、提出的观点、得出的结论，我们并不完全认同。但是作为一种文化产品值得批判地吸收，作为一种历史的文本需要珍藏，并供广大专家学者，特别是珍视中国文化的读者共享。

感谢南开大学出版社的刘运峰、莫建来、李力夫诸君的盛情邀请，让我们徜徉于卷帙浩繁的民国时期中国文化史的各种论著，重新思考中国文化的历史命运；在回望百余年前民国建立之后越演越烈的文化批判之时，重新审视四十年前改革开放之后掀起的文化反思，坚定新时代屹立于世界民族之林的文化自信。

感谢与我共同工作、挑选图书、撰写和修改提要，并从中国文化中得到生命成长的区志坚、李净昉、马晓驰、王杰升等香港、天津的中青年学者和志愿者。李力夫全程参与了很多具体工作，表现出一位年轻编辑的敬业精神、专业能力和业务水平，从不分分内分外，让我们十分感动。

总目

第八卷　王德华　中国文化史略
陈竺同　中国文化史略

第九卷　李继煌译　中国文化史

第十卷　姚名达　朱鸿禧　中国文化小史
范子田　中国文化小史
常乃悳　中国文化小史

第十一卷　李建文　中国文化史讲话
靳仲鱼　中国文化史要
孙德孚译　中国文化辑要

第十二卷　王云五　编纂中国文化史之研究
陈安仁　中国文化建设问题
陈安仁　中国文化演进史观

陈国强　物观中国文化史（上、下）

第十三卷　丁留余　中国文化史问答

姚江滨　民族文化史论

缪凤林　中国民族之文化

第十四卷　王治心　中国文化史类编（上、中）

第十五卷　雷海宗　中国文化与中国的兵

蒋星煜　中国隐士与中国文化

第十六卷　孟世杰　先秦文化史

罗香林　唐代文化史研究

第十七卷　陈安仁　中国上古中古文化史

第十八卷　陈安仁　中国近世文化史

第十九卷　朱谦之　中国思想对于欧洲文化之影响

第二十卷

张星烺　欧化东渐史

郑寿麟　中西文化之关系

梁启超　中国文化史·社会组织篇

吕思勉　中国文化史六讲

张星烺《欧化东渐史》

张星烺（1889—1951），字亮尘，江苏泗阳人，著名历史学家。曾任北京大学教授，编著有《欧化东渐史》《马哥孛罗》《中西交通史料汇编》《中外佛教交通史料汇编》等书，译有《马哥孛罗游记》《历史的地理基础》等。一九〇六年赴美国哈佛大学化学系学习，他是中国最早攻读生物化学的研究生之一。

张星烺所著《欧化东渐史》共一册，一九三四年由商务印书馆出版。该书以史实为主，时间跨度从宋、元朝到二十世纪三十年代，涉及政治、宗教、思想、经济、文化、科学诸领域。既叙述了西方对中国的文化侵略和渗透，也记录了西方与中国的文化交往，既关注西方侵略给中国带来的恶果，又揭示出中国文化产生的一系列变化。

郑寿麟《中西文化之关系》

郑寿麟（1900—1966），广东潮阳人。早年留学德国莱比锡大学，获哲学博士学位。历任省立安徽大学、国立四川大学、国立北京大学、国立中山大学、国立同济大学教授。一九三一年发起成立德国研究会。一九四八年去台湾，一九六六年任中国文化大学教授，兼德国文学研究所主任。合译有《国语新旧库译本新约全书》《饭桶生涯记趣》，著有《德国志略》《中西文化之关系》《亚里士多德》等书。

《中西文化之关系》一书，原是郑寿麟一九二四年五月至一九二七年五月间在德国的莱比锡、法兰克福等地及回国后在苏州、成都的大学之讲课稿，结为一册于一九三〇年由上海中华书局出版。全书共分六章，首次关注到中西方文化之间影响的相互性，指出两种文化在物质和非物质的交流中一直是相互依存的。此外，作者还通过观察中国文化的『观察者』考察中国文化，并在此基础上从不同角度论述了中国宗教、文化等与西方的关系。还对比了中西方音乐的差异，列举了十三世纪以来意大利、西班牙、英国、法国、俄国等十三个国家对中国学的关注、研究情况。

梁启超《中国文化史·社会组织篇》

一九二五年，梁启超受聘于清华学校大学部国学研究院。为讲授『中国文化史』课程，开始撰写、修订课程讲义《中国文化史·社会组织篇》，这也是作者多卷本中国文化史撰写计划的一部分。但天不假年，在其生前只有《中国文化史·社会组织篇》等少数篇目问世。本文选自上海中华书局一九三六年版《饮冰室文集·专集》第八十六种，共分八章：前五章为史论体，夹叙夹议，事实与观点交融；后三章为纲目体，叙述为纲，大字顶格排印，注疏为目，小字空两格排印，使史论分明。内容从最基本的婚姻、姓氏、家族、家庭研究起步，旨在揭示各种社会群体的特定地位，以及中国的社会结构、人伦格局。该书结构恢宏、征引繁博，尤其以社会文化史的全新视角开启了中国古代史研究的新维度，体现了梁启超摒弃传统王朝政治史转而书写人群进化现象的『新史学』主张，带有强烈的近代史学革新色彩。

吕思勉《中国文化史六讲》

吕思勉（1884—1957），字诚之，笔名驽牛、程芸、芸等，江苏常州人。历史学家，终生致力于历史研究和历史教育工作。一九〇五年起，先后在苏州东吴大学、常州府中学堂、上海沪江大学、上海光华大学、华东师范大学等校任教，在社会史、文化史、思想史等方面均有著述。

吕思勉所著《中国文化史六讲》写于一九二九至一九三〇年间，该讲稿原为二十讲，现仅存六讲，分别是婚姻族制、户籍阶级、财产制度、农工商业、衣食居处、交通通信，大体涵盖了社会史的主要面貌。由于作者对传统典籍、史料做过系统而深入的研读，并采用『贯串全史，观其会通』的撰写方式，故而对详细叙述中国文化史的源流和变迁，具有很强的系统性。该书在一九四九年之前未正式出版，仅有少量油印讲义。最早出版收录于一九九七年华中师范大学出版社的《吕思勉遗文集》（下），其文字来源于一九八七年常州中学老校友吴伟扬捐赠常州中学校史馆的孤本。

新时代

史地丛书

欧化东渐史

主编者 吴敬恒 蔡元培 王云五

撰述者 张星烺

新時代史地叢書

主編者 吳敬恆 蔡元培 王雲五

歐化東漸史

撰述者 張星烺

商務印書館發行

目錄

歐化東漸史

第一章 歐化東傳之媒介

第一節 歐化界說

中國與歐洲文化，有形上及無形上，皆完全不同，上自政治組織，下至社會風俗，飲食起居，各自其數千年之歷史展轉推演而成今日之狀態。東西文化孰爲高下，誠不易言。但自中歐交通以來，歐洲文化逐漸敷布東土，猶之長江黃河之水，朝宗於海，自西東流，晝夜不息，使東方固有文化，日趨式微，而代以歐洲文化。則是西方文化高於東方文化也。尤以有形之物質文明，中國與歐洲相去，何啻千里。不效法他人，必致亡國滅種。至若無形之思想文明，則以東西民族性不同，各國歷史互異之故，行之西洋則有效，行之中國則大亂。各種思想與主義，無非爲解決民生問題而勉強效顰他人，使國中發生數十年或數百年長期亂事，自相屠殺，血流漂杵，人煙斷絕，以至國破種滅。吾人何貴乎效法此種主義耶？依此種情形觀之，歐洲之無形文明各種思想各種主義，持之有故，言之成理者，是否優於中國固有，與夫是否有效法之必要，不能不使人懷疑矣。但東西交通既起，有形貿易與無形貿易，滔滔不可復止。是在國中之政治家，善自掌舵而已。茲不論其高下，與夫結果之善惡，但凡歐洲人所創造，直接或間接傳來，使中國人學之，除舊布新，在將來歷史上留有紀念痕蹟者，皆謂之歐化。爲便利研究起見，分歐化爲有形部，或物質文明部。如天文、曆法、醫藥、測繪、機器、輪船、鐵路、電報等等是也。無形部或思想文明部。如宗教、哲學、倫理、政治、文學等等是也。欲序述各種歐化史，不得不先序傳入歐化之各種媒介物。媒介物大概可分爲三種。（一）由歐洲商賈、遊客、專使及軍隊之東來。（二）由宗教家之東來。（三）由中國留學生之傳來。吾故於序述歐化史之先，作導言，略述此三種之經過。

第二節　歐洲商賈遊客及軍政界人之東來

歐洲人與中國有交通，西漢以來已然矣。元代歐洲人來中國者，頗不乏人。然皆與今代之歐化無關，蓋彼時歐洲人文化未必高於中國。東來者人數究亦不足誘起歐化。更無高深學者，足以引起中國人之敬仰，心願就其門執贄者。元時歐洲人文化不獨未東傳，而東方各種大發明，如印刷術、火藥、羅盤針、紙等反由東向西傳播也。元亡明興，中歐交通中斷者約一百五十年。東方貨物尙可運入歐洲。大概經由四道：第一道經中央亞細亞、薩馬兒罕、布哈拉、裏海北岸，再至黑海北岸，渡海至君士坦丁堡。第二道經印度大陸及印度洋、波斯灣、美梭博塔米亞、梯格里斯河，北至脫萊必松德(Trebizond)，抵黑海，再西至君士坦丁堡。第三道經油付萊梯斯河至阿雷坡(Aleppo)，再至安都城(Antioch)，渡地中海達歐洲。第四道入紅海，抵埃及，達地中海濱。一千四百五十三年(明景泰三年)土耳其人攻陷君士坦丁堡。對於西歐各國，毫無親鄰之意。諸道皆爲土耳其人阻隔。歐洲人所嗜之調和物品、胡椒、丁香諸物，俱不得入歐。故歐洲各國商人不得不另覓新道，以通東方。葡王顯理(Henry)獎勵遠航非洲西岸，希望於該洲南角得一通印度洋之道。唯非洲甚長，遠過於葡人所計算者。數次蹈查，皆失敗而回。一千四百八十六年(明憲宗成化二十二年)葡人狄亞斯(Bartholomew Diaz)初至好望角，沿海岸向北航若干程，後始歸航。報告國人，非洲南端已窮盡有新道可達東方。狄亞士發現好望角後十二年，而葡人竟得達其目的。一千四百九十七年（明孝宗弘治十年）七月，瓦斯柯達格瑪（Vasco da Gama）率小船三艘，自葡京立斯本起航，繞過好望角後，向東北航行，遠超以前狄亞士所至之地，直至桑西巴北二百邁耳。由是處作橫渡印度洋之壯舉。一千四百九十八年（弘治十一年）夏，抵印度西海岸古里港（Calicut）。在此將帶來之歐洲貨物，悉換作香料，滿載而歸。一千四百九十九年（弘治十二年）夏，三船安回立斯本原地。來回共需時二十六月。以前所久欲尋覓之歐亞新交通線，竟得成功矣。葡萄牙人急速利用此新發明貿易東方。一千五百年（弘治十三年）三月，達格瑪歸回僅六月，派喀伯拉爾（Pedro alvares cabral）率船十三艘，滿載貨物，再往古里。至翌年七月，歸立斯本。一千五百零二年（弘治十五年）二月，達格瑪率船二十艘再往。自是香料及其他東方各種貨物，大宗流入歐洲。葡京立斯本不久即成爲歐洲最重要商埠之一。葡人利用其精良火器，摧敗印度洋上阿拉伯人之商業與勢力，獨霸東方海上。一千五百十年（正德五年）攻陷印度西岸之臥亞府（Goa），作爲根據地。次年又攻陷馬雷半島之麻六甲（Malacca）。（明史作滿剌加）遣使至印度支那各邦政府以通友好。白古（Pegu）暹羅、交趾支那，及東京，皆有葡國使節之足跡。葡人待麻六甲之中國商人甚爲優渥。此等商人回國以後，對於葡人有極佳之報告。一千五百十四年，（明武宗正德九年）葡國商人初至中國海岸貿易，大獲利而歸。次年（正德十年）麻六甲葡國總督佐治達爾伯克喀（Jorge I' Alboquerque）遣斐來斯特羅（Rafael Perestrello）往中國。乘馬雷人海船至一千五百十六年八月十二日無回音，乃復遣安特拉德（Gernao Perez d'Andade）再往，亦無功而返。抵麻六甲時，得遇斐來斯特羅，斐已至中國，獲大利而先歸矣。總督決意再遣安特拉德往中國。船上滿載胡椒。於一千五百十七年六月十七日起椗。同行者有皮來資（Thomas Pirez），以葡萄牙大使名義往聘中國。皮來資素充藥劑師，然爲人敏捷，善於應對，使當外交官頗爲相宜。八月十五日，抵大門港（Tamang）。（在後川島。後川距上川不遠）。距中國陸地尚有三海里。外國商船至廣東者，皆須寄泊於此。葡人欲往廣東省城，中國官吏不許。葡人強駛入內河，放礮舉敬禮。抵廣東後，國使皮來資與隨員登陸，中國人接待頗優，擇安寓以舍之。葡人所載貨物，皆轉運上陸，妥爲貯藏。皮來資留廣州數年，以待明廷回文。直至一千五百二十年（正德十四年底）一月，始得明武宗允許召見皮來資由廣州起程北上。先乘船至梅嶺山，棄船陸行往南京，行四閱月始至武宗已先回北京。命使者隨至北京。一千五百二十一年一月，皮抵北京。葡人留廣州者多不法行爲，與中國人大起衝突地方官吏奏參，武宗拒見皮，送之回廣州。一千五百二十三年（嘉靖二年）死於獄中。此爲葡國第一次遣使中國之經過也。葡人既不得志於廣州，乃北至浙江甯波（Liampo），賂地方官以重金，得留其地貿易。嘉靖十二年最盛時，每年達三百餘萬金幣。投資者無不獲三四倍之利。人口最多時，葡人達一千二百名，東方他國商人達一千八百名。葡人既富以後，驕奢淫佚，多不法行爲，與土人多齟齬。葡人法利亞（Faria）者嘗至南京，盜明孝陵寶物，歸匿寧波居留地。明帝大怒，乃下令討伐。陸軍由浙江進，海軍由福建進。兩面夾攻，焚毀寧波居留地及港中奇椗船艦三十五艘，盡殺外國商人，及基督教徒凡一萬二千人。其中有葡人八百名。時嘉靖二十一年，即西曆一千五百四十二年也。（亦有謂在嘉靖二十七年者。）甯波商市被燬後三年，葡人復以重金賂福建泉州地方官，得在其地貿易。葡商人行爲，無異在甯波者。嘉靖二十八年，泉州地方官及人民亦羣起驅殺葡人。葡人全體五百名中，免死者僅三十八人而已。

浙江福建皆無立足餘地，葡國商人復回至廣東上川島（西人名之曰聖約翰島）起搭蓬帳，爲臨時商場，去則撤去。時海盜猖獗閩廣海岸，中國政府爲易於巡查之故，乃允許葡人在上川附近之浪白滘（亦作澳）居住，幷可入廣州貿易。不久，浪白滘卽異常興旺。葡國居留民達五百名之多。大抵皆自南洋販運胡椒，與中國人交易絲綢麝香。香山縣南端有阿媽澳者，爲海盜所據。葡人勇敢，火器又精。嘉靖三十六年（一五五七年）逐去海盜而佔領之。復以金賂地方官，得其允許，在該港建房舍，爲曬乾及儲藏貨物之用。葡人多拐人作奴。萬曆元年（西一五七三年）中國官乃築牆於澳門半島北面土腰，僅留一門以通出入，設官守之，而拐風不熄。萬曆十年（一五八二年）兩廣總督召所有澳門葡國官吏，總督判官等至肇慶會商防阻辦法。中國官憲以驅逐出境相恐嚇。葡人出重賂乃得免。葡人在澳門地位之得保持，悉使用賄賂之功也。葡人常謂中國皇帝允許澳門爲葡人久居之地，不歸中國政權統治，而中國政府向未嘗承認，亦從無一人曾見中國皇帝之允許諭旨也。自最初，葡人每年交香山縣政府租金一千兩，尤爲承認中國主權之明白證據。一千六百九十一年（康熙三十年）至一千七百五十四年（乾隆十九年）每年租金爲六百兩。以後減為五百兩。一千八百四十三年（道光二十三年）葡人請求兩廣總督耆英，免去每年租金。耆英嚴拒，唯給與若干特別利權而已。一千八百四十九年（道光二十九年），葡國澳門總督阿瑪拉爾（Amaral）斷然停止付給租金。中國亦無如之何。嘉慶間，拿破崙橫行歐洲時，英國人曾兩次暫佔澳門。中國官皆抗議其侵略中國土地。一千八百八十七年（光緒十三年）中國承認其永久佔領權。澳門雖自初即為葡國所承租，但為西洋各國來廣東貿易者之根據地。所有遠來商船，皆先至澳門請領港人及糧食備辦人。由中國放洋回國者，亦皆先至澳門買船。每年在廣州營商者，事畢皆回住澳門，次年復回廣州。一千八百四十二年（道光二十二年）英中鴉片戰爭後，香港崛興五港通商，情形始改。澳門不獨為鴉片之戰以前西國商人匯萃之地，而各國傳教師亦皆聚集於此。故為前期歐化輸入之唯一門戶也。

葡萄牙人於明武宗時，重起中西交通以後，獨佔中歐間貿易者，約達六十年之久，無他國與之競爭。明穆宗隆慶五年（西一五七一年）西班牙人越大西洋，經墨西哥，橫渡太平洋，征服斐律賓羣島。再閱三年，至明神宗萬曆二年（西一五七四年）冬，中國海盜林鳳（Limahong）率戰艦六十二艘，男丁三千人，攻瑪尼拉市，爲西人所敗，北退林加煙灣。三年春，中國軍官王望高奉福建巡撫及漳州知府之命，率戰艦二艘，追林鳳至林加煙灣，得悉林已爲西班牙人圍困於彭加錫南（Pangasinan），將成擒矣，故決意歸國，報告巡撫。西班牙總督拉維柴立斯（Lavezaris）遣奧斯丁會（Augustine）僧人臘達（Martin de Rada）、馬林（Geronimo Marin）二名，及侍從數人，攜公牒隨同中國軍官至福建，表示友誼，禮聘福建巡撫，請求通商。巡撫優遇西使，將其請求轉奏皇帝萬曆四年（西一五七六年）二月，中國使者至瑪尼拉，宣告帝旨允許西班牙人在廈門通商。

葡人自西來，以澳門爲根據地。西人自東來，以瑪尼拉市爲根據地。兩國勢力會於中國門戶前南海中。一千五百八十一年（萬曆九年）西葡二國合併。一千五百八十六年（萬曆十四年）斐島總督，總主教等，上書西班牙王斐律勃二世（Philip II），謂據探報，中國人皆懦怯無勇，兵隊皆以乞丐組成。請以一萬或一萬二千西兵征服中國，卽不能得全國，至少亦可佔領濱海數省。征服以後，照斐律賓辦理，先握其政權，再從事傳布基督教。西王不納。一千五百八十八年，（萬曆十六年）西班牙水師大舉伐英。全師覆沒。國力衰耗，無暇東顧。征服中國之雄圖，不得不放棄矣。但在東方之勢力，暫時尚得保存。斐律賓羣島諸國，以前時常自相攻伐，華人畏往。西人入境，掃滅各邦，恢復秩序，商業大興。華人趨之若鶩。十七世紀初半（明萬曆三十年後）西班牙國因投入三十年戰爭漩渦，國中兵力財富，俱皆損耗，國勢日漸衰微。葡萄牙國合併於西班牙，迄六十年之久，禍福與共。在亞洲之屬地，皆為英荷二國所奪，在東方者，僅餘澳門一港，為其所有。

荷蘭人初僅至葡京立斯本（Lisbon）間接販運印度胡椒等物。一千五百九十四年（萬曆二十二年）西班牙王斐律勃二世禁止立斯本與荷人貿易。荷人不得已，乃改計自往東方。一千六百零二年（萬曆三十年）組織荷蘭東印度公司（Netherlands East India Company），資本六千六百萬盾（guilders）。翌年，遣商艦數艘至南洋羣島，販運貨物，獲大利而歸。一千六百零四年（萬曆三十二年）及一千六百零七年（萬曆三十五年），荷蘭人兩次至廣東，欲與中國通商，皆為澳門之葡人陰謀所阻。一千六百二十二年（天啓二年）荷蘭水師提督萊佑蓀（Kornelis Rayerszoon）率領戰艦十五艘，戰士二千人（其中荷蘭人九百名，馬雷人及日本人一千一百名。）襲澳門。大敗而退，死傷甚衆。不得志於廣東澳門兩地，乃東據彭湖島。與西面中國大陸駛來之商船交易貨物焉。一千六百二十四年（天啓四年），更東進而佔領台灣島。在島西面安平港築細蘭的亞礮台（Zelandia Castel），作根據地。台灣近中國日本，較之瑪尼拉港西班牙人更爲捷近矣。荷蘭人治理台灣至一千六百六十二年（康熙元年），爲鄭成功所逐。成功以與復明室爲號召，而實則與獨立國無異。成功死，子經嗣位。經死，子克塽嗣立。至一千六百八十一年（康熙二十年），清兵攻下廈門。荷蘭人以有宿怨之故，亦遣艦相助焉。清室入關以後，荷蘭數次遣使請求通商。一千六百五十五年（順治十二年）爲郭佑（Peter de Goyer）及開塞耳（Jacob de Keyser）二人。一千六百六十四年（康熙三年）使者爲霍恩（Pieter van Hoorn）。一千七百九十五年（乾隆六十年）爲鐵清（Isaac Titsingh）及范百蘭（A. E. Van Braam）二人。每次使者皆卑身屈己，儕於藩臣貢使之列，行三跪九叩之禮，希冀可邀中國皇帝特許，准其在國內通商。然所得結果則大失所望。清帝僅許其八年一貢，使船每次四艘而已。

英國人初時依賴荷蘭而得各種香料。以後荷人高抬貨價，每磅胡椒由三先令抬至六先令以至八先令。倫敦商人，不得已乃於一千五百九十九年（萬曆二十七年）自組公司，直接往遠東販運香料。一千六百年倫敦東印度公司（London East India Company）自女王額里沙白（Elizabeth）領得特許證。翌年遣商船五艘往印度。此時英人通商活動精神遠後於荷人。公司資本不厚。第一次派出商船時，卽將所有資本用盡。一千六百零四年（萬曆三十二年）第一次遣出之商船，平安歸回倫敦後，始又派出三船。荷蘭及英國兩東印度公司之至東印度，目的全爲通商。所有商船皆由私人資本派出。非若葡萄牙與西班牙二國欲開闢殖民地，或欲傳布基督教及歐洲文明於遠東土人也。然兩國公司，終亦不能使商業與領土擴張二事完全分離也。英荷爲後起之國，與葡西二國商業競爭甚烈。斐律賓羣島在南洋羣島之極北，面積甚小，易於防守。雖數遭荷人之攻，而西人終能守之。葡萄牙之東方帝國，西起紅海口，東至摩鹿加羣島，橫亘東方全世界。兩端相去六千餘英里。地土分散，防守不易。且皆據咽喉之地，爲亞洲各國各民族通商必經之地，尤足引起英荷二國之嫉視，非奪取不可也。故葡萄牙之東方帝國全邊線皆被侵襲。荷蘭人攻其東，英人攻其西。一千六百四十一年（明崇禎十四年）麻六甲（Malacca）大海港，爲荷人所得。一千六百十八年（萬曆四十六年），紅海口內莫夏港（Mocha）爲英人攻陷。一千六百二十二年（天啓二年），波斯灣口之忽魯謨斯港（Hormuz）爲波斯及英國聯軍所陷。此二港之陷落，尤爲致命傷。紅海及波斯灣之商業，由是不復爲葡人所有。英荷二國人，又煽動東方各地土人，助以火器抗拒葡人。葡人自是遂無能爲矣。英國人初僅注意於印度之商務，以後亦注其目光於遠東。一千六百三十六年（崇禎九年），東印度公司改組後，英王查理一世遣威德爾（Weddell）蒙忒內（Mountney）羅濱孫（Robinson），蒙德（Peter Mundy）四人，往中國經營商業。一千六百三十七年，威德爾率三艦一艇抵澳門港，求貿易。葡官不許。英船乃駛至廣州附近，欲上岸，中國官不許。攻破岸上礮台。經各種困難及葡人之斡旋，始得滿載中國糖、綢緞、磁器等物而回英國。此次航行與當初所希望者相去甚遠。然威德爾謂以後在中國通商，定可獲利。後十餘年，英人始再遣艦至廣州，亦未獲重利。至清初，英人以不得志於廣東，乃至福建交歡鄭成功。給以軍器，得其允許，在台灣及廈門兩地設立貨棧。鄭氏既亡，清室同等待遇荷蘭及英國，皆許在廈門通商。但清兵不知保護外商，百端敲詐。英人不堪其擾，乃復至廣州求市。斯時廣州地方吏治，比較尙爲淸廉，不致如廈門之暴橫。經多時苦心，卒以一千六百九十九年（康熙三十八年）在廣州設立貨棧，自是以後，未嘗斷絕。一千六百九十八年（康熙三十七年）法國人闊爾伯特（Colbert）組織中國貿易公司（Compagnie de Chine）參加中國貿易。不久，瑞典、丹麥亦聞風而起。十八世紀末，美國宣布獨立後，亦橫渡太平洋來中國貿易。中國沿海通商之地，尙有數港，然以廣州爲最大。至一千七百五十七年（乾隆二十二年），淸帝下令止許廣州通商，其他各港，悉皆封閉。來廣州貿易之國甚多，然以英人爲首。一千七百三十六年（乾隆元年）來廣州貿易，番船共十二艘。其中英國五艘，法國三艘，荷蘭二艘，丹麥及瑞典各一艘。一千七百五十三年（乾隆十八年）來廣州者共二十七艘。其中英國十艘，荷蘭六艘，法國五艘，瑞典三艘，丹麥二艘，普魯士一艘。廣州官吏亦多敲侮外商，征收貨稅，漫無章程。一千七百九十二年（乾隆五十七年）英國政府決意遣使中國，與政府協商改良方法，並請在天津、甯波、舟山等地通商。使者馬戛爾特尼（Lord Macartney）於一千七百九十二年九月二十六日，離樸資茅斯（Portsmouth）。攜帶禮物六百箱。次年八月五日，抵天津大沽口。淸廷極爲優待，特派專使歡迎，備專船載使者至京。船旗「書英國貢使。」使者亦不抗議，蓋恐抗議而交涉中斷也。抵北京後，爭持朝見禮節多時。卒以見英國皇帝之禮見清帝焉。所請求者俱不准。一千八百十六年（嘉慶二十一年），英國復遣勳爵阿美斯德（Lord Amherst）來中國，謀改良商況。此年二月八日離樸資茅斯。同年八月二十八抵北京。復以爭持朝見禮節，未見清帝，即南回廣東。自是而英人對中國情感益惡。以後政策，除宣戰，強迫使中國人改良通商情形外，或完全服從中國之苛政，或放棄與中國人通商。三者之中必擇一途，而後兩國始能平等磋商。積之多年，至道光二十年而鴉片之戰起。中國大敗，訂南京條約。賠款二千一百萬圓。割讓香港。開放廣州、福州、廈門、甯波、上海五口為通商口岸，准英國派領事住居，并准英商帶家屬自由來往。以後兩國往來文書，用平等款式。南京條約公布之後，歐美各國莫不歡迎。如比利時、荷蘭、普魯士、西班牙、葡萄牙、美利堅、法蘭西諸國相率派領事或公使來廣東與我國訂修好通商條約。自是以後，有形之歐化，及無形之歐化，日漸輸入中土。每次戰敗，外患益烈，而歐化之輸入亦隨之而益盛焉。初則中國人妄自尊大，蔑視外國，以蠻夷待遇歐美各國，繼則平等相視。拳匪亂後，物質與精神，中國人皆承認不如西洋人而自動歐化。事事模倣歐美。饑不擇食，不顧自己能否融化，釀成今日消化不良之大亂局勢。

由上方歷史觀之十六世紀時，來中國者僅葡萄牙、西班牙二國。至十七世紀荷蘭、英國接踵而至。加以葡、西二國，歐洲之國通商中國者，共凡四國焉。十七世紀時，英國人專力於印度。遠東之商業，尚未盛旺。荷蘭人以南洋羣島爲根據，在東方之商務駕於葡西二國之上。至十八世紀時，英國人不但獨佔印度，即在中國南海上，商業亦推第一焉。綜數世紀之歷史觀之，在中國海面上商業，大概十六世紀推葡西二國最盛。十七世紀荷蘭爲首。至十八十九兩世紀，則英國壓倒一切焉。於此時期，歐化東漸，俱由海道自西徂東。其主動力亦推此四國爲首。其他諸國皆依此四國而進焉。

北方俄羅斯國之東進，征服西伯利亞全部，直抵北太平洋沿岸，與歐洲人勢力東漸，有莫大之關係。然與歐化東漸，則關係極微。蓋俄羅斯本國之進爲歐化國家，僅於十八世紀初葉彼得大帝時而已。明末清初，野蠻之科薩克軍隊爲尋黃金與貂皮，而占領西伯利亞，將莫斯科國（Muscovy）之勢力膨漲至太平洋濱。其人不足代表任何文明。其本身文明程度之低，與中國西北之哈薩克人，額魯特人無以異也。秦漢以來，北方匈奴、柔然、突厥、蒙古諸族，皆由東亞向西膨脹。俄羅斯人特轉其方向，由西向東。更恢復蒙古時代之大版圖，使歐亞兩洲產生一統一政府耳。俄羅斯人戰勝喀桑（Kazan）及阿斯脫拉甘（Astrakhan）兩地蒙古人後，得恢復獨立，統歸莫斯科國治理。閱三十年，至一千五百八十年（明萬曆八年），科薩克將葉爾瑪克（Yermak）踰烏拉山，侵入西伯利亞北部。其地滿布森林沼澤，遊牧民族所不居，僅有稀少之漁獵部族，如通古斯人，鄂斯帖克人（Ostiaks），雅古特人（Yakuts），居之而已。一千六百三十七年（崇禎十年），俄羅斯人在雷那河畔建立雅古特斯克（Yakutsk）礮台。再越二年而抵鄂霍斯克（Okhotsk）海岸。不久南下至黑龍江畔，與清室大起衝突。清室大勝。一千六百八十九年（康熙二十八年），兩國訂尼布楚條約。俄人放棄雅克薩城（Albazin），退出黑龍江流域。劃定疆界，直至一千八百五十五年（咸豐五年）始再前進。尼布楚條約更許俄國通商。一千七百二十一年（康熙六十年），訂北京條約，許俄國使臣駐北京，他國使臣不得享焉。一千七百二十七年（雍正五年），訂恰喀圖條約，劃定兩國邊界，並協定通商事宜。一千七百三十三年（雍正十一年），中國遣使至俄國。

終十八世紀全期，兩國外交甚爲親密。通商集中於庫倫及恰略圖兩地，以駱駝代船舶。中國輸出者，茶爲大宗。由俄國輸入者爲黃金及皮貨。十一世紀時，俄國人始自額魯特人還入茶葉。不久即全國嗜飲茶，較之英美兩國人尤甚焉。入十九世紀以後，俄人在北方，西歐人在南方，肆其精良之兵器，將中國四面包圍。中國仍欲保守其閉關自守政策，不願歐化不可得矣。二十世紀以前，中國輸入歐化，俄羅斯人無功焉。入二十世紀，西伯利亞大鐵路完成，爲中國人往歐洲留學之捷徑。至留學俄國之中國學生仍極稀少。中國人新學受自俄國者，亦極微。末國民政府在廣東成立，俄人與有力焉。以後共產主義之輸入，及共黨各處擾亂，生民塗炭，使中國國力消耗，亦俄人之賜也。

（參考Steiger History of the Orient C. A. M. de Jesus Historic Macao; E. Bretschneider Mediaeval Reseaches; Y. G. Hudson, Europe and China; H. B. Morse, International Relations of the Chinese Empire 明史佛郎機傳，荷蘭傳。）

第三節　基督教傳道師之東來

基督教傳入中國，第一次在唐太宗時。有西安府所存之大秦景教流行中國碑及最近在甘燉煌縣，鳴沙山石室中所發現唐時景教徒之各種譯述爲證。唐武宗時被禁絕。第二次傳入中國，當元代。歐洲人教士東來者有孟德高維奴（John of Montecorvino），安德魯（Andrew），及鄂多力克（Odoric）等。信徒中有皇后公主，親王大將，駙馬等人數頗盛，遠非近時之清代可比。元亡明興，其教亦隨之而亡。與近代之歐化東漸，亦毫無關係。十六世紀葡萄牙人及西班牙人恢復中歐交通時，值歐洲人宗教熱重興，各教會皆極欲向遠方傳教。其中尤以新起之耶穌會（Jesuits）組織嚴密，不亞軍隊。會員皆有淵深學術，具刻苦犧牲精神。在歐洲則改良本教中腐敗，反抗路德新教，在他洲則尾隨探險家之後，極力尋覓新信徒。西葡二國政府，一方在海外擴充版圖，而同時亦負傳布基督教於異類之使命。以爲基督福音爲人類現在及將來幸福之要素，精神上無價大寶，將以公之於所有人類也。

方濟各沙勿略（Francis Xavier）西班牙納襪辣（Navane）人，爲耶穌會發起人之一。熱心宗教，精幹多才。一千五百四十二年（明嘉靖二十一年）至印度臥亞（Yoa）傳教。在臥亞附近各地活動數年。至一千五百四十九年（嘉靖二十八年）往日本宣道。途中嘗經過廣州。抵日本後，不久得志。日本文化皆來自中國。日本人對中國甚爲敬仰，因思若使中國改奉基督教，則日本亦必尾隨而來矣。沙氏爲人思想所及，必實行之。一千五百五十一年（嘉靖三十年），自日本歸回，道經上川島，（在廣東台山縣正南海中）遇友人帕雷拉（Diego de Pereira），同至麻六甲，籌劃入中國方法。沙勿略更西至臥亞，得葡總督之贊成，任命帕雷拉爲往中國專使，沙氏爲隨員，欲代葡王與中國皇帝訂盟好，通商，傳教，及釋放葡國捕擄諸約。一千五百五十二年（嘉靖三十一年）四月，離印度。同行者有僧人一名，非教會中人四名，及中國人安拖奴（Antonio）。安拖奴嘗在天主教學校中受教育，此行任翻譯員。至麻六甲時，帕雷拉亦加入。不意麻六甲葡國守官阿爾瓦羅（Don Alvaro de Ataide）無論如何，不許使團前行，反對理由不明。阿爾瓦羅者，著名航海家瓦斯柯達格瑪（Vasdo da Gama）之子也。臥亞及總督離麻六甲甚遠，葡王及立斯本京城，與教皇及羅馬城，更在萬里之外。沙勿略呼籲無門。在麻六甲，阿爾瓦羅即當地皇帝也。彼既阻撓，無法再前行。沙勿略百端設計曉諭，僅得以個人乘船往中國，不許攜帶禮物。帕雷拉留麻六甲，亦不許陪行。以前專使聘問之議，完全放棄矣。沙勿略抵上川島，商季已屆，葡國商人在此者甚多。沙氏欲由此往中國大陸。既入中國或可得機久留也。上川島上葡國商人以中國政府取嚴行閉關主義，商人等皆新近自大陸被驅至上川島。沙氏一人祕密往中國，若爲官吏偵知，則遷怒商人，或竟上川島貿易權亦被禁止也。故無一人贊助沙氏者。沙氏暗與中國某船長約載至大陸。至期某船長失約。商期過，葡國商船悉離上川島航歸。沙氏一人與來船獨留，仍希望或有發達其目的。乃忽染病。船顛搖，苦不可堪。請求登岸養病。不意至年底竟一病不起，卒於島上臨時寓舍。時西紀一千五百五十二年也。中國譯員安拖奴始終侍病在側，暫葬島中。以後移葬臥亞。近代史上來中國基督教第一傳道師之事蹟如是。讀之猶如探險小說也。

沙勿略以後，第一傳道師能在中國久居者爲范禮安（Alessandro Valignani），范亦耶穌會士，籍隸意大利。一千五百七十三年（萬曆元年），耶穌會遣之至印度傳教。後又被遣至日本。路過澳門時，無意中竟覊留是地。欲入中國內地傳教，因請同國同會修士羅明堅（Michael Ruggerius）來中國相助。羅於一千五百七十八年（萬曆六年）至印度，一千五百七十九年（萬曆七年）七月抵澳門，學習官話，嘗隨葡國商人至廣州數次，得門徒數人。後數年，耶穌會派帕修(Francis Pasio)及利瑪竇(Matteo Ricci)二人至中國輔助羅氏。帕修不久往日本傳教。利瑪竇則仍留中國。在中國基督教史上享盛名也。利瑪竇亦意大利國人。一千五百五十二年(嘉靖三十一年)十月六日生於安柯那邊界(Mauh of Anchona)瑪塞拉塔城(Macerata)，少時，其父使之往羅馬學法律。當時青年人多志慕耶穌會士。瑪竇亦投入會中爲修士。初入會時，教師爲范禮安。由范之引誘，瑪竇發願往東方中國。在羅馬爲學生時，潛心研究算學，宇宙學，天文學。尤精天文。以後在中國卽以天文學接近中國士大夫而著名也。一千五百七十七年(萬曆五年)請願往東方傳教。翌年抵臥亞。教書之暇，學習宗教學。一千五百八十二年(萬曆十年)應范禮安之召，至澳門。先學中國語言文字。次年(萬曆十一年)羅明堅與利瑪竇二人得入廣東省城肇慶府。久居二人初不欲卽傳教，以免中國人誤會，僅以慕中華文物觀光上國爲名，交接中國士大夫。西方時辰鐘，尤爲華人所驚羨。瑪竇繪一世界地圖，表明歐洲各國地位，而又特置中國於中央，以符中國士人舊觀念。其他各國皆爲邊疆裝飾品。精閑算學，尤足使中國士人信仰。居肇慶不多月，頗交接士大夫。耶穌會創辦人羅育臘(Loyola)生平傳教，不分貴賤。對於貧民，未嘗歧視。然深信若能得上級社會信仰與贊助，則下級社會傳布工作，自易爲力。上帝大榮譽亦易達到也。在中國此策尤然。所有傳教師無條約保障，全恃政府贍養輔助。若欲永久在境內居留布教，必須與國中之士人交歡，維持地位。蓋士爲四民之首。所有政府官吏皆自士人選拔而來也。明末中國學術界對於新知識，尙表示歡迎。亦有對舊哲學表示不滿意，存懷疑之心，而願承受外國新學說者。耶穌會士在中國，先以歐洲之技巧製造品，引起中國士人之好奇心，得其稱許。再進而證明有數種學術，歐洲人士研究較中國人爲精密。待各種學術溝通以後，中國士人當可更進而研問歐洲人是否亦有哲學及宗教眞理，可値注意也。明史卷三百二十六意大里亞傳言：『其國人東來者，大都聰明特達之士。意專行教，不求利祿。其所著書多華人所未道，故一時好異者咸尙之。而士大夫如徐光啓輩首好其說，且爲潤色其文詞，故其教驟興。』明史此數語可以證明耶穌會人傳教策略之方法與成功矣。居肇慶數年，傳教成績不佳。一千五百八十五年（萬曆十三年）有友人在官者，請羅明堅及阿爾梅達（Almeida）二人北遊至杭州，始得一機會深入中國內地。羅以後似又曾至廣西。前途困難甚多。各神父甚願歐洲各國君王能遣一公使，與中國皇帝磋商，俾得允許在中國內地傳教。無皇帝特許，僅特地方官恩情，甚爲不妥，且極危險。一千五百八十八年（萬曆十六年）羅明堅特回歐洲遊說各國君主，派遣使節。種種困難稽延，致羅氏於一千六百零七年（萬曆三十五年）卒於薩樓奴（Salerno）。西歸目的未達，竟辭此世而長去矣。

羅明堅既卒，中國傳教事業，仍進行不已。一千五百八十九年，在肇慶被逐。乃往韶州別立教堂。耶穌會人仍用其高深之算學，天文，機器學，以得中國士大夫之信仰。利瑪竇等初入中國，皆衣佛教僧人之服。一則使人不注意，二則使人知其爲傳道師也。不久即知僧人在中國社會中地位不高，士人爲全社會中最要之分子。因此更改原來僧服，而用中國士人之服。瑪竇欲至北京，謀取得朝廷之允可，俾傳教事業有法律上之認可。初次努力，僅得至南京。不久被人反對南歸，至江西省城南昌暫居。一千五百九十八年（明萬曆二十六年），經二十年繼續不停之努力，耶穌會在澳門以外地方，僅有會士七人，教堂三所而已。會友死亡者甚多，而對中國所予之印象極微。在他人必已失望，但利瑪竇仍忍耐從事，絕不灰心。謀欲達北京，曾從某部尚書至北京。入城後，不久即被遣南歸，至南京，得地方官允許久居，從事結交士大夫，頗得信徒。有徐光啓者，心襟尤寬，爲明末學術界改革之先鋒。徐氏皆入相從利氏遊，改奉天主教，自是爲教中柱石，忠於所宗。以其高位，文學謀略，對於宗教盡力輔助。光啓有女，教中人稱之爲康狄達(Candida)，亦崇奉耶穌，早年孀居。獻身傳教，其功尤偉。氏使閭巷說書人學習基督福音，再演之於下級社會，使衆周知。今代中國耶穌會教育之中心，在上海徐家匯徐氏故宅，蓋即紀念徐氏也。利瑪竇堅忍不拔，經多年困苦，卒於一千六百零一年，達其所希望之目的地北京。得政府允許，可久居其地。利瑪竇在北京所施用之方略，一如在他城所行而獲大效者。以其所知之歐洲科學交接士大夫。利氏并利用餘暇，極力攻讀中國四書五經。宣彼教時，極力引用中國經典，以博中國士人信仰。因之中國達官顯宦，多與之遊。爲之請於朝廷，給祿賜第。利瑪竇及其徒在北京之優越地位，對於全中國有良好影響。自是各處皆開放門戶，歡迎天主教教士。多年所希望之結果，竟如願收穫矣。韶州教會亦進步甚速。附近城邑，增設教堂多所，收錄教徒日多。用莊嚴典禮，公開施洗，民衆亦不反對矣。教徒未入教之先，依教師言，懺悔前惡，或自製懺悔辭。在北京竟有達官顯宦翰林學士以及天潢貴冑，皆來受洗。一千六百零五年(萬曆三十三年)時，北京共有新教徒二百餘人。耶穌會人來中國者日多，在澳門設立學校，專爲訓練本地傳教師之用。一千六百零六年謠言紛起，謂葡萄牙人勾結耶穌會士謀叛澳門。貯藏軍火甚多。事成推教士郭居靜（Cataneo）爲帝。澳門附近人心惶惶，地方官戒備。教士稍受虐待。北京亦覺不安，但不久卽平。一千六百十年（萬曆三十八年），由徐光啓之介紹，在上海立新會。此年利瑪竇卒於北京，賜葬阜城門外二里溝柵欄地方。喪禮及坟墓，皆依遺命效法中國人風俗。利氏實爲外交家。其在中國傳教成功甚大，留印象於中國人甚深。杭州志記其人『拳鬚碧眼，聲如洪鐘』云。深知欲基督教在中國普遍流行，必須其國文化制度改從西方，或教會必須改革向來教法習慣，以適合中國人生活情形。當彼時，欲求中國改革文化制度以適合教會，爲不可能之事。故彼取後法，改變教法，以應中國環境。此事引起以後禮節上大爭論，使耶穌會多年工作，受大打擊，而傳教事業亦完全失敗。證明利氏所取之策略爲是也。利氏臨終，耶穌會中友人就床榻前問『君將死，留吾輩於何地。』利答以『吾留君於一門前。此門開後，有大功勳。但開時不無困難及危險。』此數語證明利氏所處之地位及精神也。利瑪竇輸入西學之功，亦可推爲首。著書有天主實義二卷，畸人十篇二卷，辨學遺牘一卷，幾何原本六卷，交友論一卷，同文算指十一卷，西國記法一卷，測量法義，西國輿圖，西字奇蹟，乾坤體義三卷，勾股義一卷，二十五言一卷，圜容較義一卷，渾蓋通憲圖說二卷。利瑪竇死，天主教初期傳入之歷史亦告終。此期中天主教他會如方濟各會（Franciscans），與斯丁會（Augustinians），多明峨會（Dominicans）等，亦皆由西班牙人保護，自斐律賓羣島至澳門。試入內地，但俱失敗。瑪竇死時，僅耶穌會在澳門以外，有教堂傳布福音，他會皆不能也。亦僅耶穌會人對於輸入歐化有功，他會皆無也。

利瑪竇死，依遺命以龍華民（Nicolo Longobardi）繼任。會基已固，各事照常進行，不以更換主任而見阻礙。龍華民為西錫利島人，家世閥族。一千五百九十七年（萬曆二十五年）抵中國。閱歷甚多，對中國傳教根本政策，有數端與利瑪竇大相逕庭。然二人交情甚密，故利生時，卽薦龍以自代也。傳教事業日漸興旺。一千六百零六年（萬曆三十四年），熊三拔來華。一千六百十年，有會士六人自歐洲來華。一千六百一十三年（萬曆四十一年）復有四人來華。一千六百一十六年，（萬曆四十四年）禮部郎中徐如珂，侍郎沈㴶，給事中晏文輝，余懋孳等交章彈刻教士王豐肅（Alphonso Vagnovi）專以天主教惑衆，一如白蓮無為諸教。且往來壕鏡，與澳中諸番通謀。神宗納其言，令豐肅及龐迪我，熊三拔俱退入澳門。熊三拔以一千六百二十年（明泰昌元年）卒於澳門。三拔精天文學。利瑪竇特請耶穌會派之來中國助修曆法也。三拔死，會中復遣鄧玉函（Terrenz）繼之。玉函未入教前，俗名施萊克（Schreck）年三十餘入耶穌會。精岐黃術，閑本草。復善算學。在歐洲時，嘗交遊義大利國著名物理學家蓋利流（Galileo）。深知修曆爲中國要政。耶穌會人欲免除驅逐，不可不盡力爲中國修曆。一千六百二十九年（明崇禎二年）以徐光啓之薦，復入欽天監。勤愼從事，克盡厥職。未及一年，至一千六百三十一年（崇禎二年）五月十三日死於職。繼其任者爲湯若望（Johann Adan Schael Von Bell）。若望德國科龍城（Cologne）人。生於一千五百九十一年（萬曆十九年）。一千六百一十一年（萬曆三十九年）入耶穌會。修行勤學後，自請至中國傳教。一千六百十九年（萬曆四十七年）抵澳門。時正中國政府排斥天主教，故暫時不得入內地傳教。至一千六百二十二年（天啓二年）始入內地。鄧玉函卒後，被召至北京修曆法。後爲會中主任。從湯入北京者，尚有羅雅谷（Jacques Rho）。同事數年，卒於一千六百三十八年（崇禎十一年）。一千六百四十四年（清順治元年），李自成破北京，明室亡。清室自東北入關代主中國，傳教事業，不因鼎革而生阻障，反較前更盛。在北方則清順治帝留用湯若望爲欽天監，恩寵甚隆，頒賜官祿，蔭及父母，賜地賞金建築教堂，卽今北京宣武門內南堂是也。堂成，帝御書碑文頌揚天主教，碑雖非正式允許奉教自由，而其影響國內甚大也。在南方之教士，隨從明桂王者，其勢力較之湯若望爲更盛。教士瞿紗微，（Andrew Koffler）又名 Andrew xavier）卜彌格（Michael Boym）二人皆受明永曆帝官爵。永曆嫡母王太后受洗，教名烈納（Helen）生母馬氏教名瑪利亞（Maria）妃王氏教名亞納（Anna），太子慈烜教名當定（Constantine），粵閩總督龐天壽，教名亞基樓契利斯當（Achilleus Christao）。南明帝室奉教之故，不可確知。謂欲藉此可得西洋人之實力相助，以挽回頹勢，則不免揣測之辭也。卜彌格奉永曆帝命出使教皇，歸卒於安南。瞿紗微在廣西爲清兵所害。清室統一以後，天主教士來中國者日多。在中國之新信徒亦與日俱增。康熙時教中各會因「天主」「上帝」「天」三譯名，以及教徒跪拜帝王長官，奉祀祖先牌位，尊禮孔子等問題，互相攻擊。利瑪竇曾用「天主」「天」「上帝」三名譯以西文 God。又謂禁止基督徒祭祀山川佛老兩教神祇，以及他種偶像淫祀則可，至若禁及祭祀祖先，孔子，則攻擊中國人之國家及家庭，爲中國人所最不悅。必遭大反對，而基督教亦不能行也。在中國之耶穌會人士，雖不能全體一致擁護利瑪竇之說，而大多數則贊成之也。方濟各會、多明峨會、奧斯丁會等，或因會務忌妬，或因國籍不同，情感各異之故，皆一致指斥耶穌會。辨論百餘年不熄。一千六百六十九年（康熙八年）至一千七百零三年（康熙四十二年）三十餘年間，爭論最烈。一千七百年時（康熙三十九年），耶穌會士請康熙帝解決所爭問題。帝意與耶穌會士相同。『中國供神主，乃是人子思念父母養育，譬如幼雛物類，其母若殞，亦必呼號數日者，思其親也。……況人爲萬物之靈，自然誠動於中，形於外也。……敬孔子者，聖人以五常百行之大道，君臣父子之大倫，垂教萬世，使人親上死長之大道，此至聖先師之所應尊應敬也。』中國敬天，並非「以天爲物」。西洋人『不通文理，妄誕議論，若本人略通中國文章道理，亦爲可恕，伊不但不知文理，卽目不識丁，如何輕論中國理義之是非。卽如以天爲物，不可敬天，此卽大不通之論。譬如上表謝恩，必稱皇帝陛下階下等語，又如過御座，無不趨蹌起敬，總是敬君之心，隨處皆然。若以陛下爲階下座位，爲工匠所造，怠忽可乎。中國敬天亦是此意。』『呼天爲上帝，卽如稱朕爲萬歲，稱朕爲皇上。稱呼雖異，敬君之心則一』（見康熙與羅馬使節關係文書）會中人將康熙帝意旨及其他中國學者之解說，寄往歐洲。而教皇克萊孟十一世（Clement XI）終不聽。卒於一千七百零四年（康熙四十三年）十一月二十日下令禁止「用上帝」「天」等字，僅許用「天主」以譯God。教堂內不許牌位上有「敬天」字樣。基督徒不許祭祀孔子及祖先。欲祀祖先者，牌位上僅許書祖先之名，不許書「神之位」字樣。羅馬教皇一令停止百餘年之爭論。但在中國如何行使其令。中國爲獨立國，非他人附庸。行之與已成立之教堂，是否不發生不良結果，教皇等不問也。康熙五十九年，帝見教皇禁令，硃批云：『覽此告示，只可說得西洋人等小人。如何言得中國之大理。況西洋人等無一人通漢書者。說言議論，令人可笑者多。今見來臣告示，竟是和尙道士異端小教相同。比此亂言者，莫過如此。以後不必西洋人在中國行教，禁止可也。免得多事。欽此。』因此教士被逐回國者甚多。天主教在中國自是發展遲緩，毫無進步，幾至於絕者一百二十餘年。直至道光末，鴉片戰爭後，藉用政治勢力及兵力，始得再行。教徒在中國多享特別權利，不守本地法律，倚服教士，欺陵鄉閭，以力服人者，非心服也。中國人自是對於基督教存一畏懼心理。上等社會不敢接近矣。入民國，教案止息。稍稍復有上等社會人與之過從來往矣。民國十二年，已故大公報主筆英華字斂之，與美國本篤會士司泰來、與圖爾等在北京創辦輔仁大學。為天主教在中國第一大學。天主教注重紀律。當此國家社會改造之際，各種學說無限制輸入。狂士提倡廢孝，而內地無知青年，竟有以殺父為英雄豪傑者。中國人民將流為梟獍矣。天主教人獨以道德紀律為倡，未始非狂瀾中一砥柱也。

路德新教創於十六世紀。十七世紀末葉（康熙三十年後）歐洲北部奉新教者，有瑞士、德國北部，瑞典、那威、荷蘭、蘇格蘭、英格蘭，及威爾斯之大部，愛爾蘭之一部。十七世紀以前，奉新教諸國，對於海外發展，皆不注意。美洲及亞洲為歐洲南部天主教國家所佔領者，皆不許新教傳道師居住。此期新教領袖皆埋頭組織教會，爭論教義，防衛自己宗教地位，無暇顧及海外傳教。十七、十八兩世紀中，德國新宗教家皆謂基督教徒無向外傳教之責任也。新教國家之君主，亦無舊教君主之熱心，且有反對傳教者。十八世紀末（乾隆末嘉慶初），歐洲以外，人羣社會中，僅有少數新教傳道師。直至十九世紀及二十世紀，全體新教始活動傳教事業。近代歐化之輸入中國，新教徒之功高於舊教徒翻譯新書，灌輸新知識及各省設立教會學校，自小學中學，以至大學。使中國中上社會子弟受新教育，在本國有相當預備，得往外國大學或研究院再得高深教育。新教徒之功尤偉也。新教最初傳道師來中國者，爲英國人瑪禮孫（Robert Morrison）。一千七百八十二年，（乾隆四十七年）氏生於諾森姆伯倫（Northumberland）。長成於教會家庭中，自幼熱心傳教。年十五六時，入長老會（Presbyterian church）。在倫敦爲學生時，卽已發願將來至中國傳教。自大英博物館借得中國書，請某中國人教之。未至中國而中國語言已閑熟矣。一千八百零四年（嘉慶九年），自薦於倫敦傳教會（London Missionary Society），而英國東印度公司反對傳教。不得已，乃往美國。乘美國船往中國，得美國國務卿馬第孫（Madison）致美國駐中國領事之介紹函。由紐約出航，於一千八百零七年（嘉慶十二年）九月中抵廣州。延中國天主教徒二人，再學習中國語言文字。一千八百零九年（嘉慶十四年），爲使本人在中國地位穩固之故，乃入東印度公司充翻譯。一千八百十六年（嘉慶二十一年），隨英國公使阿美斯德（Amherst）至北京充翻譯。第一天主教教士沙勿略嘗欲依附葡萄牙國商人公使入中國，而第一路德新教教士瑪禮孫亦利用英國商人公使以入中國。誠可謂兩相映對矣。顧瑪禮孫雖爲東印度公司翻譯，職守不廢以外，心中固未嘗一刻忘傳教大業也。脫離公司，則無所依附，求他途徑，而又無門。所幸生性好學，勤苦過人，既無他種方法可以傳教，乃專心於文字工作。一千八百十九年（嘉慶二十四年）與米內（Milne）二人用淺近文理，譯完新舊約全書。更著第一部中英文字典、中國文法書等。大半時間消耗於著述。與中國人交接甚少，故受其洗者寥寥無幾。氏與其徒在中國傳教二十五年，受洗入教者僅十人而已。瑪禮孫欲在廣州或澳門建一英華學校（Anglo-Chinese College），俾可爲傳教中心點。但兩地皆有大阻障，不得行。乃於一千八百十四年在麻六甲（Malacca）擇地建舍。斯時新嘉坡尚未建立，印度以東在英國人管轄下者，僅麻六甲城而已。麻六甲有華僑數千人。立學校先行教導僑民西方文化。英國人願學中文及中國文化者，亦可入校。此校實中西文兼授。一千八百十八年（嘉慶二十三年）校舍成。瑪禮孫自捐英金一千磅爲基金，又年捐一百磅爲行政費。東印度公司亦年捐若干。初開學時，約有學生二十餘人。第一班所習之功課爲地理、幾何、天文、倫理，英文及漢文。管理者爲米內。此校之立，不免超過時代。英國人入校極少，而中國上等社會又不需要此等訓練。來學者僅西人或外國人雇員。不久功課改淺。前十五年間，畢業者有四十人。內有十五人受洗。米內卒於一千八百二十二年（道光二年）。他人繼其任。一千八百四十二年（道光二十二年）南京條約成立。學校遷至香港新屬地。當時在麻六甲所辦者，英華學校以外，尚有印刷局一所，專印新教中出版物。又有雜誌兩種。一爲華文月刊，二爲英文季刊。瑪禮孫卒於一千八百三十四年（道光十四年），八月一日。壽僅中年。葬於澳門。氏無涉勿略或利瑪竇之才，但見解甚高，爲人誠懇，心思專一，學識淵博，是非判明。新教中罕見之人才也。瑪禮孫既卒，其友人爲之捐款作紀念。翌年會成，名曰「瑪禮孫教育會」（Morrison Education Society）。第一次捐款得美金四千八百六十元。郎刻以一部贈之已成立學校數處。又在澳門另成立一新校，校名爲瑪禮孫學校（Morrison School）。延請美國人勃朗（Samuel R. Brown）爲校長。此校後又遷至香港。校中著名學生有容閎，黃寬二人。容黃二人爲中國近代最早留外國學生。容畢業於美國耶魯大學。下節復有詳記。黃先至美國，後至英國愛丁堡大學學醫畢業。懸壺香港。爲中國最早知西醫者。瑪禮孫生時，未得見本人志願得達。死後其友人繼承之。

九泉之下，亦可含笑矣。

美國脫離英國獨立，但對外傳教事業，仍多與英國合作。美國教會最早來中國者爲公理會(American Board of Commissioners for Foreign Missions)。一千八百二十九年（道光九年）遣阿拜爾(D. Abeel)及裨治文(E. C. Bridgman)二人來中國傳教。一千八百三十年二月二人抵廣州。阿拜爾居一年即回美國。裨治文留粵學中國語言，未久，創立一小學，教導兒童，從事著述。一千八百三十一年（道光十一年）由美國取得印刷機一付。一千八百三十二年五月，起始發印中國文庫雜誌(The Chinese Repository)，目的不獨爲播佈傳教新聞於外國人，同時亦宣揚中國法律、風俗、歷史、文學及時事於歐美人士。歐美商人在中國者，多不知中國事情而輕視中國。此雜誌灌輸中國知識於西人，使之了解中國事情，功不淺也。一千八百三十四年（道光十四年）公理會遣彼得拍克(Peter Parker)至中國傳布醫學知識，是爲最早教會醫生至中國者。一千八百三十五年在廣州立一眼科醫院，治愈多人。以前中國人對於西醫有各種誤解，至是完全剷除。後於公理會來中國者爲浸禮會(Baptists)。一千八百三十六年（道光十六年）歐克（J. Lewis Shuck）氏爲該會第一代表人抵澳門傳教。幸運不佳。第一教友不久脫教。歐克非常灰心。會中所給薪俸甚微，不足自養。與他教士復多齟齬。次於浸禮會來中國者爲安立干會（Anglican）一千八百三十五年，有洛克吳德（H. Lockwood）及漢生（F. R. Hanson）二人代表該會抵廣州。不久至新加坡學習語言文字。數月後，往爪哇巴塔維亞城。一千八百三十八年（道光十八年）皆因病回國。該會眞正創始代表人爲彭恩（William J. Boone），一千八百三十七年抵巴塔維亞，後至廣州。第四美國教會至中國者爲長老會（Presbyterian）。此會初與公理會合作。一千八百三十七年自立董事會。一千八百三十八年，前美國參議院議員婁麗（W. Lowrie）辭去議員職務，專事傳教。先至新加坡，後至中國。南京條約以前，僅澳門廣州兩埠允許外人居住。故教士輸入歐化亦至有限。此期教士工作，僅限於翻譯聖經及少數雜誌而已。

鴉片戰後，南京條約成立，香港割讓於英。廣州、廈門、福州、甯波、上海五港，開爲通商碼頭。外國人居住地增加。天主教及路德新教各會活動範圍，亦因之大爲增加。傳教師來華人數激增。天主教將中國劃爲數區交各教會分區傳教，不相妨礙。耶穌會（Jesuit）不復在北京立總部，而另於上海附郭之徐家匯明代徐光啓舊宅立總會，作活動之總機關。設高等學校教導華人。設圖書館收藏中國舊書。立觀象台，測量沿海氣候。又立動植物博物院及印刷所，出版中西文書籍。儼然爲一學術中心點也。味增爵會（Lazarist）得河南、蒙古、江西、浙江、河北一大部爲其傳教區。多民我會（Dominican）得福建。巴黎外國傳教會（La Societe des Missions Etrangeres de Paris）得滿州、廣東、廣西、海南、雲南、貴州、四川、西藏等地。方濟各會（Franciscan）得湖南、湖北、山西、陝西、山東。各會極爲努力。時新教（下方稱耶穌教）各會更形活動。輸入歐化於中國及使歐美人了解中國事情之功，以前歸之天主教；自是漸入新教徒之手矣。英國倫敦傳教會（London Missionary Society）將麻六甲之英華學校遷至香港。隨學校而來者有其校長理雅各（James Legge）。理雅各爲一著名學者。後爲牛津大學教授，曾翻譯中國四書五經成英文，介紹中國文化於歐洲。其功甚偉。一千八百四十七年（道光二十七年）慕維廉（William Muirhead）至上海。譯米納氏（Milner）大英國志爲漢文。一千八百四十八年（道光二十八年）艾約瑟

(Joseph Edkins) 抵上海。氏爲有名學者。關於中國有甚多著述，尤精於中國佛學。一千八百五十年（道光三十年）美國長老會遣丁韙良 (W. A. P. Martin) 至甯波傳教。丁氏以後爲北京政府設立之同文館館長，同文館卽今北京大學之前導。教導中國學生以外，著述宏富，嘗翻譯萬國公法爲華文，輸入西學，厥功甚偉。一千八百四十八年，美國公理會教士衞三畏 (Samuel Wells William)之中國總論(The Middle Kingdom)兩巨册著成。傳布中國歷史、法律、社會、風俗於歐美。一千八百四十七年（道光二十七年），英國外國聖經會遣偉烈亞力 (Alexander Wylie) 至上海。偉烈知天算，居中國三十年。與中國士大夫交遊甚廣，著述宏富，有幾何原本續篇之譯。氏輸入西洋科學於中國，販運中國科學於西洋，功亦不淺。一千八百五十一年（咸豐元年）美國聖公會 (Protestant Episcopalians) 在上海建一幼童學校，以後逐漸擴張，成今日之聖約翰大學。爲中國培造政界學界商界人物甚夥。咸豐庚申年，（一八六〇）英法聯軍破北京，逼清帝再訂通商傳教條約。增牛莊、烟台、台南、淡水、汕頭、瓊州、南京、漢口、九江、鎭江爲商埠。教士受保護，傳教來者更多。歐化輸入更易。商埠中有教會，官吏商人各團體成立。自此種團體發生，各種影響。以後五六十年時間，使中國人思想、政治、社會、家庭各種組織，皆起莫大變化。

由咸豐庚申（西一八六〇年）至光緒庚子（一九〇〇）四十年間，中國外狀及歐化輸入無多大變遷。但各方所積之壓力，已使中國不能保守舊狀，不得不變而歐化矣。此時期有功於輸入歐化者，爲美國長老會駐山東登州牧師狄考文（Calvin W. Mateer）。狄氏於一千八百六十四年（同治三年）立文會館於登州，教育中國青年。近時名人吳佩孚卽斯時學生之一也。文會館以後併入濟南齊魯大學。狄氏精於算學，編有筆算數學、代數備旨等，皆爲中國三十年前初辦學校時各校所採用之算學教科書也。美國聖公會主教施若瑟（Samuel Isaac Joseph Schereschewsky）於一千八百七十九年（光緒五年）在上海建立約翰書院，以後改名聖約翰大學。近代外交界名人顏惠慶等，皆此校之畢業生也。美國美以美會（Methodist）教士林樂知（Young J. Allen）於一千八百六十年（咸豐十年）抵中國。一千八百八十二年（光緒八年）在上海建中西書院（Anglo-Chinese College）。近代名人畢業此校者亦甚多。此校以後改滬江大學。林氏於一千八百七十五年（光緒元年）創月刊萬國公報（A Review of the

Times），灌輸西國思想於中國士大夫。光緒戊戌以前，中國人所知外國事情，端賴此報。林氏尚有中東戰紀等書之輯。極力鼓吹中國須變法維新，與戊戌維新黨人來往甚密。美國長老會教士李佳白(Gilbert Reid)於一千八百九十四年(光緒二十年)在上海立尚賢堂(The Mission among the Higher Classes of China. 一千八百九十七年更名 The International Institute of China. 中文名仍舊。)專務交結中國上等社會，得中國總理衙門之贊助，用演講及出版物，灌輸西洋文明於中國士大夫。傳教目的未達，而傳播西洋科學之功，固不可泯也。英國浸禮會(English Baptist Missionary Society) 教士李提摩太 (Timothy Richard) 一千八百四十五年（道光二十五年）生於威爾斯。一千八百七十年（同治九年）來抵中國，先至山東青州傳教。時山東風氣未開，反對傳教。氏以堅忍精神，卒得久居。其傳教方法，亦如明末利瑪竇，以不變中國風俗，交結上等社會入手。活動範圍甚廣，宗教以外，注意改良中國經濟及學識。一千八百七十七年（光緒三年）至一千八百七十九年（光緒五年），山西大饑。氏往放賑之外，教地方官民以開渠、植樹、農礦諸事，俾可永久免除荒旱之災。留山西八年，用出版品及演講結識士大夫，免中外隔閡。氏甚讚美中國文化，而西國科學有利於中國國計民生者，亦極力介紹。主持廣學會（Society for the Diffusion of Christian and General Knowledge）多年，出版書籍雜誌甚多。嘗與上海人蔡爾康合譯馬懇西之泰西新史攬要（Mackenzie's History of the Nineteenth Century）。賣出一百萬部以上。翻版及節本者尚不在內。每當各省科舉鄉試，士紳羣集之期，該會運至各省城，推銷其出版品。故士紳獲得新知識，皆斯會之功也。戊戌維新黨首領，康有爲、梁啓超，皆與氏爲莫逆交。梁氏且曾爲氏之短期記室。廣學會經費不獨英美人士慨然解囊，卽中國之達官顯宦，如李鴻章、張之洞、聶緝規等，亦皆踴躍輸將。光緒帝亦曾讀會中出版書。故延氏至北京爲顧問。拳匪亂後，氏請英政府留賠款五十萬兩銀於太原府，立山西大學，教育華人，啓發新知識，庶可免其將來之排外。英政府許之，任命氏全權管理山西大學。十年以後再交還大學於中國。第一任校長爲敦崇禮（Moir Duncan）斯卽今日山西大學之起始也。自明末有西洋傳道師以來，功業之偉，未有如李提摩太者也。英國人傅蘭雅（John Fryer）一千八百六十一年，（咸豐十一年）抵香港，充聖保羅書院（St. Paul College）教員。後江南製造局請之與華人合譯西書。範圍甚廣。所有算學、化學、生物、物理、地理、音樂、身理、衛生、天文、歷史、哲學、神學、教育、法律等學，皆有譯本。直至如今，其所訂名辭（如輕氣、養氣之類）尚留於人口，不可廢也。又有教士受中國政府之聘，代中國組織學校，充教務長者。如天津西沽北洋大學之成立，在光緒二十一年，實盛宣懷於中日戰後，延請美國教士丁家立（Charles D. Tenney）所組成。中國專科大學，當以此校爲始。丁氏先在山西公理會傳教。後至天津充美國領事館翻譯及副領事。並在李鴻章家授李經楚英文。上海徐家滙南洋公學，亦爲盛宣懷延美國教士福開森（John C. Ferguson）組成。教成人才甚多。當時科舉未廢，本國人留學外國者少。專科大學課程編配，專賴外國人之指導。美國教士尤多竭誠盡職。翻譯書籍，組織學校以外，各教會在中國各地設立印刷所，印刷書籍與宣傳品。其技術與組織法，給中國人以莫大影響。即如今國中最大之書局，商務印書館之創始人，亦自教會印書館學得其技能也。在歐化輸入中國之初期，教士之功，誠不可泯。庚子拳匪亂後，本國東西洋留學生大增。歐化輸入之功，乃出教會手中移歸本國人矣。猶之漢魏以後，印度佛教之傳入中國，初期皆爲外國人，以後乃有本國人，如法顯、玄奘、義淨也。今代教會中人輸入歐化於中國，雖已讓首功於中國留學生，但輸出中國文化於歐美，著書立說，使歐美人了解中國事情，仍常佔第一位也。各處教會所立之大中小各級學校，皆頗爲中國士大夫所信任。良以本國政治無常軌，各級學校皆受政治影響，經費不裕。校長教員隨政潮爲進退；一歲之中，數次換人。人人懷五日京兆之心，不知職任爲何物。學生投入政黨，甘爲政客攘奪之工具。以奔走運動虛僞囂張爲習尚，讀書實驗爲可恥。在此時期，教會學校仍本其良心職任以行。校規嚴明，學生尚能安心讀書，實事求是。大爲中國社會所尊視。

（參觀 K. S. Latourette, A History of Christion Missions in China; G. G. Hudson, Europe and China; Corling, The Encyclopaedia Sinica; 康熙與羅馬使節關係文書；樊國樑燕京開教略。

第四節　中國人留學及遊歷外國

自明武宗正德時，葡萄牙人東通中國後，歐洲商賈教士至中國者甚多，前二節已言之矣。而中國人往西洋者，究有若干人歟？留學生爲輸入歐化最要之媒介，不可不有專節論之也。中國最早往歐洲留學者，似爲鄭瑪諾。瑪諾字推信，廣東香山墺人。自幼往西國羅馬京都，習格物、窮理、超性之學，並西國語言文字，深於音學，辨析微茫。康熙十年，辛亥，來北京。十三年甲寅卒，葬在阜城門外滕公柵欄。康熙時有馬公瑪竇者，意大利人也。泛海三年始至中國，後敷教北京，以丹青天文馳名。康熙帝以賓禮待之，每與帝遊，極其禮愛。後設帳於京。及聖祖崩，馬公請歸。上問其所欲，對曰：『願得英才而教育之。』上忻然允諾。及歸至那波利港（Naples）乃以立書院之事請命於王。王許之，爰建高館於城內，名聖家書院，亦名中國學館，專教華人。嗣後華人往者頗不乏人。大率湖北人，往其處學習宗教也。道光三十年，有蘇人陸霞山與同志二三人，航海西經緬甸、印度、阿非利加、法蘭西、西班牙，抵意大利那波利府，肄業於聖家修院。八年，至咸豐七年，返棹回國，充楚北司鐸。宗教家皆主靜修，獨善其身，不願多與外界交遊，不注意政治學術。故鴉片戰前，由中國往歐洲留學宗教者，雖代不乏人，而求其有影響於中國文化則甚微也。清代康熙、雍正、乾隆三朝盛時，外國使來中國者甚多。教化王（即今之教皇）之使亦曾數至。然清朝在此一百三十餘年長期間，竟未一次遣使浮海至西歐，探風問俗，誠可異也。嘉慶間，有嘉應州人謝清高，從賈人走海南，遇風覆其舟，拯於番舶，遂隨販焉。遍歷南洋、印度洋、歐洲、美洲、太平洋諸地而回。其鄉人楊炳南爲之記，頗名曰海錄。謝氏為近代最先中國遊歷家至歐美者。海錄所記，不過風土人情與商況。至若政治、宗教、學術，非其所及也。書中無特別記載可以引起人注意者，故書出版於世，無多大影響也。最先留學生回國後，在政治上有影響者，當推粤人容閎。氏字純甫，一千八百二十八年（道光八年）十一月，生於距澳門西南可四英里之彼得島南屏鎮。一千八百四十一年（道光二十一年）進瑪禮孫學校。一千八百四十七年（道光二十七年）一月四日，隨校長美國人勃朗(S. R. Brown)經印度洋、好望角、聖希利那島、渡大西洋而至美國紐約，共行九十八日。至是年四月十二日達目的地。同行者尚有黃勝、黃寬二人。三人共入美國麻沙朱色資州(Massachusetts)之孟松學校(Monson Academy)。一千八百四十九年（道光二十九年）黃勝因病返國。容等期滿，因資助者欲二人去英國蘇格蘭愛丁堡習專門。黃寬乃去英，學醫七年，以第三名畢業。一千八百五十七年（咸豐七年）歸國，懸壺。一千八百七十九年（光緒五年）逝世。容不願去英，以喬治亞省薩伐那婦女會之助，及自己工作所入，得留美。一千八百五十年（道光三十年）入耶路大學(Yale University)。一千八百五十四年（咸豐四年）畢業該校。斯年十一月，由美起行，復經好望角返國。初營商。一千八百六十年（咸豐十年）至南京謁洪秀全之姪干王。說以七事，冀太平軍之能用其言而改造中國。但結果不能如其所期。仍爲茶商往來皖贛各省。特別注意社會現象。一千八百六十三年（同治二年）正營業九江、曾國藩幕友張世貴李善蘭（壬叔）等相召。是年八月至安慶見曾。十月，奉曾命去美購機器。一千八百六十五年（同治四年）春，攜機器返國。置廠上海，即今江南製造局也。已而復說曾於廠旁立廣方言館。招學生肄業其中。授以機器工程上之理論與實驗，以期中國將來不必需用外國機器及工程師。此校以後造就人材甚多。又上說帖於江蘇巡撫丁日昌。條陳四則：一、中國宜組織一合資汽船公司。公司須爲純粹華股。不許外人爲股東。即公司經理職員，亦概用中國人。二、政府宜選派穎秀青年，送之出洋留學，儲蓄人材。派遣之法，初次可先定一百二十名學額以試行之。此一百二十人中，又分爲四批。按年遞派。每年派送三十人。留學期限定爲十五年。學生年齡，須以十二歲至十四歲爲度。視第一、第二批學生出洋留學著有成效，則以後永定爲例。每年派出此數。派出時，並須以漢文教習同往。庶幼年學生在美，仍可兼習漢文。至學生在外國膳宿入學等事，當另設留學生監督以管理之。三、政府宜設法開採礦產以盡地利。礦產既經開採，則必兼謀運輸之便利。凡由內地各處以達通商口岸。不可不築鐵路以利交通。四、宜禁止教會干涉人民詞訟以防外力之浸入。四條皆爲當時切實要務。惜至一千八百七十年（同治九年）始得機會，曾文正將其第二條入奏得准。於是組留學事務所。設監督二人，漢文教習二人，翻譯一人。監督爲陳蘭彬及容閎。學生暫定爲一百二十人分四批。每批三十人。按年分送出洋。學生年齡定爲十二歲以上十五歲以下。在上海先立一預備學校。北方風氣未開。一千八百七十一年夏，第一次招考竟未足額。乃往香港英政府所設學校中遴選聰穎少年。故一百二十名官費生中粵人竟十居八九。一千八百七十二年（同治十一年）夏季之末，第一批學生三十人，渡太平洋赴美國。在留學事務所於哈特福德（Hartford）。一千八百七十六年（光緒二年，）陳蘭彬升任駐美公使，薦吳子登（名惠善）自代。吳性情怪僻。爲人好示威，一如往日之學司。接任之後，即招學生至使署中教訓。各生謁見時，均不行跪拜禮。監督僚友金某大怒。謂各生適異忘本，目無師長。因無論其學業期成材，即成亦不能爲中國用。具奏請將留學生裁撤。容閎力爭無效。卒於光緒七年，一律撤回。此爲中國政府第一次派赴美國留學生之經過也。後人對於此次留學生之成績，毀譽不一。大抵毀之者多，譽之者少。要其成績無多之故，則學生年齡太輕，本國情形不熟，國學全無，在外國亦僅在高等學校修業，並未得進大學，學有專長也。其中有數人以後成專家者，蓋於調回後，第二次自費往美，畢其所業也。又約有十八，終身留美不歸。人人皆有一西婦。無怪監督吳子登謂其即學成亦不能爲中國用也。然政界上以後多一批翻譯官，辦洋務人員，未嘗不無功績可述也。

以後光緒二年（西一八七六，）李鴻章派天津武弁七人，隨德人李勱協去德學習陸軍。以三年爲期。是爲赴歐留學之始。光緒三年二月，李鴻章奏准，派遣福建船廠學生及藝徒三十名，赴英法兩國學習海軍與製造。以法人日意格爲洋監督，道員李鳳苞爲華監督，馬建忠爲隨員，陳季同爲文案，羅豐祿爲翻譯。此次學生成績，頗有可觀。有數人以後在軍界或在學界，皆爲名人。如薩鎮冰爲海軍界之名宿，嚴復爲輸入西洋哲學之先導也。光緒七年，並由李等奏請續派船廠學生十名，去英法學習。以後即停止。光緒十六年四月，由總理衙門奏准出使英、俄、法、德、美五國大臣，每屆酌帶學生二名，共計十名。均以三年爲期。光緒二十一年，再奏派學生分赴俄、英、法、德各四名，共計十六名。惟所派學生均以襄贊使署公牘爲務，無暇求學。實不能謂爲留學生也。

甲午（西一八九四）戰後，中國自知國力遠遜日本。日本以前，步趨中國。明治維新以後，模仿西洋。一舉而爲強國，自有其長，可作中國之鏡鑑也。日本距中國近，費用較西洋爲輕。文字障礙，亦較西洋爲少。故往日留學者甚衆。官費之外，自費尤多。最盛之時，達萬餘人。日本固非西洋之國，但中國留學生所學者，皆日本人自西洋販來之西學。此間接輸入之歐化，較之直接自歐美輸入者爲尤要。一則留日人數衆多；二則文字相近，駕輕就熟故也。清末革命之演成，幾全爲留東學生之功績。今國中所用之新名辭，全自日本輸入。每年出版書籍，多自日文翻譯。三十年來，中國文體變遷，當導源於日本。大小工廠中技師，亦多留日畢業學生。法庭中判官，多爲歸自日本法政學生。中國每年所受精神上之刺激與興奮，悉來自日本。殷憂所以啓聖。彼所給吾人之刺激，或爲起死回生之針灸也。考中國派遣學生去日留學，始於光緒二十二年（明治二十九年）。當時公使裕庚氏經日本政府以學生十三人依囑高等師範學校校長嘉納氏。嘉納使同校教授本田增次郎氏當其事。更又聘教師數人，開始日語日文及普通學科之教授。此等留學生中或罹疾患，或因事故，致不得已而半途回國者，往往有之。有六名皆以良績卒三年之業。公使李盛鐸續送數名。鄂督張之洞，亦相繼咨送。於是嘉納氏以三矢重松氏充教育主任。此等學生亦以良成績卒其課程，進修專門之學。光緒二十七年（明治三十四年），北京警務學堂亦簡派警察學生數十人，以託其教育。光緒二十四年，始由政府令各省選派學生，留學日本。倡此議者爲日本駐京公使矢野文雄。首先讚成此議者，爲御史楊深秀。中國學生到東後，不通語言文字。日人高楠順次郎於明治三十一年六月（光緒二十四年），首創日華學堂，專爲中國學生補習語言文字及各種學科，肄業期限約一年。再進帝國大學或專門學校。自此以後，各省均派遣學生赴日。私費前往者更多。拳匪亂後，變法之要求益切。一切新政，均須人辦理。各省競派。自光緒二十七年至三十二年五六年間，留日學生達萬餘人。爲任何時期與任何留學國所未有。各科學生中，尤以日本士官學校畢業者，影響於中國近二十餘年之歷史爲鉅。辛亥革命，推翻清室，造成共和，士官學校畢業生率領新軍響應之功，當推爲首。而二十年來，分崩割據，日事鬩牆，置國事於不顧，使生民塗炭，如水益深，如火益熱，求生不能，求死不得者，亦士官學校畢業武人之賜也。

光緒三十四年（西一九〇八年，）五月二十五日（陽曆，）美國國會通過以一部分之拳匪亂事賠款，退還中國之議案。咨請大總統酌定以何時與何種情形交還中國。是年十二月二十八日，美大總統令，除扣去實應賠償之款外，均行退還。遂由美國財政部詳核決定，中國實應賠償之數，爲一千三百六十五萬五千四百九十二金元，另保留二百萬金元，爲或有未經查出應償之款之用。此外悉數退還。其保留之二百萬金元，續經查明，應扣付八十三萬八千一百四十金元。其餘均仍交還中國。美國既退還後，中國外務部卽與駐京美使商定派遣遊美學生辦法。初四年，每年遣派學生約一百名赴美遊學。自第五年起，每年至少續派五十名。在北京西郊清華園地方設立清華遊美預備學校。約容學生三百名。延美國高等初級各科教習。所有辦法，均照美國學堂，以便學生熟悉課程，到美入學，可無扞格。淸華學校成立於一九一一年（宣統三年）而美國退還庚款，則始於一千九百零九年。故在淸華未成立及未有畢業生以前，於一千九百零九年八月，一千九百一十年，一千九百十一年七月，舉行招考試驗。所考之科目，皆准當時中學畢業入大學所需之程度。此三年考取之人數，計第一年四十七人，第二年七十人，第三年六十二人。以後繼續派送該校學生至一千九百二十四年，已達六百八十九人。清華成立以後，赴美官費生日多，因爲人多之故，回國後在社會上勢力頗大。私費生往美者，亦大增。今日中國學生留學外國者，以日本最多，美國次之。在歐洲者，以法國最多，德國次之，英國又次之。但較日美二國，皆遠遜也。各國皆有其特長，而亦各有其弊。日本密邇中國，文字風俗相近。留日學生可以時常回國，故熟悉本國情形，不忘本國文字。日本人能耐苦，飲食起居皆極儉樸，甚有較中國中等社會尤儉者。中國學生久留日本歸者，物質之慾望不奢，回國作事，無扞格隔膜之弊。中日兩國比鄰，衝突時有。在日留學者，無日不受日人之輕視刺激。故學生時代，愛國心較歐美留學者爲切。因之言論舉動，亦較爲激烈。清末革命，不惜以生命爲犧牲，前仆後繼，視死如歸，此留學日本之利，非他國所能及也。然中日兩國既相爲鄰，而日人對於中國之事，纖悉皆知，處心積慮，破壞中國國家組織，以便從中漁利。清季煽動中國學生，排斥滿人，推翻清室。甚至有投入中國革命軍，協助革命者。彼其人果眞欲吾人革命成功耶？抑將別以求其所大欲耶？日人評論中國文明人物，皆別具心腸，使中國無自信之力。而中國人不察，反以爲眞確無誤，亦自攻其祖。入民國後，忽而唆使袁世凱爲皇帝，忽而協助蔡鍔以抗袁，忽而挑撥南北感情，忽而助奉軍入關，忽而出兵攔阻北伐，實皆彼多年陰謀計劃，至此實現。中國上下皆墮其術中而不知悟。此則其弊也。美國物質文明發達為世界最。各種機械學，可稱無匹。其國富厚，亦稱為首。美國大學課程表，學校多已為學生編配妥當。不似歐洲之選擇自由，反使中國學生之初入學者，茫無頭緒。歐洲學校有所謂「讀書自由」，而美國大學則主嚴格訓練。美國學校畢業以後，出世應用之學，皆已完備。今國中各機關內，多半為美國學校出身者，他國所不及也。但美國富厚，既冠於世界，而奢侈之風，亦為他國所不及。衣食行住，窮極奢華。中國學生久居美國者，習於美國人之生活。驟然回國，見本國各事簡陋，輒生鄙棄。小事不屑為，大事不能得。慾望不遂，而生憤恨，愛國之心，職任觀念，隨之削減。甚至詆本國為半開化者有之矣。美為民主政治國家。民主政治（德模克拉西）誠為理想之良好政治。但中國人天生為中國人，非可一朝一夕化為美國人也。自美國或英國輸入民主政治於中國，完全不適中國民情，釀成今日之大亂，是則其弊也。

（參考韓霖張賡聖教信證；郭連城西遊筆略；洪勳遊歷聞見錄；容閎西學東漸記；舒新城近代中國留學史。）

第二章　有形歐化卽歐洲物質文明之輸入

第一節　軍器事業

鑄礮改良　各種有形歐化中，最早受歐洲人影響者，實爲鑄礮術。據續通考所載，中國最初用火藥及礮，爲金哀宗天興二年（西一二三二年）。金主奔歸德，金將官奴嘗以火槍破敵。其制以赭黃紙十六重爲筒，長二尺，實以柳灰、鐵汁、磁末、硫磺、砒硝之屬，以繩繫鎗端。軍士各懸小鐵罐藏火。臨陣燒之。焰出鎗前丈餘。藥盡而筒不燬。元兵不能支，大潰。此卽世界上最初用火品之戰爭也。其後元人探知之，亦用以攻金哀宗於蔡州。史弼高興征爪哇時，嘗遺留數礮於其地。其造法不傳。後亦罕用。明史謂其得自西域者誤也。古所謂礮？皆以機發石而已。明成祖平交阯，得神機鎗礮法。特置神機營肄習。製用生熟赤銅相間，建鐵柔爲最，西鐵次之。大小不等。大者發用車。次及小者用架，用樁，用托。大利於守，小利於戰。隨宜而用，爲行軍要器。永樂十年以後，北方沿邊要塞各山頂，皆借五礮架以禦敵。然利器不可示人。朝廷亦愼惜之。宣德五年，敕宣府總兵官譚廣，神銃國家所重。在邊墩堡量給以壯軍威。勿輕給。正統六年，邊將黃眞、楊洪立神銃局於宣府獨石。帝以火器外造，恐傳習漏泄，敕止之。景泰時、應州民師翺製銃有機。頃刻三發及三百步外。天順八年，延綏參將房能破賊麓川用九龍筒。一線燃則九箭齊發。請頒式各邊。西洋人未抵中國前，中國鑄礮銃術之發達史，約略如上。西洋人用火藥礮銃於戰爭，最早爲一千三百四十六年（元順帝至正六年）英法兩國克萊西(Cricy)之戰爭。考據家謂其術傳自東方中國。西洋人得其術雖遲，而鑄造發達改良，則較中國爲速。中國人得一法，死守不變。政府重文人，輕百工。社會亦以爲尚。對於發明人絕無獎勵鼓舞之事。故發明人死後，其術卽絕。他人無從爲之改良。葡萄牙人、西班牙人抵印度洋沿岸及斐律賓羣島，其能戰勝各國，征服土人，全賴火器之功。據西史所載，南洋各國當時亦有礮。但射程遠遜歐人。馬雷人礮彈不能達歐人，而歐人自船上所發之礮，能破毀馬雷人之礮台。是以所至無敵。明末中國礮銃之落後，亦不下馬雷人。不與歐人衝突則已，一有衝突，無不敗衄。明人亦知其然。正德時，葡船至廣東白沙巡檢何儒得其制。以銅爲之。長五六尺。大者重千餘斤，小者百五十斤。巨腹長頸。腹有修孔。以子銃五枚，貯藥置腹中。發及百餘丈。所擊輒糜碎。嘉靖八年（西一五二九年）始從右都御史汪鋐言，造法郎機礮，謂之大將軍。發諸邊鎮。其後荷蘭人至，其礮更大，曰紅夷。長二丈餘，重者至三千斤。能洞裂石城，聲震數十里。萬曆二十年，日本關白豐臣秀吉寇朝鮮。明兵禦之，得力於礮銃者不少。滿洲兵起，礮銃亦多所利用。清太祖奴兒哈赤即在甯遠城下，爲袁崇煥自葡國輸入之巨礮所擊傷而致死也。時葡人在澳門立鑄礮廠一所，可造各種鋼鐵礮。天啟二年，明廷遣使至澳門，命耶穌會士羅如望（Joannes de Rocha）陽瑪諾（Emmanuel Diaz），龍華民（N. Longobardi）等製造銃礮。次年召用艾儒略（Julius Aleni），畢方濟（G. Sambiaso）等。於是至者，不僅教士，即凡在澳門之外人，俱隨之而來。或製造武器，或馳驅疆場。崇禎十二年，畢方濟上疏，有云：『臣蒿目時艱，思所以恢復封疆，而裨益國家者，一曰明曆法以昭大統。二曰辨礦脈以裕軍需。三曰通西商以官海利。四曰購西銃以資戰守。蓋造化之利，發現於礦，第不知脈苗之所在，則妄鑿一日，即虛一日之費。西國格物窮理之書，凡天文、地理、農政、水法、火攻等器，無不具載。其論五金之礦脈，徵兆多端，宜往澳門，聘招精於礦路之儒，繙譯中文，循脈而細察之，庶能左右逢源。廣東之澳門商人，設店貿易。納稅已經百年。偶因牙儈之爭端，遂阻進省之貿易。宜照舊令其進省，以充國用。西銃之所以可用者，因其鋼鐵皆經百鍊，純粹無滓。故爲精工也。天啓元年，邊疆不靖。從兵部奏請，准購用西銃，募用西兵。以此臣等陸若漢 (Johannes Rodriquez) 等二十四人，進銃四門。綏急擊敵，屢著奇功，更乞敕從澳門，聘招熟於製銃之西士數人。使授以製藥點放之術，摧鋒破敵之奇。併使精於推曆之西士數人，襄助曆局之事務。』云。此疏即上明廷因東北患急，遂傾信其言。然明廷政治腐敗，人心瓦解，雖有利器，不足以救亡，反以資敵也。清室入主中國，教士又助清室鑄造銃礮。康熙十二年，吳三桂叛，比國教士南懷仁 (F. Verbiest) 於二三年間，共鑄大小鐵礮百二十門，分配於陝西、湖廣、江西等省。二十年，更鑄輕便歐式之神武礮三百二十門。在盧溝橋試放。帝親蒞閱，大加賞賜。又編神武圖說一書，中分理論二十六，圖解四十四。說明銃礮之詳細，而進呈於帝。遂賜以工部右侍郎之職銜。西洋銃礮之銳利，有明末清初之試驗，中國人似宜深知之，而自己學習鑄造，或更改良精益求精，殊可青勝於藍矣。乃事有大謬不然者，以前所得之經驗，不久即忘於九天之外。中國大部軍隊所用之軍器，仍不外弓矢刀矛諸物。直至清末，中日戰爭時，西國鎗礮，尙未盡能驅弓矢刀矛而代之也。「百工小技」之錯誤觀念，深中於人心。雖至今猶然也。道光時，鴉片戰爭，中國軍隊銃礮不如人，亦爲失敗一大原因。咸豐間洪楊盤據江浙。李鴻章利用外洋輸入火器，攻下蘇常。於是曾國藩等於一千八百六十五年（同治四年），在上海立江南製造廠，製造鎗礮，並附設兵工學校，培養兵工人才，翻譯西國科學書籍，灌輸外國智識。與江南製造局同時設立者，又有南京機器局，董其事者，爲英國人馬戛爾特尼（Macartney）。一千八百六十六年（同治五年）福州兵工廠成立，主其事者，爲法國人基克爾（M. Giquel）。以後廣州、成都、杭州、漢陽、德州、西安、濟南、迪化、雲南各地，皆有兵工廠。然皆規模狹小，每日製造數萬粒子彈，數十支鎗而已。入民國後，又有鞏縣、太原、奉天三兵工廠，規模略大。然較之歐美，不過小巫比大巫耳。各兵工廠所用原料，亦皆來自外國，本國不能自給也。歐美最近之軍器，幾於無人過問。國家自強，最要之兵工製造廠，忽略乃至如此。希望不爲強鄰所蹂躪，豈可得哉？

（參觀明史；續文獻通考；稻葉君山清朝全史；Couling Encyclopaedia Sinica.）

第二節　學術事業

曆法改良　曆爲中國自古要政。堯時嘗命羲和主治曆象。定一歲爲三百有六旬有六日。以閏月定四時。自是以後，歷代以奉正朔爲天下臣服之表示。國中農桑庶務皆依曆得成。於是製定曆法，爲最要之政。而中國古人以儀器及測量算計之不精，由上古迄明末中間四千年，曆法迄未能製得精密，長久不變。每閱百餘年，則節候乖戾，交食不驗，必須修改。元時西域嘛搭把曆法輸入中國。故在燕京，同時有中國欽天監，及回回欽天監。其法較中國爲密。同時中國天文家郭守敬修訂前法，亦最精密。明太祖時作大統曆，亦參用回回法。至明末復多疏舛，日食有謬，回回曆算法，仍有不精之點也。

曆者記一年之中，時光節候之次序，長短，詳細分劃。俾各種天象，如日蝕，月蝕，或夏至，冬至，皆能於預定時日，測知之也。若不能預知，或測定而不驗，則失曆之功用，其曆必有錯誤，而須修改也。曆所依據之時候，根本有三種：一爲日，二爲月，三爲年。日者，地球於若干時內，自轉一週。此爲最短之時候。太陽出則人與禽獸皆醒而動作。日入，則就寢休息。一日之長短有定。雖最精之天文儀器，未能測得有何變化也。因其固定，故天文家取之以爲單位。月者，最初本爲太陰，繞地球一週，所需之時候。年者，地球繞太陽一週所需之時候也。設使一月所含之天數爲一整數，而一年所含之月數，亦爲一整數，則曆自易定。不需歷代名家勞神費力，測驗計算，修改而復修改，至今尚未能一決而永遠不變。歷代史亦可不必有天文志矣。但太陰繞地球與地球繞太陽，其時間關係，並無一定整數之比例。故從古至今，各國各民族，皆有無數名人，用盡心思，求一方法，以除去此困難也。上古草昧之世，溫寒兩帶居人所最先感覺者，即四季氣候變遷之有一定時日也。但用氣候變遷，以確定一年之長短，最不易爲，且不能確。故古人不能不求助於天文觀察與測驗。最簡之天文觀察，即四季氣候變遷，與太陽在天空所經之方位角度有關係。即在天空萬千星中，太陽每年自繞其軌道（黃道）一週，周而復始也。第二觀察，即每季當日出或日落時，各有一定星辰，出於天空。因之發生兩種方法，以量一年之長短：一爲測定太陽經過赤道之時間，即此次春分或秋分距下次春分，或秋分之時間（或用兩次夏至兩次冬至之時間亦可；）二爲測定某星辰再現一定方位之時間。第一法測定者爲赤道年(Equinoctial year)；第二法測定者爲星年(Sidereal year)。二者所得，略有不同。赤道年爲三百六十五日五時四十八分四十六秒。星年爲三百六十五日六時九分九秒。均數約爲三百六十五日零四分之一（$365\frac{1}{4}$ days）。此即地球繞太陽一週所需之時候，又曰太陽年（Solar year）者也。太陰繞地球一週，即兩次新月中間時候，確數爲二九・五三〇五八天數，約爲二十九日半（$29\frac{1}{2}$ days）。亦曰太陰月（Lunar-month）。此數之最近整數爲三十。新月發現十二次，所需時候約爲三百六十日。較之地球繞太陽所需時日，僅缺五天半耳。故自古以來，各國各民族，皆以十二月爲一年也。所欠缺之數，各國各民族，用各種方法補足之。有設法更換一月之長短者。又有變更一年之長短者。亦有將所缺乏天數，加在年終者。所難者，日、月、年、三種時候之眞確長短，無一共同之除數，可使日數化成月數，或年數，或由月數再成年數，無餘數也。舍餘數不計，一年之間，固無多大錯誤。但若積之數十年或百餘年，則所差之數甚多。節候自然乖戾，交食自然不驗矣。各民族多取一長週期，數年或十餘年，使其日月二數之比例，成一整數。置若干大月與小月以調劑之。古代希臘人取二百三十五月爲一週數。此中有一百二十五月爲大月。每大月有三十日。一百十月爲小月。每小月有二十九日。依此推算，二百三十五月，共有六千九百四十日數。二百三十五次新月所需眞確時間爲 $235\times29.53058=6939.688$ 天數。此一週期之日數，較之所眞需者約少三分之一日。積七十年則少一全日。回回教徒取三百六十月爲一週期。此中有大月一百九十一，小月一百六十九。大月小月輪流配置。第一月三十日，第十二月二十九日。一週期之日數共一萬六百三十一。三百六十次新月所需日數爲 10631·0116。所差之數，積八十七週期或二千六百十年，始缺一全日。至期將第十二月加一日成爲三十日。回回人之發明，較之希臘人優多矣。古代中國人所用者，爲太陽太陰合曆（Luni-Solar year）。以天體周圍爲三百六十五度四分度之一。繞地左旋。常一日一周而過一度。日麗天而少遲。故日行一日亦繞地一周。而在天爲不及一度。積三百六十五日九百四十分日之二百三十五而與天會。是一歲日行之數也。月麗天而尤遲。一日常不及天十三度十九分度之七。積二十九日九百四十分日之四百九十七而與日會。十二會得全日三百四十八。餘分之積又五千九百八十八。如日法九百四十而一得六。不盡三百四十八。通計得日三百五十四又九百四十分日之二百四十八。是一歲月行之數也。歲有十二月。月有三十日。三百六十者，一歲之常數也。故日與天會而多五日九百四十分日之二百三十五者爲氣盈。月與日會而少五日九百四十分日之五百九十二者爲朔虛。合氣盈朔虛，而閏生焉。十有九歲七閏。則氣朔分齊。是爲一章。羅馬之儒略曆全以太陽作準。每四年爲一週。三年有三百六十五日。第四年有三百六十六日。堯典所謂朞三百有六旬有六日者卽此也。耶穌降生前四百三十三年（周考王八年），希臘人梅通（Meton）發明六千九百四十日爲一週期，可以分作二百三十五太陰月（Lunar Month），同時又可分作十九太陽年（Solar year）。此二百三十五太陰月中，一百二十五爲大月，月三十日。一百十月爲小月，月二十九日。總共凡六千九百四十日。其與太陽年之比較，可於下表見之。

	日數	小時	分
235 次新月需時	6939	16	31
19 儒略年需時	6939	18	0
19 眞正太陽年需時	6939	14	27

由此表觀之，6940日之週期，較之確數略長數小時。二百三十五次新月所需時候，較之儒略曆十九年，每年三百六十五日零四分之一者略少。較之眞正太陽年則略大。再次則將二百三十五太陰月分作十九年。其中有十二短年。每年有十二月。七長年，每年有十三月。其有十三月之長

年，大概爲第三，第五，第八，第十一，第十三，第十六，及第十九等年。其第一，第二，第四，第六，等年則皆短年也。大月小月輪流配置。惟每閱二三年須將小月減一而換以大月，俾於一週期內有大月一百二十五，小月一百十也。梅通所發明之週期，六千九百四十日，較之二百三十五太陰月，或十九太陽年，皆略長數小時。後又有喀里勃斯（Callypus）者，略加修改以求更密。乃於每四週期後，刪去一日。四週期合二萬七千七百五十九日，分爲九百四十月，七十六年。此卽儒略年（Julian year）也。七十六年後，新月發現始有六小時之錯誤。喀氏若自第三週期，某年某月刪去一日，則更近確情矣。

利瑪竇居北京時，深知曆法與中國政治之重要關係。致書歐洲耶穌會，請派一最良天文家來中國，俾以後助中國政府修改曆法。耶穌會乃遣熊三拔（Sabbathimo de Ursis）東來。在一千六百零六年（萬曆三十四年）抵北京。西洋各國適於一千五百八十二年（萬曆十年）時，廢古代儒略舊曆（Julian calendar），而採用格里高雷（Gregory XIII）新曆。新曆較舊曆提早十日。依舊曆每世紀之末一年，如耶穌降生後一千六百年，一千七百年等，皆爲閏年，但依新曆僅世紀之尖數用四可除淨者，得爲閏年。例如一千六百年爲閏年，而一千七百年，一千八百年，一千九百年皆不得爲閏年。歐洲南部奉天主教諸國，皆卽採用新曆。北部新教國家，則良久始漸漸用之。以前歐洲人新年不必起始於一月一號。儒略曆行用幾達一千六百年之久，其間各地政府，或教會主教，對於新年元旦日，竟無一定日期。最普通之元旦爲三月一號，及三月二十二號。後一日期乃春分日也。但後此不久，採用一月一號者日漸其多。至一千七百五十二年（乾隆十七年）英國亦採用新曆。一月一號爲新年元旦日，始普遍世界矣。俄羅斯人拒用新曆最久，直至大革命後，始廢舊曆而與西歐一致矣。明末歐洲天文家經多年之討論與訓練，其計曆之法，始確較中國爲優。萬曆三十九年（西一六一一年），欽天監回回曆官誤測日食，明廷乃下詔，以西洋人管理欽天監，修改曆法。有清一代所行之曆，卽參酌歐西之法而成者也。自此以後，欽天監修曆爲耶穌會傳教師之大本營，上可交接中國政府官吏君主，下可爲傳教師之總機關。萬曆四十四年（西一六一六年）至崇禎二年（西一六一九年），因各種理由，明廷復不用耶穌會士。但崇禎二年（西一六二九年）後，直至清康熙三年（西一六六四年），欽天監復歸耶穌會士掌理。鄧玉函（Terrentius），湯若望（Schall）皆此時期中之著名欽天監正也。明史卷三二六意大里亞傳記『崇禎時曆法益疏舛。禮部尚書徐光啓請令其徒羅雅谷湯若望等，以其國新法相參較。開局纂修報可，久之書成。即以崇禎元年戊辰爲曆元。名之曰崇禎曆書。雖未頒行，其法視大統曆爲密。識者有取焉。』入清，湯若望仍得清順治帝之信任，爲監副。康熙三年至八年，因中國官憲排擠之故，耶穌會人出欽天監。但八年時康熙帝使比國耶穌會士南懷仁（Verbiest）與中國人楊光先、吳明烜，同測驗日影。以試中西法之優劣。南懷仁得勝。於是清帝復其位。欽天監復歸耶穌會士。直至道光十八年（西一八三八年），始廢西洋闕入民國則更廢陰曆，而逕行用格里高雷曆矣。

（參觀Y. G. Hudson, Europe and China; K. S. Latourette, History of Christian Missions in China; Simon Newcomb's Astronomy; 書經堯典蔡注，元史天文志曆志，明史曆志。）

本國地圖之測繪　中國有輿圖甚早。周禮大司馬，掌圖之官，有司險與職方氏。司險掌九州之圖，以周知其山林川澤之阻，而達其道路。設國之五溝五涂，而樹之林，以爲阻固，皆有守禁而達其道路。國有故則藩塞阻路而止行者。以其屬守之。職方氏掌天下之圖，以掌天下之地。辨其邦國、都鄙、四夷、八蠻、七閩、九貉、五戎、六狄之人民，與其財用、九穀、六畜之數要，周知其利害。古人對於輿圖，愼重可知。漢高入咸陽，蕭何先入收秦丞相御史律令圖書藏之。漢高因以其知天下阸塞、戶口多少、強弱之處。輿圖之要可知。以後歷朝皆有圖志，而流傳至今者甚少。今代所留最古之圖，有僞齊阜昌時所刻賈眈禹跡圖在濟南。蘇州文廟所存石刻南宋淳祐地理圖。海國圖志轉錄明永樂大典之元代西北三藩圖，明萬曆時九邊圖。此外又有元明時代所留志書附圖，所有以前中國舊圖，皆未經準確測量，繪製粗劣，尺寸比例，漫無比較。故各圖皆不精確，不過略示其大概而已。清康熙帝廿八年尼布楚締約以後，教士張誠（Gerbillon）以亞洲地圖進帝，說明滿洲地理知識之缺乏。以後數次征撫蒙古，遊歷滿洲，及巡幸江南，皆命張誠隨行，隨地測定緯度。是時帝已有測量全國之計劃。至四十七年（西一七〇八年）四月十六日，乃明令測圖，實行工作。由白進（Bouvet），雷孝思（Regis），杜德美（Tuatoux）諸神父先從長城測起。閏二月，白進病，其餘二人繼續工作。至一千七百零九年一月十日，返北京。繪成一圖。凡長城之各門各堡，以及其附近之城寨、河谷、水流、均行繪入北直隸之測量，於一千七百零七年十二月十日開始。至一千七百零八年六月二十九日完工。一千七百零九年（康熙四十八年）五月十八日，雷孝思、杜德美、費隱（Fridulli）諸人，開始測量滿洲。先從遼東入手，東南至朝鮮邊境圖們江，東北至花松江之魚皮韃子區域。一千七百十年七月二十二日，進至黑龍江省。十二月十四日圖成。一千七百十一年（康熙五十年），添人工作分為二隊。雷孝思、加爾特（Cardols）二人往山東。杜德美、費隱、潘如（Bonjour），湯尚賢（de Tarte）四人出長城至哈密，測定喀爾喀蒙古之地。歸由陝西山西而返。一千七百十二年（康熙五十一年）回北京。又命加爾特、湯尚賢（de Tarte）同往山陝（時甘肅未分省）二省。圖成，湯尚賢講解於帝。帝大悅。雷孝思、馮秉正（de Mailla），及德瑪諾（Kenderer）三人測繪河南、江南、浙江、福建。湯尚賢，加爾特二人合測江西、廣東及廣西。費隱、潘如測繪四川、雲南。潘如因勞死於雲南。一千七百十四年（康熙五十三年）十二月，費隱亦病。乃於一千七百十五年三月二十四日，又派雷孝思赴滇，同測雲南、貴州及湖廣之圖。一千七百十七年（康熙五十六年）一月一日，全功告成。返京，白進彙成總圖一張。各省分圖一張。康熙五十七年進呈。於是關內十五省，及關外滿蒙各地，皆經測量成圖。爲中國自古未有之大功。自康熙四十七年始功，至五十五年竣事。五十七年而全圖繪畢。帝名之曰皇輿全覽圖。迄今爲中國各種地圖之最要根據。同治二年，武昌府刊印之皇朝中外一統輿圖及現今坊間所售之各種圖，皆不能出乎此圖之上也。當時所用測量方法爲三角網法。中國人以前所未知也。

（參考稻葉君山清朝全史；翁文灝清初測繪地圖考，（見地學雜誌十九年三期）Couling Encyclopaedia Sinica.）

西國醫學之傳入　中國醫藥之學，發明甚古。古代名醫史不絕書。醫藥書籍，汗牛充棟。然好泥古不變，進步遲緩。解剖學知識尤爲缺乏。傳布機關全無。海內良醫有發明新療養法，新丹方者，大抵嚴守祕密，傳子傳孫，不傳他人。失醫爲仁術之意矣。古代西國醫學，較之中國，孰優孰劣，誠不易言。但十九世紀以來，各種麻醉藥，殺菌藥之發明，愛格斯（X）光線及雷錠（Radium）之施用，使病人痛苦減輕，傳染病可以預防，體內疾病可以手術割去。醫療種種進步，騰飛直上，一日千里。中醫與之相較，眞不啻牛車騾車與汽車飛機之比矣。醫術可以減輕病人痛苦，得人歡心，除祛隔閡，教士似深知之。古代景教徒在阿拉伯帝國之得以興旺者，擅長歧黃術，亦其一因也。醫院藥房，醫治身體之外，尚可醫治靈魂也。明末清初，天主教耶穌會士曾否努力輸入西洋醫學，無記載可考。路德新教徒入中國後，西洋醫術始傳入中國。最早者爲種痘法，有謂爲西班牙人於一千八百零三年（清嘉慶八年）傳入中國者。據確實記載，則英國東印度公司醫官皮爾孫（Alexander Pearson）於一千八百零五年（嘉慶十年）傳種痘法於中國。皮爾孫在廣州行醫，曾著一小書，說明種痘法，斯當頓（George Staunton）代爲譯成華文。氏又傳授其法於中國生徒，最要者爲海官（Hequa）。海官以後成爲名醫，三十年間爲人種痘達一百萬口。海官傳此法於其子，在他處設立醫院，專爲人種痘。一千八百二十年時（嘉慶二十五年），東印度公司外科醫生立溫斯敦（Livingstone）與瑪禮遜在澳門立一小醫院，醫治貧苦中國人，有中國生徒襄助其事。一千八百二十七年（道光七年）東印度公司醫生郭雷樞（T. R. Colledge）在澳門立一眼科醫院。翌年又立一養病院，可容四十人，五年間入院受醫者達四千餘人。捐款維持者，東印度公司職員外，中國大行商人亦皆踴躍輸將。此爲第一西國醫院立於中國境內也。再次年，郭雷樞在廣州又立一小醫院，中外人皆可受治。延白拉福（J. A. Bradford）及柯克司（Cox）兩醫士襄理其事。郭雷樞著一論文，題曰任用醫士在中國傳教商榷書(Suggestions with Regard to Employing Medical Practitioners as Missionaries to China.)。此文在美國頗引起一般人之注意。一千八百三十四年時（道光十四年），美國人派克(Peter Parker)先在新加坡立一醫院，專醫中國僑民。翌年移醫院於廣州，專理眼科。一千八百三十八年（道光十八年）與美國公理會士裨治文(Rev E. C. Bridgman)及郭雷樞，共組廣州醫科傳教會（Canton Medical Missionary Society)派克於一千八百四十四年（道光二十四年）充美國使館參贊，代理公使，後爲正式全權公使。一千八百五十七年(咸豐七年)離中國，回美國。一千八百七十九年（同治八年）在美國充駐華醫科傳教會會長。一千八百八十八年（光緒十四年）卒於美國。氏爲在中國教士兼醫生之第一人。次於氏者爲英國人羅克哈忒（William Lockhart）一千八百三十八年(道光十八年)抵廣州，翌年充派克在澳門所立之醫院院長。一千八百四十三年（道光二十三年）抵上海，立英租界山東路之醫院。一千八百六十一年（咸豐十一年）在北京立一醫院，即以後協和醫院之基礎也。一千八百三十九年(道光十九年)英國人霍布孫（Benjamin Hobson）抵廣州，充澳門醫院院長。後往香港，充倫敦傳教會醫院院長。一千八百五十七年（咸豐七年）抵上海，充山東路醫院院長。自是以後，醫生兼教士來華者日多。各地西式醫院，亦逐漸設立。初立時多遭愚民反對，甚有謂外國人挖取小孩心眼以製藥者。久之漸得中國人民信仰。外國醫術，優於中國者有，逐漸證明。外國醫院組織完美，尤優於中國之無組織者多矣。外國醫術在中國減輕人民痛苦，救免夭亡。同時中國人反對基督教之偏見亦漸消除。當初醫科傳教會設立之目的，亦可謂遠矣。各醫院之功績，不獨為人治愈疾病，減小死亡率，而訓練甚多中國助手，翻譯西國醫學書籍為漢文，傳布西國醫學知識於中國，其功亦不小也。今全國教會設立之醫院，數目與物質兩方，皆較中國自己公私設立者，多而且備。各省著名之教會醫院，有如汕頭英國長老會之醫院，奉天蘇格蘭聯合自由會之醫院，杭州大英醫院、漢口英國醫院、上海倫敦傳教會醫院、美國聖公會醫院、濟南齊魯醫院、淮陰仁濟醫院、北京協和醫院等，皆資本雄厚，規模極大，馳名全國。每年活人無數。使中國醫學日漸歐化。現在雖尚有人持西醫不如中醫，或西醫長於外科，短於內科諸說。但日久以後，西醫自必戰勝中醫也。教會醫院，林立於中國內地，對於傳布西國醫學知識，固為有益，但亦有害。彼人資本雄厚，名譽久著，使中國學西醫者，初入世懸壺，不能與之競爭。社會尊視外國醫生心理太過，本國之西醫無人問津，不得不改操他業者有之矣。西人存心競爭，不使中國人能操此高尚職業歟？抑中國之習西醫者無恆心，無毅力，陞官發財之念熾於安分守職之心，宣力社會，財產徐集，不若作官一日，不勞而獲，腰纏萬金，騎鶴升天之為樂歟？

（參觀 K. S. Latourette, A History of Christian Missions in China; Couling, Encyclopaedia Sinica.）

第三節　財政事業

海關之設立　吾國海上與南洋及印度洋西岸諸國來往通商，兩漢時代已然矣。是後歷吳、晉、宋、齊、梁、陳、隋各朝，交通未嘗斷絕，然設關收稅，則唐代始有。天下郡國利病書卷百三十云：『唐始置市舶使，以嶺南帥臣監領之。設市區，令蠻夷來貢者為市，稍收利入官。……貞觀十七年（西六四三年）詔三路市舶司，番商販到龍腦、沈香、丁香、白豆蔻四色，並抽解一分。』市舶司，即今之海關也。宋襲唐制，對海外通商更為注意。太宗雍熙四年，遣內侍八人齎敕書金帛，分四綱各往海南諸蕃國，勾招進奉。南宋初年，版圖縮小，經費困乏，一切倚辦海舶。高宗嘗言：『市舶之利最厚，若措置合宜，所得動以百萬計，豈不勝取之於民。朕所以留意於此，庶幾可以寬民力爾。』又諭『市舶之利，頗助國用，宜循舊法，以招徠遠人，阜通貨賄。』宋代通商口岸有廣州、泉州、明州、秀州、密州板橋（今膠州）。較之唐代略增。北方遼國邊界，鎮、易、雄、霸、滄等州，各置榷貨務，以掌兩國交易。元亦有市舶司之設。細貨十分取一，粗者十五分取一。商埠爲泉州、上海、澉浦、温州、廣東、杭州、慶元、凡七處。明初，市舶司僅設於太倉黃渡。尋罷。復設於寧波、泉州、廣州三地。明末增設澳門，爲葡萄牙、西班牙等西洋各國通商之地。唐宋元明時代，政府雖在各埠立有抽稅定章，但管理人多不照章而行，另加種種苛捐，使外商不能忍受，致暴動者有之矣。清初，鄭成功擾亂沿海，故海禁甚嚴，不許商船出海。康熙二十三年（西一六八四年），海外平定，臺澎設兵，乃開各省海禁。以荷蘭助討鄭氏有功，首許互市。設粵海關於廣州之澳門，閩海關於福建之漳州，浙海關於浙江之寧波，江海關於江南之雲台山（在鎮江西門外）。署使涖之。各徵其稅。二十八年，議定江浙閩廣四省海關徵稅之例。每關各差一員，管理稅務。此海關之名所由來也。顧雖有徵稅章程，而吏治腐敗，誅求無厭，貪婪橫暴，無所不至。正稅以外，有所謂規費，支銷或歸公，充餉名目。而司事巡役人等，又有規禮、火足、開倉、驗倉、放倉、押船、貼寫、小包之名目，以資中飽，商民極爲困難。乾隆五十八年（西一七九三）英國特遣使臣馬戛爾尼（Macartney）至北京與中國政府磋商訂一規定稅則，不得要領。嘉慶二十一年，英國又遣阿美斯德（Amherst）來北京，復失敗。時英國商業最盛，損失最多，兩次遣使皆無結果，因之與中國感情乖離，趨於極點。至道光二十年（西一八四〇）乃激成鴉片之戰。二十二年，江寧條約開廣東、廈門、福州、寧波、上海五口通商，賠款二千一百萬兩，以海關稅充擔保。因此英國得派貿易監督官及領事館員於各口岸，以監視我國對於其國商人所徵之出入貨稅，及其他諸稅鈔之適當與否。自唐以來，我國自由設關徵稅之制，至是破壞盡矣。因此我國政府對於各關稅率，乃負一種公平課稅之義務，且從外人之希望，有另設新關之必要。於是改原有之海關爲常關。由新條約所發生者，稱曰新關。同時法美等國亦步英國之後塵，均於道光二十四年，與我國結同等之條約。各派領事駐各口岸，以保護本國商人，而內外商品之輸出輸入，皆由各國領事徵收稅餉，再由領事繳交於我國收稅官吏。此爲外國領事代理徵收關稅時代。然各國領事各袒其自國商人，任意減收貨稅，勢所不免，以致稅收不能發達。咸豐元年（西一八五一）政府遂與各國交涉，得改領事代理徵稅制度爲國家直接徵稅制度。然我國官吏，又苦無新關辦事之經驗，且多貪枉者流，營私舞弊，不顧大局，遂惹起外商之愁訴。各國駐京公使屢有煩言，遂建議欲救此弊，須立一徵收機關，保存中國主權，但同時須用西國方法與訓練。欲達此目的，非雇用西人不可。政府亦恐本國官吏不諳外貨價值，或難勝任，遂容其請。一千八百五十四年（咸豐四年）六月二十九日，英美法三國領事與上海道吳健彰會議，訂立新關制度八條，始於各通商口岸委用各國前所派之稅務監督官，爲稅務司，專司海關稅務。英美法三國領事各舉一稅務司（Inspector），權利同等。以上海海關稅務監督局從新改組，三稅務司，一爲英國人威妥瑪（Thomas Francis Wade），次爲美國人喀爾（Lewis Carr），三爲法國人斯密司（Arthur Smith）。三人同時各在其領事前宣誓云『願以忠誠盡稅務司之職，恪遵吳道太及三國領事會議所定諸條款，求上帝助余。』各領事助中國政府尋覓相當人材，而主權與責任，則掌之中國人手中也。一千八百五十五年，三人皆辭職。繼威妥瑪者爲李泰國（Horatio N. Lay），繼斯密司者爲愛丹（Edan），繼喀爾者爲費哲（Fish）。上海稅務如是管理者，直至一千八百五十八年（咸豐八年）。是年天津條約規定各口海關皆須雇用外國人爲稅務司。翌年，中國政府任命李泰國爲總稅務司(Inspector General of Customs)。一千八百六十一年(咸豐十一年)，立總稅務處於北京。一千八百六十三年(同治二年)十一月李泰國因與中國政府意見相左罷職。繼其位者爲赫德(Sir Robert Hart)。赫德充中國總稅務司之職四十五年。至一千九百零八年(光緒三十四年)因病回英國，代之者爲白萊敦(R. E. Bredon)。一千九百十年白萊敦辭，代之者爲安格聯(F. A. Aglen)。一千九百十一年(宣統三年)九月，赫德死而安乃實任。赫德之名爲中國海關一大紀念。各種組織皆由彼成之。使中國海關，有近代歐洲式者彼之功也。但中國海關稅多半不能自主，直至前數年始修改條約，自由徵稅也。

(參觀拙作中西交通史料匯篇；顧炎武天下郡國利病書黃序鵷海關通志籌辦夷務始末；Couling, Encyclopaedia Sinica; H. B. Morse, The International Relations of the Chinese Empire.)

銀行　周禮泉府，掌以市之徵布，斂市之不售，貨之滯於民用者，以其價買之，以待不時而買者。買者各從其故價。凡民之貸者，與其有司辨而授之，以國服爲之息。凡國之財用取具焉。歲終則會其出入而納其餘，泉府所司，與今之銀行職務已相同矣。後代斯業，無若何發展。至於合資公司性質之銀行，則無有也。政府亦無一定章程，管理各銀行。西法未輸入之先，全國銀行皆爲山西之錢莊票號，專以存放匯劃爲業。略與今之商業銀行相近。其信用亦甚昭著。辛亥革命，全國金融大恐慌，山西票莊，遭大打擊。加以其人不能順應潮流，改舊法而從泰西銀行新法。於是一蹶不振。至今日而幾於無人掛齒矣。咸同以後，戶部以軍需孔急，度支告匱，於京城內外，招商設立官銀錢號。由庫發給成本銀兩，並戶工兩局交庫卯錢，爲推行銀錢票之關鍵。光緒末年，直、奉、吉、黑、魯、豫、晉、蘇、贛、閩、浙、鄂、湘、秦、隴、川、粵、桂、熱河等處，先後設立官銀錢局，或爲兌換銅元之機關，或爲發行鈔票之樞紐，收存公款，稍含國家分銀行之性質。時變日急，西法日入，官私銀行，日漸增多。度支部始有銀行則例之頒行。入民國，與時通變，銀行學人才日多，銀行法規，由粗簡而漸達精密，以掌理金庫發行鈔票爲主，而並及其他之營業。於是有國家銀行之制，以輔助政府事業爲務。光緒三十年春，戶部奏請由部試辦銀行，以爲推行幣制之樞紐。詔可之。是年三月，奏定試辦銀行章程三十二條。是爲創設銀行之始。三十四年正月，度支部奏定大清銀行則例二十四條，略謂國家銀行，由國家備令設立。與以特權。凡通用國幣，發行紙幣，管理官款出入，擔任緊要公債，皆有應盡之義務。戶部銀行，即爲中央銀行。現在戶部已改稱度支部，擬改銀行之名曰大清銀行。自是大清銀行遂認爲國家銀行矣。股本一千萬兩，分爲十萬股。總行設北京，其餘沿江沿海貿易繁盛之處，以及各省府廳州縣，皆設分行分號。關於發行紙幣經理國庫流通新幣等項，規定尤詳，與各國國家銀行之章制略同。各地多設分行。但不久弊竇叢生，行員濫放款項，冀得年終紅利爲分肥之需。放出者多無着落。以致牽動各地金融，累及銀行信用。辛亥變起，大清銀行倒閉。民國初元，金融全權，操諸外人之手。財政部乃籌設中央銀行，爲發行紙幣統一國庫之樞紐。擬訂中國銀行則例三十條。二年四月，經參議院議決公布。採股份有限公司制度。但恐招股遷延成立時期，乃由政府認墊股本。並擬出三分之一以上，即行開辦。一面招集商股，逐漸擴充。初定股本總額爲六千萬元，分爲六十萬股，每股銀元一百元。政府先行認墊三十萬股。餘數由人民認購。認購總額超過三十萬股時，得由政府察酌情形，將認墊股份分期宣布，售與人民。中國銀行開辦以後，營業甚爲發達。全國之中，合計總管理處、分行、分號、匯兌所、支所、兌換所，共一百八十七處。每年淨利甚多。尤以民國初年爲巨。國家銀行以外，尚有特種銀行，如交通銀行、殖邊銀行、農商銀行、邊業銀行、勸業銀行、蒙藏銀行、財政部平市官錢局等。民國以來，經政府特許發行兌換券，亦皆營業甚旺，通商大埠多有分行。此類銀行有半官性質，亦得管理金庫。第三類爲普通商業銀行，完全商股，不理金庫。其中有在清季即經政府核准發行鈔票者，如中國通商銀行、浙江興業銀行、四明商業銀行、北洋保商銀行是也。有在民國得發行鈔票權者，如中國實業銀行、中南銀行、大中銀行、山東銀行是也。第四類爲地方銀行，爲各省政府所立，辦理多不妥善，濫發紙幣，信用甚薄。此類銀行起自清咸豐二年，國家以財用匱乏，餉需孔亟，於北京城內外招商設立官銀錢號，以爲推行銀錢票之關鍵。迨光緒季年，各省之有官銀錢局者，已有直、奉、吉、黑、豫、晉、蘇、贛、閩、浙、鄂、湘、秦、隴、川、粵、桂、熱河等十餘省區。自是一省之中，有設一機關者，有設數機關者，大都爲各省省庫之金融機關，發行銀元、銀兩、銅元或制錢鈔票，未經中央法令明定本位單位，紛雜不一，視各省之需要而異。準備之有無，以及成數之若干，亦復各自爲制。票之兌現，亦不一致。信用之良否，市價之高下，亦復互異。後有改爲新式銀行者，其發行鈔票之權，依然存在。各省長官以財政艱窘，無由取給，悉以發行紙幣爲籌款之一法，以致濫發無藝。民國以來，中央財政部曾數次設法整理，限制發票。但法令多未能實行。此類銀行，成立最早，而在歐化式之銀行中亦最落伍。近年以來，吾國各種銀行事業日漸發達。辦理日益完善。加以外國銀行如中法實業銀行、中華匯業銀行、道勝銀行、華威銀行、中華懋業銀行等之歇業，外商信用亦不足恃。於是本國銀行日益興旺。華商銀行鈔票之勢力，已超外商銀行之上矣。

（參觀賈士毅民國財政史；張家驤中華幣制史；Couling, Encyclopaedia Sinica, on Banks.）

幣制　上古草昧之世，立市廛日中爲市，以通有無，以物易物，無所謂貨幣也。稍進，則珠、玉、龜、貝、五金、布、帛，皆作爲錢幣。周太公立九府圜法，黃金方寸而重一斤。錢圜函方，輕重以銖。布帛廣二尺二寸爲幅，長四丈爲匹。錢法之端緒始開。春秋戰國之世，流通最廣者爲鏟、鎛（又曰布）刀三種。此時可稱刀布時代。秦併六國，統一天下。禁用珠玉龜貝銀錫之屬，分幣爲二等，黃金以鎰計，爲上幣。以銅鑄錢，文曰半兩，重如其文。自此專以金類爲貨幣。漢承秦後，先鑄莢錢。物價騰踴，米石萬錢。武帝建元五年，鑄五銖錢，輕重適中，民皆便之。自漢迄隋，中間錢幣興革雖多，要以五銖錢行之最久。可稱此時期爲五銖錢時代。隋朝禁用古錢及私鑄，僅許用五銖錢。隋之五銖錢，與漢之五銖錢，其文微異。錢幣始歸統一。民以爲便。唐高祖卽位，乃廢舊錢，鑄開元通寶。每錢一千，重六斤四兩。得輕重大小之中。是爲有通寶錢之始。自唐初以迄五代之末，所鑄錢文，均以通寶爲名。故可稱此時期爲第一通寶錢時代。宋遼金元明清各朝鑄錢，皆按年號，而通寶二字不換。此可稱爲第二通寶錢時代。自秦代半兩錢以及後代五銖通寶各錢，皆用銅或鐵，而中有方孔。從未用銀或黃金鑄錢也。此爲完全舊時代之中國幣制也。光緒二十六年（西一九〇〇年）兩廣總督李鴻章見英仙士銅錢，質輕而値大，謀仿鑄之。奏請設局先行試鑄。是爲中國鑄造銅元之始；亦卽中國無孔錢之始。其所鑄之錢，每枚當制錢十文，以紫銅九十五分，白鉛四分，點錫一分配合。每枚重量二錢。一面鐫光緒元寶四字，內加清文廣寶二字，周圍鐫廣東省造。並分鐫每百枚換一圓字樣。他面中鐫蟠龍紋，周圍英文譯曰廣東一仙。二十七年以制錢缺少，不敷周轉，而銅元行於廣東已具成效，乃諭令沿江沿海各省仿造。於是各省大鑄銅元。銅元代制錢之用。初出無多，社會歡迎。惜當時清廷不深知貨幣原理，對於銅元鑄數之限制，及銀銅間比價之確定，金融兌換機關之設置，如何籌畫，毫未顧及。以後各省督撫大吏，莫不藉銅元餘利，以爲興辦地方新政之用。競相鑄造，各立門戶。初未嘗有整理幣制之意。卒至銅元充斥市面。價值日落。物價昂貴。此省銅元，他省不用。幣制因之大起紊亂。民國以來，各省更各自爲政。四川省鑄黃銅當伍十當百大銅元。尤爲剝削人民，淆亂幣制。初以新幣便民者，至此反以害民。以前有孔制錢，通行全國者，日漸減少。沿江沿海各省，幾於不可見矣。幣制中多此歐化式之銅元，其利甚微，而二三十年間，將人民生活費用抬高十倍有餘。小民生計維艱。多此反不若無此之爲愈也。此亦不審愼輸入歐化之一例也。

銅元之外，近年以來，又增鑄銀元。銀元亦仿歐洲錢幣鑄成。我國古代無銀元也。銀爲白金。自古以來卽用之。其形式不一。或鑄成餅形，因名曰餅，又稱爲鋌，或鈑或笏或版。自宋以後，通稱爲錠。俗名曰元寶。形如馬蹄。錠之鑄造，皆隨民便。非若銅錢，專屬之國家事業也。其成分，重量、大小各地互異。近年銀元雖盛行以代銀兩之用，但在通商大埠，買賣交易，仍有以銀爲標準者。外商銀行亦以銀兩爲本位。直至今年（民國二十二年）中央財政部始廢兩改元。銀元本位得以確立。考外國銀元流通中國，約當淸代乾隆嘉慶兩朝。初稱曰番餅，繼稱曰洋錢。乾隆九年，范廷楷奏稱：『內地姦商，私帶制錢出海，與諸番交易。以數十文易番銀一元。獲利最重。返船之時，或帶番餅或帶洋貨』嘉慶十九年，蔣攸銛奏稱：『洋錢進口，民間以其使用簡便，頗覺流通。每年夷船帶來之洋錢或二三百萬元，或四五百萬元，亦有數十萬元者不等。』銀錢稱元，始見於此。我國商人以其衡色劑等，便於交易，多樂用之，故不數十年，徧行江浙閩粵各口，更深及內地，將元寶擠滅矣。粵、桂、湘、贛、使用爛板，江浙則用光面。外國銀元輸入者有數種。最早者爲西班牙洋，又號本洋，明末時已流入中國。安徽蕪湖一帶，至今尚行用之。次有鷹洋，爲墨西哥獨立後所鑄造之銀幣，因幣面花紋有鷹鳥而得名。俗又稱曰英洋，蓋誤鷹爲英也。外國銀幣輸入我國者，以此種爲最多數。其通行最廣之區域，爲吾國南部及中部地方。如上海一地，幾以此爲主幣。民國八年以前，上海外國銀行發行之紙幣，皆以此爲兌換準備。近年以來，輸出之數，超過輸入及國內之銷燬等。該項銀幣之流通數量，遂日形減少。民國八年，英龍洋（本國幣因幣面花紋有龍故得名）行市統一，商民特種愛好，早已失去矣。再次則爲人洋，又呼站人，又曰香洋，又曰杖洋，因幣面花紋有人持杖站立，故得種種之名也。此幣爲香港造幣局所造，行於粵及平津。近年以來，市面不多見矣。日本龍洋，因幣面花紋有龍故得名，通行於閩省，近亦稀見。安南洋乃法屬安南所造，行於滇桂兩省邊地。美國銀元亦曾流入，但爲數至微。道光初年各國銀錢輸入漸多，蔓延各地，欲禁無由。兩廣總督林則徐奏請自行鼓鑄銀元，藉資抵制。旋經部議駁。道光中，浙省曾自鑄一兩重銀錢，欲與洋元並行。以民間阻滯而止。光緒十三年二月，粵督張之洞奏稱廣東通省皆用外洋銀錢，波及廣西至於閩、浙、皖、鄂。所有通商口岸，以及湖南、四川、前後藏，無不通行。以致漏巵無底。粵省擬試造外洋銀元，銀元上面鑄「光緒元寶」四字，周圍鑄「廣東省造庫平七錢三分」十字。並用漢文洋文以便與外洋交易。支放各種餉需官項，與徵收釐捐鹽課、雜稅，及粵省洋關稅項，向收洋銀者，均與洋銀一同行用等語。於是我國流通之銀元中，始有吾國自鑄之銀元。二十二年湖北繼之。二十三年十月，江南又繼之。二十四年山東繼之。其他各省亦次第推行。三十一年，立總廠於天津。留南北洋、廣東、湖北四局作爲分廠。由總廠發給模樣，成色重量花紋，均須一律。宣統二年，全國各廠皆鑄「大清銀幣」一種銀元。以求統一幣制，旋以國體變更，以需餉之故，將所有鑄成銀幣，陸續隨市價流行於市面，僅成爲通用銀元之一種。民國三年，頒布國幣條例，一元銀幣於是年十二月二十四日，由總廠開鑄。次年二月，江南造幣廠繼之。發行以來，全國各地頗能通行無阻。民國四年，滬上中交兩行，與錢業公會協商，將以前所開龍洋行市，一律取消，祇開新幣行市。江南、湖北、廣東、及大淸銀幣四種銀元，均按照新幣行市通用。自是我國自鑄之銀元市價，遂成統一矣。二十二年政府廢兩改元，兩種單位，併成一種單位。棄數千年來固有之單位，採用歐美新單位矣。

最早發明鈔幣者爲我國。唐憲宗時，以錢少令商賈至京師委錢諸路進奏院及諸軍諸使富家以輕裝趨四方合劵而取之謂之飛錢。宋太祖因之有便錢務焉。此二者，即今之匯票，尚非眞鈔幣也。宋眞宗時，蜀人患鐵錢太重交易不便，乃以楮作劵謂之交子。一交一緡，其後由官設交子務，掌其出入，禁民私造。高宗時，創會子，又名曰關子，又名曰關會。性質與交子無異。後以無限止發行，無錢兌現，價值低落。金以銅產缺乏，倣中國楮幣制，造交鈔。有大鈔小鈔兩種。大鈔爲一貫、二貫、三貫、五貫、十貫五等。小鈔分一百、二百、三百、五百、七百五等。令百姓永久通流。文字磨滅不現者，可向所屬庫司換易新鈔。元有交鈔、寶鈔。宋金鈔錢並用。而元則廢銅錢而專用楮幣。卒以濫發，使全國恐慌，而元亦亡矣。明太祖初擬專用銅錢。不久苦於銅之供給不足，乃立鈔法。設寶鈔提舉司，造大明寶鈔。令民間通行。制凡六等。曰一貫、五百、四百、三百、二百、一百。每鈔一貫，準錢千文或銀一兩。不久鈔出甚多，價值低落。英宗天順以後，鈔卽廢絕不用。清初行錢而不行鈔。咸豐後，以軍興需款，籌措無術，議准暫行銀票。嗣後又發錢票。民間行使，甚爲壅滯。光緒中葉，各外國銀行先後設立於通商大埠，發行鈔票。我國市場，始見有銀行券之蹤跡。一般商民感其信用健全，攜取輕便，羣相樂用。市場流行，極爲暢達。當時朝野上下，鑒於發行紙幣之利益，及慨乎利權之外溢，乃亟思挽回之法。光緒二十三年，中國通商銀行照外國銀行辦法，發行鈔票。是爲吾國近代銀行發行兌換券之嚆矢。三十一年，清政府倣西法發行銀行鈔票。設立戶部銀行，發行戶部銀行鈔票。各省所設之官銀錢局，亦各自發行銀兩銀錢等票，通行市面。自是我國有發行鈔票之銀錢行號，逐漸增加。現今市面流通之銀行兌換券大概可分爲六類：一爲中央銀行發行之兌換券；二爲特種銀行，經政府特許發行之兌換券；三爲普通商業銀行，經財政部核准有案，准許發行之兌換券；四爲地方銀行，經財政部核准發行之兌換券；五爲中外合辦銀行，經政府特許發行之兌換券，此類鈔票近數年來大減；六爲在華外國銀行發行之兌換券。各種券面上，一面爲華文，他面爲英文。以前各代之「通行寶鈔」字樣全去矣。甚至各種鈔票之紙料，亦多來自美國，爲美國印鈔公司所印成。其歐化程度之深可知矣。

（參觀張家驤中華幣制史賈士毅民國財政史）

第四節　交通事業

鐵路火車　清季，歐美發明之各種交通事業，逐漸輸入中國。船政之招商局附屬於北洋大臣。內地商船附屬於工部。郵政附屬於總稅務司。路電兩項特派大臣督辦，而未有專部。光緒三十二年，設立郵傳部，路電郵航，始有總匯之區。民國元年，改稱交通部。分路政、電政、郵政、航政、四司。茲就四政之發達分敘如下：

鐵路火車完全為近代新發明。西曆一七六七年（乾隆三十二年）英人萊奴特（Reynolds）制凹字形鐵軌，供各公司之用。軌易填砂礫，性極脆弱，車輛時有越線之虞。一千七百九十八年（乾隆五十四年）哲索勃（W. Jessop）製凸字形鐵軌，附輪緣於車，為現今鐵路車輛之藍本。普通道路所用車輛，鐵路上不得通行。一千七百六十九年（乾隆三十四年）英人瓦德發明蒸汽機。法人喀諾特（Carnot）創一車，以二汽筒置鍋之上，煮水成汽，入汽筒推挽轆轤，迭相爲用，鼓動車輪使自行於路上。名曰自行車。一千八百二十一年（道光五年）英人司梯文生(R. Stephenson)創機關車，試行於司道克登(Stockton)至打林登(Darlington)路線。載運一般公衆之旅客貨物。是爲蒸汽車之始祖。客貨運輸營業，亦以此爲始。明年，世界有名之利發浦(Liverpool)至曼切斯脫(Manchester)間鐵路開工。公司縣重賞，募最精機關車。一千八百二十九年（道光九年）行各種機關車競賽於曼切斯脫。司梯文生所造之樂克德(Rocket)車嶄然冠首。每小時能行三十五英里，載重四十噸。人皆稱其便利，爲交通界大發明，縮地利器。較之以往用人力獸力挑負拖載者，不啻一大革命也。司氏發明既出，英國全國震動，競組公司，經營鐵路。以後逐漸改良，每輛裝重可至三千噸。行走速率每小時可達一百英里。歐美其他各國，亦競利用此大發明。一千八百三十年（道光十年）以後，無不動工興築鐵路。鐵路輸入中國，在英國創始後四十年。一千八百六十三年（同治二年），上海英國商人二十七名，上書兩江總督李鴻章，請築上海至蘇州之鐵路。李氏不允。一千八百七十五年（光緒元年）八月（陽曆）與英人立約築上海至吳淞三十里之鐵路。次年一月二十日鋪軌，四月底竣工，六月開車營業，頗佳。光緒二年三月三日，該路火車撞斃中國兵一人。蘇淞太道馮竣光即照會英領事，轉令公司立即停止開行。英領不允。南洋大臣沈葆禎亦照會該領停車，仍不允。後由李鴻章與英國公使威妥瑪磋商，以銀二十八萬五千兩贖回。三年九月十五日交與中國官吏，後即命工匠掘起鐵軌，剷平路基，拆毀站房。連同一切材料，不久即運往台灣。因台灣長官擬築一路貫通該島，故沈督徇其所請也。然終以籌款無方，卒將淞滬全路物品，沈諸打狗湖焉。淞滬路拆毀之年，直督李鴻章允許輪船招商局總辦唐景星修築唐山至胥各莊之運煤鐵路。朝廷禁駛機車，乃聲明以騾馬拖載。工程司英人金達（Kinder）抱定將來更換重軌之目的，乃定軌間為英四尺八寸半。光緒五年五月興工，十一月告竣，是為我國辦鐵路之始。金達氏利用舊廢鍋爐，改造一小機車，力能引百餘噸，名曰「中國之樂克得」（Rocket of China），七年五月十一日唐胥路開駛第一次機車。八年，復由英購機車二輛。十二年，唐胥路展修至蘆台。十五年，展至天津，再次展至山海關。此為中國鐵路之嚆矢。後又展至北京，初擬經通州，而地方人民反對，乃改經豐台至馬家鋪。拳匪亂後，由馬家鋪接修至正陽門。自東便門築支路至通州。光緒二十年，修築山海關外至綏中路，值中日戰起，暫停。二十五年，築至錦州營口支路亦藏事。二十六年，進至大虎山。二十九年溝幫子至新民屯完竣。三十年，日俄戰起。日人築新民屯至奉天輕便鐵路。三十一年，由我備價收回。宣統三年，展築至奉天城與南滿相接。於是京奉全路開通。前後共歷二十九年之久，爲國有鐵路之最早者。他如平漢路創議於光緒十五年，開工於二十四年，完成於三十二年。津浦路，創議於光緒六年，開工於光緒三十四年，竣工於宣統三年十月。滬寧路創議於光緒二十二年，興工於二十九年，竣工於三十四年三月。滬杭路創議於光緒二十九年，開工於光緒三十二年十一月，竣工於民國元年十二月。株萍路創議於光緒二十四年，開工於二十九年，竣工於三十一年十一月。廣九路創議於光緒二十四年，開工於三十三年七月，竣工於宣統三年八月。正太路創議於光緒二十二年，開工於三十年四月，竣工於三十三年九月。道清路創議於光緒二十八年，開工於二十九年，竣工於三十一年。平綏路創議於光緒二十九年，開工於三十一年。平張段竣工於宣統元年。張綏段，竣工於民國十年四月。綏包段，竣工於民國十一年十二月。隴海路創議於光緒二十九年。汴洛段興工於光緒三十年，竣工於三十四年十二月。其開徐、洛觀兩段成於民國四年，徐海段成於民國十三年，觀潼段成於二十一年。此外尚有大幹路，如粵漢、川漢，動議已在三十年前，而至今未竣工。此外又有完全外國人所築之路，如膠濟路、滇越路、中東路，完全外國人治理。初與中國人無關係。其後經政治變動，中國備款贖回。而滇越路仍全在法人之手也。民國以來，日事政爭，竟未完成一長路。辛亥革命以後，理想家以爲數年之間，可以完成二十萬里鐵路，與歐美並駕齊驅者，至是乃爲一場幻夢也。直至今日，軍事緊急之秋，在要路上仍未見火車能全代二千年前使用之騾驢車也。交通事業，較之他國，尤爲落伍也。

（參觀曾鯤化中國鐵路史；Couling Encyclopaedia Sinica）。

輪船　一千八百零二年（嘉慶七年）英國人席明敦（William Symington）造一輪船，以蒸氣力駛之，船名「沙落忒鄧達斯」（Charlotte Dundas）。試行於蘇格蘭克萊脫運河（Clyde Canal）大告成功，是爲世界第一蒸汽輪船。地方官以其鼓浪壞堤，禁止行駛。一千八百零七年（嘉慶十二年）美國人福爾敦（Robert Fulton）亦造一汽船，試行於紐約赫德森河。載運行人，亦告成功。由是而各國倣造，爲洋海上航行利器。一千八百三十五年（道光十五年）

英國輪船哲爾丁(Jardine)自蘇格蘭阿伯丁港(Aberdeen)駛至廣東伶丁洋面。是爲輪船入中國之始。英商意欲用此船爲澳門、廣州、伶丁三地間之遞信船。一千八百三十六年一月一號，開始駛往廣州，而中國官憲不許通過虎門，竟至放礮轟擊。英人不得已乃將機器拆去，改爲帆船，始得通航。一千八百七十二年(同治十一年)十二月，中國商人合資購「亞丁」(Aden)輪船航行通商各埠，但非通商口岸，亦不得通行。此爲中國人自有輪船之始。閱二年，此合資公司乃改組爲今之招商輪船局(China Merchants Steam Navigation Company)主動人李鴻章。香港華商資助之，當初目的爲航行外國船所不通航各港，與洋人爭沿海商務。但政府不允，目的未達。以後政府准許成立，代政府載運三分之一漕米北上。一千八百七十七年(光緒三年)購買上海聯合汽船公司船隻。一千八百七十九年(光緒五年)十月二十日，曾遣局中所有「河中」船至檀香山，載運甚多華工。初開始時，營業甚爲發達。但不久而弊竇叢生，毫無發展。數十年間，船隻航線仍舊。最近乃收歸國有。次於招商局者，有政記公司，專營華北奉天各港間之航業。此外有甚多小公司經營沿海長江中航運，勢力遠不如外商。各港埠間，甚至無中國輪船者有之矣。國內旅行，不乘外國船，則不得達此種現象，古今中外各國所無，而實亦國恥也。

（參觀 The Encyclopaedia Britannicas Steam Engines; Couling; Encyclopaedia Sinica.）

電報　一千八百三十五年（道光十五年）美國人摩爾斯（S. F. B. Morse）發明電報，數年後改良完備，爲通信利器，各國皆架建電線。一千八百六十五年（同治四年），英國人萊奴特（Reynolds）樹立由上海至吳淞黃浦江口之電線，不久即被中國人民拔除，此爲電報第一次輸入中國之情形也。一千八百六十九年（同治八年），美國旗昌爾（uRssell）公司，在上海本地樹立由輪船碼頭至公司辦事處之電報。一千八百七十一年（同治十年），大北電報公司，設立香港至上海之海底電線。上海上陸處祕密藏匿，不使中國人見之。一千八百八十一年（光緒七年）中國政府允許設立上海至天津之陸地電報，此爲中國第一條電報線。三年後，由天津延長至北京，傳遞軍國大政，消息極爲靈捷。政府中人知其有利，於是各地推廣電報矣。光緒八年，立電報總局，管理其事。光緒三十四年，併入郵傳部。現今全國電報局有六百餘所，電線長約四萬餘里。入民國，又增設無線電臺，亦歸電報局管理。

（參觀 The Encyclopaedia Britannica, Telegraph; Couling, Encyclopaedia Sinicas.）

郵政　驛傳爲中國自古所有要政，蓋以通達邊情，布宣號令也。至元朝而驛政發達完備。明清因之。國家驛站之外，復有民局專司遞信，爲人民事業。歐洲郵政發達不過近百年事。最初行用郵票者爲英國，發明者爲羅倫黑爾 (Rowland Hill)。一千八百三十七年（道光十七年）二月十三日，黑爾將所製郵票示之遞信局。一千八百三十七年，英國下議院通過黑爾之條陳，議訂各等郵票價值，先買票黏貼信封而後遞信。又議訂防阻僞造法規。一千八百四十年各等郵票通行於英。一千八百四十三年（道光二十三年）瑞士倣行之。一千八百四十七年，美國行之。一千八百四十八年，俄國行之。一千八百四十九年法國行之。一千八百五十年奧國、德國、西班牙、意大利皆倣行之。自倫敦初次發行郵票，閱二十五年而普遍世界。當時全世界共有一千三百九十一種。其中爲歐洲發行者八百四十一種，美洲者三百三十三種，亞洲者五十九種，非洲者五十五種。至一千八百六十五年（同治四年）已有八百十一種隨時代而消滅，尚有五百八十種流通世界耳。咸豐季年，商埠增加，各地海關亦隨之而增。同治以後，中國允許外國公使駐在北京。公使及總稅務司署，欲與上海等地分關僑民通信，借用中國驛遞各關文報往來，皆自行設法互寄。漸啓郵務端倪。一千八百七十八年（光緒四年）各地海關正式設立郵政事務所，辦理大沽至天津、天津至北京、牛莊、烟台、鎮江各地遞信事務，略倣泰西郵務辦法。交赫德管理。並於是年發行郵票。加入國際郵政同盟。英法各國皆願將上海及香港郵局取消，改歸華關自辦。總理衙門先後飭據江海關道總稅務司籌議，咨行南北洋大臣查核。光緒十六年三月，總理衙門創行總稅務司，以所擬辦法既於民局無損，即就通商各口推廣辦理。俟辦有規模，再行請旨定設。旋浙海江海各關道，皆稟稱稅關郵局未經奏定，外人得以藉口。十八年冬，赫德亦以數年創辦艱難，若再不奏請設立官郵務局，恐將另生枝節。是年五月，總理衙門迭接李鴻章、劉坤一咨，據江海關道聶緝槼稟稱，上海英美工部局現擬增設各口信局，異日中國再議推廣，必更維艱等語。二十一年南洋大臣張之洞奏請設立郵局，請飭議。由總理衙門議准，推廣海關郵遞，開設官局，並與各國聯會。旋由赫德擬定郵政開辦章程。由是郵務及於各通商口岸矣。二十四年，又由湖廣總督張之洞奏准推行沿江沿海各省及內地水陸各路。迨宣統三年各省通行郵務，共有六百餘局，代辦四千二百餘處。民國五年，局與代辦處增至八千七百九十七所，郵件寄出二萬萬五千四十三萬二千二百七十三；包裹寄出二百二十三萬二千一百件；郵差行路達四十二萬一千里；匯寄錢達一千五百九十六萬五千元。並與數國訂立往來互寄之合同。當時郵務經費，皆由海關協濟。宣統三年由總稅務司移交郵傳部，委法國人帛黎爲郵政總辦。其職權與總稅務司相等。人員長久留用，及薪水陞階，請假，養老等事，均照海關辦理。於是郵政脫離海關，日漸改良，辦理完善，不亞歐美各國矣。舊時驛站至光緒二十四年完全廢除。民信局則內地各城市中，至前十年尙有存者，近則亦稀罕不可見矣。

（參觀黃序鵷海關通志；Couling, Encyclopaedia Sinica, Post Office; The Encyclopaedia Britannica, Postage Stamps.)

第五節 教育事業

報館 唐時有開元雜報，記載政府命令，官場消息，可爲世界上最早之報章。然此與近代報章意義不同。至於登載普通消息，發表民意之報紙，則僅於鴉片戰爭後，香港割讓，五港通商以後，在外人勢力保護之下，始有眞正近代式之報章也。在中國最早之英文報爲廣東週刊（The

Canton Register）。每星期出一册始於一千八百二十七年（道光七年）十一月八日。直至香港割讓於英國後，該報移至香港，更名香港週刊（The Hongkong Register）。至一千八百五十九年（咸豐九年）始停刊。次有香港日報（Hongkong Daily Press）及每日報（Daily Mail）兩報皆在香港發行。時期俱在道光末年。時伍廷芳嘗命人將香港日報譯成漢文，流行粵地。純粹漢文報章，當推上海字林洋行之上海新報，及粵人在申所設之滙報、彙報、益報等。但不久即閉歇。繼有申報至今屹然存立。館主初爲英人美查（Major）。秉筆者爲中國文人。美查爲上海美查洋行主人。報始於同治壬申三月（西一八七二年）。除禮拜按日出報，每紙十文，京報新聞及各種告白一一備載。在各口岸風行甚廣。稍後，至一千八百八十年（光緒六年）上海字林西報（North China Daily News）發行滬報，不久停刊。再閱十二年，則有新聞報。創辦者爲張叔和。後爲美國人福開森購買。申報、新聞報、至今屹然存立。今代全國之中大小日報約二千餘種。不獨通商口岸有之，即內地偏僻小邑亦有之。大者日銷行數萬份，小者僅數百份。二千餘種之中，重要者僅約三四百份。其餘則皆範圍不出百里也。光緒二十一年（西一八九五年），時全國日報約僅有十二種。但此後十年間，正如雨後春筍怒生，新開之報館甚多，而多不永命，數月或數年即消滅。拳匪亂後，發達尤速，各種科學雜誌，婦女雜誌，圖書雜誌皆流行甚廣，販報爲一種新事業。辛亥革命成功，報紙鼓吹，尤爲有力。報章宣布官吏受賄陰私，造成輿論，指導社會，此其功也。但亦有供個人與黨派野心家之宣傳詆誹者。革命以後，報紙幾全爲機關報，其無黨派而保存者，僅上海之申報新聞報而已。至若月刊雜誌之最早者爲萬國公報（Review of the Times），創辦於一千八百七十五年（光緒元年），創辦人爲美國教士林樂知。次爲中西教會報，創辦於一千八百九十一年（光緒十七年），創辦人爲樊溟（J. W. Garnham）。次則教會新報，創於一千八百九十四年（光緒二十年）。三種雜誌皆爲宣傳宗教而設。但宗教之外，對於政治社會時事亦皆記載，頗爲中國士大夫所歡迎，流行甚廣，傳播各種知識，厥功甚偉。週刊之最早者爲興華報（Advocate），發行於福州。創辦人爲美國美以美會派克博士（Dr. A. P. Parker）。流行於中國各地，及海峽殖民地，甚廣。雖爲教會所發行，而新聞不限於宗教，關於科學有用知識，亦廣爲登載，爲當時有用之週刊也。通問報創始於一千九百零二年（光緒二十八年），爲英美長老會所設，性質與興華報相同。銷行亦甚廣。第一年在全國中銷行七千餘份。以上皆教會人在中國所辦之初期日刊，週刊，月刊物也。中國人自己所辦之旬刊最早者，爲光緒二十四年（西一八九八年）之時務報，後改昌言報。主筆人初爲梁啓超，後爲汪康年。此報爲是時維新黨人最要之機關報，而實亦最初談政治改革之雜誌也。昌言報不久隨戊戌政變而消滅。梁氏亡命日本後，舉辦清議報，仍鼓吹政治改革。不久又改辦新民叢報，灌輸各種學識。每期銷行十餘萬份。人人爭讀，影響中國社會輿論之鉅，直至於今，無他雜誌，可與匹敵也。梁氏文學優勝，爲一原因。而當時適值拳匪亂後，舊文化，舊制度，不滿人望。士大夫求新知識之慾甚熾。梁氏亡命日本，得彼邦之普通常識。以暢達流利之文，盡量灌輸於國中。所謂因時乘勢者也。待以後梁氏又主辦國風報、庸言報。流行遠不如新民叢報矣。蓋國民知識程度已高，膚淺議論，無裨益於專門科學矣。然梁氏一時之功，固不可泯也。

此外商務印書館所出之東方雜誌亦爲灌輸常識之良品。已有三十年之歷史。地學雜誌爲中國地學會出版。創辦人張相文。起始於清季宣統二年，迄今已二十四年之久，爲國中最早而悠久之專門科學雜誌。科學社出版之科學雜誌起始於一九一六年至今亦有十七年之歷史，灌輸各種天然科學知識，或發表各人研究。以上三種雜誌，壽命最長。辛亥革命以後，日刊、週刊、月刊、季刊、年刊之各種雜誌出版益多，但較之歐美日本，尚望塵莫及。且多半爲政黨之機關報，無五年以上之壽命。甚至持論偏激，不合於中國之社會情況，徒紛亂青年之思想，使徬徨無措，淪入左道，國家政治離軌愈遠者有之矣。此類雜誌有之反不若無之爲愈也。

（參觀 Couling, Encyclopaedia Sinica.）

學校　科舉時代，我國教育制度至爲簡單。教育機關僅私塾與書院。私塾程度高低，無人過問。書院爲政府所立，備學人讀書考績，每月助寒士若干養生費。學子所學者，僅文學一門而已。中國與西洋接觸，自明武宗正德以來，已四百餘年。西洋文化教育高於中國，直至最近，中國人始知之。明代四譯館，清乾隆時之俄羅斯文館，皆僅教育通譯人才，並非欲學得外國之長也。近代最早之學堂，爲同治元年（西一八六二年）所設之北京同文館。初亦僅備造成翻譯人才。以後逐漸增設他科。同文館聘美國人丁韙良長其事。光緒二十四年改爲京師大學堂。分科教授。以孫家鼐爲管學大臣，余誠格爲總辦，仍以丁韙良爲總教習。實權皆在丁韙良。科學課程，管學不能問。時本國人留學外國大學歸國者極少，故求西學者恆於教士。戊戌政變，新政悉罷，惟大學以萌芽早得不廢。拳匪亂後，以張百熙爲管學大臣，謝去丁韙良，以吳汝綸爲總教習，辦七科大學。汝綸至日本調查學務，値學潮，被讒罷歸，旋卒於鄉。張鶴齡以副總教習主教務。不久張百熙亦被擠而謝絕學務。張之洞入樞府，兼管學務，繼續七科大學計劃，與張鶴齡論學科不合，鶴齡辭去。以後主其事者爲張亨嘉、李家駒、朱益藩、劉廷琛、勞乃宣、柯劭忞、嚴復。入民國，改爲北京大學校。長其事者初爲馬相伯、何鞠時、胡仁源，皆無甚影響於國家政治。民國六年後，蔡元培長北京大學，乃與政治發生密切關係，而學校紀律亦隨時勢日益廢弛，故毀譽不一。但其影響於革命及文化運動之鉅，則人人承認之也。北京大學以外，最早之學堂爲張之洞於光緒十九年在湖北武昌所辦之自強學堂，分方言、算學、格致、商務四齋。畢業數班，不久停辦，亦頗爲當時言時務者所重視。光緒二十一年，北洋大臣王文韶奏設天津中西學堂，主謀者爲盛宣懷。中西學堂即今之北洋大學堂，又曰北洋工學院也。當時分爲頭等二等。頭等學專門學，分工程學、電學、礦務學、機器學、律例學五門，是中國學校有專門學之始。二等學校，僅爲預備學校，學西文四年，挑入頭等學校。頭等學堂總理爲伍廷芳。二等爲蔡紹基。總教習爲美國人丁家立。丁時充天津美國副領事也。光緒二十三年，盛宣懷又奏設上海南洋公學，以美國人福開森爲總教習。校中分師範院、外院、中院、上院。師範院卽師範學堂也。此爲中國有師範學堂之始。外院卽日本師範學校附屬之小學院也。中院卽北洋之二等學堂，上院卽頭等學堂也。各院皆四年畢業。南洋公學卽今上海交通大學。北洋南洋兩校培植各種人才甚多，有功於輸入歐化尤偉也。光緒二十八年，拳匪亂後，英人李提摩太提議在賠款中提出銀五十萬兩，創辦山西大學，以啓民盲，俾以後不致再釀拳匪仇教之禍。主持其事者初皆爲英人。以後交還中國人自辦。山西地方偏僻，其大學僅於本省有相當影響。而在全國，則視上方數校有遜色矣。以上皆在學制系統未建立前之學堂也。此外又有海陸軍專門學校，與中國近代之歐化輸入亦不無有相當影響。最早之軍事學校爲天津武備學堂，創於光緒十二年。主其事者爲李鴻章。教員皆爲聘自德國之兵官。拳匪亂時，此校被燬。和議成後，遷於保定。以後改爲軍官學校。中國軍隊之歐化，此校影響甚大。

（參觀舒新城中國教育史料。）

第三章 無形之歐化即歐洲思想文明之輸入

第一節 宗教思想

尙書舜典記舜受堯禪後，『類於上帝，禋於六宗，望於山川，徧於羣神。』類、禋、望、皆祭名也。六宗者，時、寒、暑、日、月、星、水、旱諸神也。舜典所記可以見上古時代中國之宗教爲多神教。各神之中，上帝最高。上帝爲昊天之神。故古書上『天』字有時與『上帝』同義。中國古書上所記『天』與『上帝』之能力，多與今代基督教所言上帝（God）相同。基督教聖經創世記言上帝於七日之內，創造天地人物。而中國詩經言『天生烝民，有物有則。』書經仲虺之誥云：『惟天生民有欲，無主乃亂。』是中西相同者一也。基督教言上帝能降福賞善，降災懲惡。而中國書經皐陶謨曰：『天討有罪，五刑五用哉。』又湯誥曰：『天道福善禍淫，降災於夏，以彰厥罪。』又伊訓云：『惟上帝不常，作善降之百祥，作不善降之百殃。』是中西相同者二也。基督教徒信人之福澤以至衣服飲食，皆由上帝賜予。論語卷十云:『堯曰,咨爾舜,天之曆數在爾躬,允執其中。四海困窮,天祿永終。』是中西相同者三也。中西所信上帝之能力,固多相同,但亦有不同之點。基督教爲一神教,上帝之外,無所謂六宗、山川、羣神。此其不同之點一也。中國所謂作善降之百祥,作不善降之百殃,要皆當人之生時而然,而基督教則有天堂地獄之說,爲處置人死後賞罰問題。孔子大聖人也,祖述堯舜、憲章文武,所表彰之道德,皆爲個人在人羣社會中所應當然之事。至若死後如何,則孔子對季路之問,已言未知生,焉知死矣。死後靈魂之昇天堂,或下地獄,與夫因報拔濟諸說,孔子以及其他春秋戰國諸子,竟無一人言及者。漢武帝能黜百家,儒家思想統一全國。人所信者一種爲人之道,孝弟忠信而已。東漢以後,佛教傳入中國。天堂地獄,因果報應諸說,大爲昌明,而展轉輪迴,尤娓娓動聽。補秦以前中國聖人所未言之闕。予人以心理上一大安慰。加以自漢末至唐中葉,佛教書籍,譯成漢文者,幾於汗牛充棟。其內容如何,姑不必論。其量之多已足驚人。文人學士,於年老倦政以後,輒喜披覽,以度殘年。印度哲理,自有其圓密之處,可以使仁者見仁,智者見智,細繹不盡。是以佛教入中國,至唐時已根深蒂固,雖數經摧殘,而始終無損於其流行。基督教唐太宗時入中國。唐武宗時禁絕。元時再入中國。元亡亦隨之而消滅。明萬曆中三次入中國。流傳至今，計其信徒，天主教約有三百五十萬人，耶穌教約有四十萬人。合計約四百萬人。由萬曆九年（西一五八一年）利瑪竇初入中國，迄今已三百五十餘年之久。所得信徒人數，乃如是之少，而在社會上之勢力亦不巨。不可不謂之失敗矣。其失敗之理由，可約略分述如下：（一）基督教教規太嚴謹，不肯與中國禮俗調和。以致教徒與國人隔膜，如異國人焉。例如帝制時代不跪拜皇帝，不拜祖宗牌位，不拜孔子。以致有清一代，無一教徒能充達官，能在政界佔勢力者。中國羣衆皆唯士大夫階級之馬首是瞻。教徒地位不高，如何使普通人民對之有信仰。此為其教之不能大行，大原因之一也。（二）鴉片戰爭以後，教士利用外國政治勢力，壓迫中國，欺陵中國人，袒護教徒，不守中國法律，以致民衆對之感情甚惡。釀成拳匪仇外之舉。拳亂以後，中國受重創，教中人亦改變政策。然普通人視教徒，猶多懷舊觀念，視之幾如異類也。（三）基督教入中國最後，中國為開化之邦，人倫道德之教，則有孔子；死後因果與靈魂處置，又有佛教。池中容量已滿，先入為主，他教欲從新而灌入，自不容易。（四）基督教無論迴再生之說，予人之希望較佛家為小。（五）今代中國基督教徒無古代佛教徒之熱誠。對於基督教中之哲理書籍，甚少翻譯。僅一部聖經，不足引起中國人之敬信。（六）宗教信仰心在西洋亦已衰落。來中國之西洋人多有攻擊宗教者。謂社會改良國家富強，專在教育而不在宗教。尤以最近由俄國輸來各種新思想，足以完全傾覆各種宗教也。

第二節　倫理思想

我國古代倫理道德觀念，皆淵源於孔子。三綱五常之說，革命家擧爲詬病，而細審之無足病也。人生在世，不能離羣而孤立也。既有羣則小者爲家，大者爲國。家與國之團體中，必有一種結合力，以維繫此團體，使之不渙散，不瓦解。此結合力爲何？即一種自然發生，所應當然而起之道德觀念也。此道德觀念，綜合言之，即『君爲臣綱，父爲子綱，夫爲婦綱。』『父子有親，君臣有義，夫婦有別，長幼有序，朋友有信』而已。今代革命家擧此以爲詬病者，無非因三綱五常之中有『君臣』二字與共和政體不合，與自由平等主義矛盾。殊不知『君臣』二字不過在古代人羣社會中代表『上下』而已。人類文明，不論如何發達，而發號施令之機關，不能闕也。不能人人發號施令也。在下者對於發號施令者，不能不負服從之義務也。發號施令者之地位，在古代以力取之。近代民權發達之文明諸國，則由人民選舉出之。由選舉出者，不論其稱號爲總統，爲首相，爲委員長，而人民未有不服從者也。故君臣二字雖不必有，而服從之義務，不論何種政體之下，不能闕也。至若『父子有親，夫婦有別，長幼有序，朋友有信，』則不論何種宗教，何種政體，何種主義，吾未見其有可廢之理由也。今之革命家喜新厭舊，打倒一切舊物。舉所有中國舊倫理而推翻之，而又無新倫理而代之。使全國青年彷徨歧途。全社會成父子無親，上下無義，夫婦無別，長幼無序，朋友無信之狀態。人羣國家，渙如散沙。使全國鼎沸，生民塗炭。腹地各省，赤地千里。此僅全人口中百分之二三知識份子所造成之恐慌也。若造亂份子更增加至數十倍，則其亂之情況，更爲擴大，可以想見。以前人懼亡國滅種者，今則未有外國來滅中國，而自己已將中國滅亡。未有外人來滅吾種，而吾人已自相殘滅矣。危險思想之輸入中國，不宜早禁絕乎？

第三節　政治思想

吾國古代政體之組成，亦完全依儒家學說而成。『天下之本在國，國之本在家，家之本在身。』『身修而后家齊，家齊而后國治，國治而后天下平。』國者家之放大者也。君爲一國之長，猶父母爲一家之長也。故又稱國君爲人民父母，而人民爲國之『赤子』也。齊景公問政。孔子對以君君、臣臣、父父、子子。君之所以君，臣之所以臣，其道甚不易。孟子告齊宣王曰：『君之視臣如手足，則臣視君如腹心。君之視臣如犬馬，則臣視君如國人。君之視臣如土芥，則臣視君如寇讎。』此言國君不可妄自尊大，漠視民意也。君臣之間，感情相對而生。洪範九疇，教爲君之道也。國君無道，則人民可以革命。革命者，革天命也。君主皆受天命而爲天子也。一代受命，必有河圖洛書爲天命之據。漢高祖以平民革命成功，不得不假託斬白蛇，神母夜號，劉媼夜出，震電晦冥，有龍蛇之怪，以後歷代受命，皆有靈瑞符應。班彪王命論，可以代表此說。蓋聖人懼人人不安本分，欲爲天子而革命也。乃不得不以神道設教，以杜愚妄，而免不絕之戰爭也。中國自有史以來，國家卽依此組織。唐虞禪讓，爲終身帝制。繼位人由前帝薦之於『天』，使之主祭，而百神享之。使之主事，而百姓安之。攝政多年以後，堯老乃禪位焉。舜亦如之。至禹而傳子，不傳賢。家天下之局以定。四千年來，如一日，未嘗有何變更也。四鄰諸國政體若何，亦無影響於中國也。契丹初起，八部酋長皆由選舉而來，三年更代。耶律阿保機立，誘殺八部酋長，自立爲帝，不受代。蒙古未入中國，先有庫里爾泰大會，國君死，推選新君候補新君，亦皆前皇之子也。至忽必烈則不待大會選舉而自立爲帝。庫里爾泰大會，由是而廢。據中國史書所載，國君由選舉者，僅此二例而已。契丹蒙古，初皆爲遊牧民族。文化稍進，即廢除選舉制也。清末國勢衰微，外患日烈。憂時之士，求本國致弱之原，初以爲僅槍礮兵器不如外人。甲午中日戰後，更進一步，求其原因，以爲政治不良，上下隔膜之故。康有爲等公車上書，求變法維新，效法外國開議院，萬機決於公論。於是有戊戌百日之變法。不久新政盡爲守舊黨所推翻。西太后復垂簾聽政。康梁皆亡命海外。至光緒二十六年釀成拳匪之亂。創痛鉅深，清廷始又稍稍恢復新政，廢科舉，立學校，籌備立憲。而又躊躇懷疑。同時民間亦皆知舊文化不足救亡。求新知識之慾望甚切。留學西洋者接踵途間。而日本與中國僅一衣帶水，學費甚廉，文字又近，各省往日留學者，數達萬人以上。各種新思想新學說，猶如怒潮，輸入中國。輸入新思想新學說，最有功者，首推梁啓超。梁在日發刊新民叢報、新小說、國風報等，以平易暢達，條理明晰之文，灌輸各種新學說新思想，尤具特別魔力焉。次爲嚴復。嚴爲早期西洋留學生，國學湛深，溝通中西學術，譯西洋哲學書甚多。梁氏新民叢報中關於西洋政治思想之輸入者：（一）爲盧梭（Rousseau）民約論。（二）爲孟德斯鳩三權鼎立說。前者爲鼓吹革命，後者爲建網立國。兩說於一百六十年前，在歐洲皆有極大勢力。盧梭謂人類聚合，最古而最自然者莫如家族。一夫一妻之相配，實由契於情好，互相承認而成。是卽契約之類也。既曰契約，則彼此之間，各有自由之義存矣。不獨此也，卽父母之於子亦然。子之幼也不能自存，父母不得已而撫育之，固也。及其長也，獨相結而爲尊卑之交，是實由自由之眞性使之然，而非有所不得已者也。世人往往稱家族爲邦國之濫觴。夫以家族之親，其賴以久相結而不解，尙必藉此契約，而況於邦國乎。衆家族既各各因契約而立矣，寖假而衆家族共相約爲一團體，而部落生焉。寖假衆部落又共相約爲一團體，而邦國成焉。所謂相約者，不過彼此心中默許，不知不識而行之，非明相告語，著之竹帛云爾。人人既相約爲羣以建設政府，其最上之主權，當何屬乎？盧梭以爲民約未立以前，人人皆自有主權，而此權與自由權全爲一體。及約之既成，則主權不在於一人之手，而在此衆人之意，卽所謂公意者是也。中國儒家所謂天視自我民視，天聽自我民聽，亦卽國家主權在於民衆公意之謂也。爲國君者當採集民意所好所惡，以定施政方針也。儒家將天位之最高，國君代天行政，故謂之『天子』。後代天子皆敬天法祖。古代中國人頭腦簡單，特立一高高無形，不可卽之『天』以神祕之。而天之視聽，卽民之視聽也。盧梭以爲凡邦國皆藉衆人之自由權而建設者也。故其權當屬之衆人，而不能屬之一人或數人。質而言之，則主權者邦國之所立。邦國者衆人之所有。主權之形，所發於外者，則衆人共同制定之法律是也。盧梭又曰：一邦之民，若相約擁立君主，而始終順其所欲，則此約卽所以喪失其爲國民之資格而不復能爲國也。蓋苟有君主，則主權立卽消亡。盧氏據此眞理，以攻擊世襲君主之制，及一切貴族特權之政治。盧梭又以爲主權者惟國民獨掌之。若政府則不過承國民之命以行其意欲之委員耳。國家成立之原因，盧梭闡明盡矣。其說在歐美，影響甚大。美國獨立，法國革命，皆受其賜。梁氏僅爲提要之敍述。當年曾有某君自日文譯成漢文，訂爲兩册，似亦不全。入民國後，馬君武直接自法文將全書譯出。國人始見此名著全豹。拳匪亂後，雖無全部譯文，而其影響於中國青年革命思想甚鉅。盧梭學說將中國四千年來家天下之觀念完全打破。舊日之清廷，不知順應潮流，早日立憲以安民心，而存滿漢偏見，激成辛亥革命。今者全國百分之九十人民，不識不知，毫無共和之程度。百分之十知識份子中，又多自私自利，祇知升官發財，無毫忽爲國爲民觀念。下至綠林暴客，販夫走卒，不知共和國民之義務，徒知撫掇民主政治之口頭禪，蠢蠢然爭爲總統、元帥、方鎮、軍長矣。人倫、道德、服從義務，組織人羣社會根本要義，蕩然無存矣。民國成立至今二十二年，無一微之建設。武夫文士，或爲物質之摧毀，或爲精神之破壞。外則蒙古、西藏、東北四省脫離中國，不許中國人往矣。內則貪官汚吏，變兵盜匪，遍於全國。民不聊生。辛亥以前熱心革命之書生，至此亦無如何，仰天喟嘆而已。

第二種西洋政治思想，梁氏輸入者，爲孟德斯鳩三權鼎立說。三權者立法、行法、司法是也。孟氏謂立法、行法二權，若歸於一人或一部，則國人必不能保其自由權。何則，兩權相合，則或藉立法之權以設苛法，又藉其行法之權而施此苛法。其弊何可勝言。司法權若與立法權，或與行法權，同歸於一人或一部，則亦有害於國家之自由權。蓋司法權與立法權合，則國人之性命及自由權，必致危殆。蓋司法官吏得自定法律故也。司法權與行法權合，則司法官吏將藉其行法之權，以恣苛虐故也。若司法、立法、行法三種合而爲一，則其害更大，自不待言。孟氏名論，西洋各國皆採行之。中華民國成立，亦倣行此制。孟氏學說載於所著之萬法精理。梁氏亦僅爲提要之敘述。張相文自日文何禮之本有全譯，頗有爲潤文人誤改之處。嚴復自英文本譯出，名曰法意。自法文直譯之本至今尚無以上皆民主政治（Democracy）學說也。

最近俄國革命以後，有兩種新主義產生於歐洲。一為共產主義，創於德國人馬克思，而試行於俄羅斯。與俄國人性情社會多不相合，致饑饉屢起，餓死人民數百萬，其首領見道窮不通，已大變前計，現所行者，實國家社會主義也。二為因共產而起之法西斯主義，創於現在當權之義大利首相墨索里尼。倣行於土耳其、德意志，皆有相當成績。此兩種新主義，現亦皆輸入中國，共產主義之書出版甚多，惜亦皆如以前梁啟超之輸入民主政治，斷章不全。法西斯主義之書尤少。茲特再略述如下：

近百年來，歐美各國工商大興，資本主義極為發達，富者益富，貧者益貧。於是而有限止資本家之各種政策。英美法德諸國有遺產稅，所得稅等，其本愈多而稅益大，亦即限制富者愈富之意。擔抽稅終有止境，不足以限止大資本家之產生也。於是而有馬克思共產主義之發生。主張各種工商業、房屋、土地、礦山、鐵路、六畜等，皆歸國有，由政府經營。人民作工，為一種義務，人人必須作工。無工資。人民飲食衣住所資，皆由政府發給。不許人民有私產。如是則一國之中，無富人亦無貧人。

人人皆有工作，有衣食，斯誠理想之大同世界也。欲行此主義，必須將現有私產，悉行沒收。私產制度，行之已數千年。人人皆不免有自私自利之心。農人終年勤勞所收穫者，皆被政府派人徵收以去。於是不甘心工作，或埋藏所穫於地下。工作效能，大爲減少。饑饉屢起。職是故也。沒收現有私產，又豈人人所甘。俄國試行此制，經莫大犧牲，扞格不行。不得不改回至舊制。許人民私有土地，私有儲蓄。但加以限制而已。民國九年，俄國派加拉罕爲駐北京公使，廣事宣傳。中國知識階級好空談，不務實際。聞其說而好之。天下貧者多而富者少。金錢尤爲人人所好。俄人以金錢收買學生。北京各學校幾爲宣傳共產之中心。孫總理欲革命之速成，倡國民黨共產黨合作。在廣州成立之國民政府，容納共產黨人。民國十五年，武漢政府成立，共產黨大熾。及南京政府成立，國共分立。而共產黨羣趨江西，另組政府。蔓延各省。江西、湖南、湖北、河南、安徽、四川、無不受其蹂躪。赤地千里，國力大損。被兵各省，人口皆銳減。可見其禍甚慘。俄國人行共產，及其他歐洲各國之有共產黨，皆爲擁護主義。而中國之共產黨，除極少數萬分之一書生迷信學說者外，餘皆爲未得昇官發財機會，因而反對政府者，及因饑寒壓迫，流離失所之貧民，烏知所謂共產主義！共產主義理論上確爲佳美，爲世界進化之極軌，爲儒家大同主義。但吾所欲問者，中國進化至何地步能否行共產主義也。吾茲特引今年三月八日，英國下議院兩黨員之辯論，藉伸吾說。社會黨員馬格斯敦(James Maxton)爲左派激烈份子。發言曰：『鄙人近來考察結果，解決人民中樞問題之先，信仰舊社會秩序之心理，必須掃除，而以他種主義代之。從根本上重新建造，方可使社會安寧，民衆懽樂。吾人今實生於革命時代。舊存之經濟與社會秩序日趨崩潰。其證明可於各種日報見之。世界各處商業上罪惡與衰弱，記不勝記。舊時制度及道德之法律，用以維持以前各種秩序者，亦信譽日趨崩潰矣。』馬氏說畢，自由黨員霍勃京生(Hopkinson)起而駁之曰：『鄙人深信以改變制度爲求達進步之方法，實爲緣木求魚之舉。人類全部歷史確實指示吾人，若男女個人不先改革，則絕無進步可言。欲求進步，必須社會中大多數人肯爲國家工作，獻其勞役與其生命於羣衆，而不爲私人謀福利。當今世界上大多數男女，尙無此精神。故資本主義制度得以生存。此種制度，乃代表一種情況，在大多數男女皆自私自利，無公共心之社會中，必然發生之結果也。當今之世，男女不先自革心洗面，而欲驟然實現理想社會制度，其眞爲大愚大錯矣。』馬氏與霍氏皆英國人也，各就所見而言。

馬氏之黨，在國會中佔少數。霍氏所言，博多數人同情。英國爲世界上一等強國，文明程度最高，言論最自由之國家。政府所採政策，取決於多數人民投票。多數人民欲保守即保守，欲共產即共產。絕無壓迫不自由之事。倘有霍氏一針見血之言，大多數英國人愼重行事。現今並未採行共產政策。吾欲問中國之知識份子，中國人程度較之英國人何如？自私自利之心與潔己奉公之念，較之英國何如？無英國人之程度與潔己奉公之心，而欲行英國人所不敢行之政，吾實未見其可也。中國四千年家天下之歷史，即足證明中國人爲世界上最自私自利之民族也。共和政治總統首相，由人民投票選舉，四年或七年一任，下野後與平民儕伍，中國自有史以來所未見也。聖帝賢王，功德利民，足以垂範後世者，史不絕書，而實不過使人民濡恩懷惠，不叛亂不反上，鞏固其家，作子孫萬世之業耳。所謂私之至則爲公也。中華民國第一任大總統袁世凱可以代表中國人也。既充終身總統，而又復欲爲皇帝。一生所作所爲，一舉一動，皆爲自私自利，以遂其家天下之慾。彼爲一國元首，舉動俱爲天下人所注意，所知悉。至若其下之督軍、鎮守使、師長、旅長、團長、營長、連長、排長，以至士兵；文官則自國務總理、各部總長、司長、科長、科員，以至錄事；外官則自省長、道尹、縣長，下至學校學生，實亦無一不抱昇官發財，顯親揚名，光榮里第之自私自利之觀念。以世界上最自私自利之民族，而欲行人類進化極軌，大同世界至公無私之共產主義，焉得不釀成猛獸食人之大亂也。

因共產主義猖獗而發生之法西斯主義，創始於義大利人墨索里尼。墨氏至今尚爲義國首相。其說近亦傳入中國。法西斯，義語棒也。法西斯主義者國家主義也。墨氏於十年前，創此主義時，義大利國亦幾淪於共產黨手中。墨氏倡法西斯主義以抵抗國際之共產主義。保守現今資本制度，行一黨專制政策。法西斯與共產兩主義，皆爲狄克太透制（Dictatorship），犧牲民主政治（Democracy）也。義國自墨氏執政以後，秩序恢復，進步甚速，建設甚多。當初反對黨人對之頗多誤解。十年以來，國人見其行政大公無私，亦皆諒其苦衷。他國苦於政黨意見紛歧，及爲工商凋敗，經濟恐慌，造成數千百萬人失業，共產黨人日增者，亦漸倣之。如德國之希特勒黨人，最近亦步墨氏政策，而實行狄克太透制矣。近十年內，他國在各種政體之下，倣行狄克太透制者，有波蘭、猶哥斯拉夫國、捷克國、匈牙利、西班牙、土耳其、日本、德國。即民主政治發源地之英美二國，亦感於在民主政治下，應付現今千變萬化之時局爲艱，漸趨於狄克太透制矣。英國現在執政之麥克唐納內閣，合國中保守，自由工人，三黨領袖組成。放棄數百年來之政黨內閣，俾得舉國一致之擁戴，可以臨機應變，以對付內外難題。美國新總統羅斯福就職於銀行大恐慌之際，亦要求國會付以臨時獨裁之權，不必先咨詢國會。全世界狂瀾滔滔，所到之處，民主政治皆被席捲而去，代以有威權有勢力之獨裁政府，指揮民衆矣。卽共產政治之俄國，在斯丹林獨裁政府指揮下，成績斐然可觀。第一五年計劃成功，又進行第二五年計劃矣。政治循環，由共和變數人專制；由數人專制，變一人專制；由一人獨裁復變共和。歐洲古史，昭然若揭。近代歐洲人行民主政治已百餘年，今潮流所趨，其將復返專制乎？中國歷史既如此，而人民程度又如彼。民主代議政治既失敗，共產主義又釀亂，其與中國國情稍近者，其爲意大利之法西斯主義下之狄克太透制乎？唯推行法西斯主義，須有墨索里尼、希特勒之魄力，與爲公無私之心。否則徒爲袁世凱第二而已。一言以蔽之，各種政治各種主義，各種思想，皆不過爲解決民生問題。各國政治家視其國情而採取相當辦法。取其辦法而加以名辭。欲達目的，皆以潔己奉公爲最要。斷無專爲自私自利，昇官發財，卽能成事也。中國人近數十年，專剿襲外國文章，各種政體，主義，思想，無不輸入而行之，無一成功。淮橘成枳，當知所省。革命當先從革心入手也。大學所謂『欲治其國者，先齊其家。欲齊家者，先修其身。欲修其身者，先正其心。欲正其心者，先誠其意』也。

（參觀梁啓超飲冰室全集；夏文運意大利法西斯運動；佩萱魏谷合譯墨索里尼自傳；Ivy Lee, Information, No. 113, Capitalism and Democracy.）

第四節　學術上各種思想

進化論　進化論創始於英國人達爾文（C. R. Darwin）及瓦拉斯（Wallace）。達爾文所說，尤為精邃。達爾文以為生物變遷之原因，皆由生存競爭，優勝劣敗之公例而來。而勝敗之機，有由於自然者，有由於人為者。由於自然者，謂之自然淘汰。由於人為者，謂之人事淘汰。淘汰不已，而種乃日進矣。適者生存之理，不獨驗之於禽獸草木為然，即人類亦然也。古希臘之斯巴達人對於子女之初生也，驗其軀格。若有尫弱殘廢者，即棄之殺之。無俾傳種。惟留壯健者，使長子孫。以故斯巴達人以強武名於時。自達爾文選種之說昌明，各國教育事業，大有進步。當今文明世界，雖不用斯巴達人野蠻手段，然知人之精神與體魄，皆能因所習而有非常之變化，故各國學校益注意於德育體育之兩途。所謂適者生存，非僅為其本體之生存而已。必以已之所以優所以勝之智若力傳之於其子，子又傳之於其孫。久而久之，其所特有之奇材異能，益為他物所不能及。於是其當初偶然所得之能力，遂變而為一定之材性。馴致別為一種族而後已。此種之變遷所由起也。今世界萬物羅列於目前者，其先必皆有所承襲而來。最始同本於一元。現今生物界，不過循過去數十萬年自然淘汰之大例，由單純以趨於繁賾而已。人類亦為生物之一種，不能逃此公例。最初亦從下等動物，漸次進化而來。達爾文將其畢身研究所得者，著之於其所著之種源論，出版於一千八百五十九年（咸豐九年）。關於人類之研究，著之於人祖論，出版於一千八百七十一年（同治十年）。達氏進化之說出，無論政治、學術、哲學、宗教、社會各種思想，皆受其影響，幾於另產一新天地也。最先輸入達氏進化說於中國者為嚴復。嚴氏於光緒二十四年（西一八九八）譯出英人赫胥黎之天演論，即東人所稱之進化論也。嚴氏譯出書籍頗多。此書為其最初譯作，亦最有影響於中國思想界。嚴氏他作，皆無此書流行之廣也。赫胥黎之天演論僅進化論之小緒言而已。達爾文之名，亦由嚴氏介紹於中國士人。梁啓超新民叢報有短記，題曰：『天演學初祖達爾文之學說及其略傳。』達氏種源論原書入民國後，馬君武始有全譯。過耀根近代思潮中亦有短篇序述。達氏之人祖論則至今無譯本也。

西洋哲學　西洋哲學範圍大矣。哲學家多矣。每一種哲學，或每一家哲學，各爲數行之敘述，即可成爲巨册。非吾此篇範圍所宜言。讀者自有西洋哲學史可供翻閱。吾今僅總述西洋哲學之輸入中國之經過耳。夫最先輸入西洋哲學於中國者爲明末天主教教士傅汎濟(F. Furtado)，傅氏與李之藻共譯希臘哲學家亞利斯多特勒之寰有詮六卷、名理探十卷。二書雖久譯出，而迄未刊印。名理探至民國十五年，北京輔仁大學始爲出版，寰有詮則尚未見世。由明末迄清末二百五十餘年，西洋物質文明之科學，久已陸續不絕輸入中國。而西洋思想文明之哲學，則遲至拳匪亂事前後，始由嚴復重啓障幕而輸入焉。嚴復譯有穆勒名學、羣己權界論、斯賓塞爾羣學肄言，雖皆爲名著，但皆緒言之類，而非大部原書籍也。大部原書籍，至今尚無一部譯出。所輸入者，皆斷章不全之學說也。哲學玄妙，哲學書文辭亦多深奧難明，非淺陋所可解。其於社會影響實甚大，但無切實用途，近於清談。即在歐美哲學家亦漸少，而羣趨於科學。古代希臘人所稱哲學範圍，多被科學侵奪古代哲學範圍內之科學，在近百年內，前後脫離哲學而獨立矣。中國人學哲學者甚少，與哲學書籍之甚少譯成漢文，由是故也。茲就片斷翻譯中國人所知西洋哲學記之如下：英國倍根之實驗派，亦名格物派之學說，及法國笛卡兒之懷疑派，亦名窮理派說，德國哲學家康德之學說，古代希臘哲學家蘇格拉底、柏拉圖、亞里斯多德，英國人頡德、邊沁、斯賓塞爾、伯倫知理、斯密亞當等學說，梁啓超新民叢報皆有敍述。斯密亞當之原富，嚴復有全譯。唯嚴氏好用古文怪字，使一般人不能讀。書雖譯出，而影響於中國人之經濟思想甚微也。入民國後，東西洋留學回國者頗多，對於西洋哲學如尼采之超人哲學，托爾斯泰之人道主義，詹姆斯之實用主義，歐根之理想主義，柏格森之直觀哲學，皆由片斷之譯文輸入。各大學亦多有哲學系，各教授雖無著譯之輸入，而爲口授之輸入，其功亦不淺。近來傳西洋哲學有聲譽者爲張嘉森與張東蓀二人。此外又有原學西洋哲學，歸而用西洋條理整理中國舊哲學有聲譽者，爲胡適與馮友蘭二人。

（參觀梁啓超飲冰室全集；清代學術概論；過耀根近代思想。）

第五節　藝術思想

文學改革　中國舊文學艱難，不足以代表現代社會思想，應新時代之需用。謀求易以淺近文體者，前已有人，而迄無適當新文學以代舊文學。清末梁啓超用一種平易暢達，雜以俚語韻語及外國語法之文，編纂各種雜誌，號『新文體』，一時海上雜誌日報競效之，風靡一時。清末國人思想，多受此種文體之影響。梁氏自謂其新文體縱筆所至不檢束，老輩則痛恨，詆爲野狐，然其文條理明晰，筆鋒常帶情感，對於讀者別有一種魔力焉。梁氏文體較之以前舊文學已淺易多矣。民國七八年時，陳獨秀主持新青年雜誌，倡用白話文，胡適和之。一時教育界中人多贊成之，復以政府之力，在中小學校推行之。現在白話文已征服全國矣。白話文較之梁氏文更爲易學，誠爲普及教育之利器。文與言合一，與歐洲各國相同矣。唯白話文與舊時文言距離太遠，小學六年全讀白話文，中學初三年國文課程時間十分之七，又用之白話文，後三年仍有十分之三時間用之白話文。入大學後分科治專門學，無暇再治國文，各科學生理應可以如意參閱中國書籍，運用中國文學以達其意矣。然近年以來，入大學學生不能讀文言書，句讀不辨者日益增加，對於舊文學幾等文盲。甚至大學已畢業，而文言不通者多矣。參閱中國舊書因覺困難，而俱棄之不讀矣。此種情形甚爲危險。本國人不能讀本國書，將失去自己民族特性，忘其祖宗歷史。此與法國人滅安南、日本人滅朝鮮何異。教育家急宜設法矯正，學生在中學期用於文言時間，宜多於白話文也。民國八年，北京大學文科又刊布標點法，將西國標點符號，施之於中國新舊文學。迄今出版書有完全採用西國標點法者，亦有僅用逗句及人地名書名諸符號者。以前中國書無標點法，誠爲中國文學發達上一缺點。甚多古書如元典章等無從句讀，或極可疑，又如各史四裔傳或遼金元史外國地名，人名，數個相聯者，莫辨名姓。標點法輸入以後，此種困難疑竇，可以盡去。近代歐化有益於中國文藝，中國文藝亦受世界潮流而歐化矣。胡適倡議文學須研究白話小說，各大學國文學系，多增小說課程。而郭沫若及周樹人周作人兄弟皆以作白話新小說或譯外國小說名於世。

西洋美術　美術者繪畫、彫刻、塑像諸藝術也。中國人自昔以百工爲小技，繪畫、彫刻、塑像皆在小技之列。唐初閻立本以丹青見知，與廝役等。戒子慎毋習。社會所尚可知。故美術在中國不甚發達。尤以宋代以後，益不昌明。宋太宗嘗下令不許百工與文人齊等。在上既不以爲倡，而在下者益廢弛矣。較之西洋美術名家，一畫值錢百萬，爲全世歡迎，與中國相去眞天淵矣。近今西洋各種文化如怒潮之輸入中國，然美術則輸入則極緩而最後。誠以美術爲太平時代之裝飾品而一時習尚又不易改革。方今全國鼎沸，民生困苦，社會對此無需要，教美術者不足以立足也。民國以來，最先提倡美術者爲蔡元培。蔡氏曾以高年留學德國。甚留心於西洋美術。曾助德人蒙斯脫白格著中國美術史。民國六七年間，充北京大學校長時，曾提議於教育部，在北京立藝術專門學校。內分中國美術及西洋美術兩部。但學校成立以來，爲時代政治潮流所驅，風潮屢起，校綱廢弛。不免有負於提倡人之初心。近則教育部已有令結束矣。上海有私立美術專門學校。成績尚佳，國中傳授西洋美術著聲譽者，有劉海粟及汪亞塵二人。

六六四八上

中華民國二十三年一月初版

（一○七三○）

新時代史地叢書 歐化東漸史一冊

每冊定價大洋伍角
外埠酌加運費匯費

撰述者 張星烺

主編者 吳敬恒 蔡元培 王雲五

發行人 王雲五 上海河南路

印刷所 商務印書館 上海河南路

發行所 商務印書館 上海及各埠

（本書校對者楊瑞文）

新文化叢書

中西文化之關係

鄭壽麟著

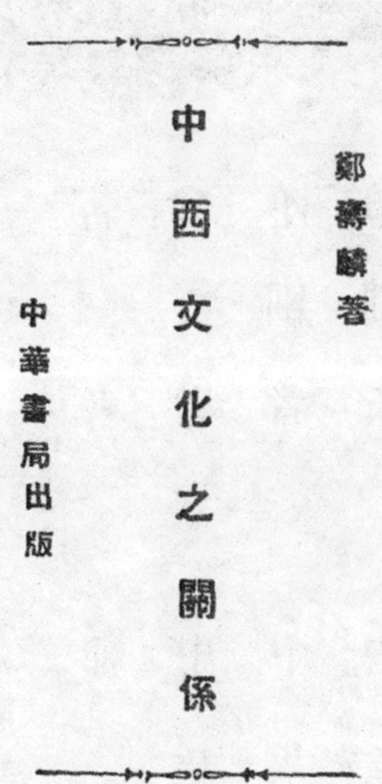

中西文化之關係

鄭壽麟著

中華書局出版

民國十九年一月印刷
民國十九年十一月發行
民國廿一年九月再版

中西文化之關係（全一冊）
定價銀五角
（外埠另加郵匯費）

著者　鄭壽麟
發行者　中華書局
印刷者　中華書局
印刷所　上海靜安寺路哈同路口　中華書局
總發行所　上海棋盤街　中華書局
分發行所　北平　天津　張家口　石家莊　邢台　保定　濟南　青島　太原　開封　鄭州　西安　蘭州　成都　重慶　長沙　常德　衡州　漢口　南昌　九江　安慶　蕪湖　南京　徐州　杭州　溫州　福州　厦門　廣州　汕頭　潮州　梧州　雲南　遼寧　吉林　長春　哈爾濱　香港　新加坡　中華書局
（五六三〇）

中西文化的關係

目錄

頁數

插圖

中西文化的關係

（文化史補遺）

Oest = westliche Kulturbeziehungen.

(Beitraege zur Kulturgeschichte)

鄭壽麟著

導言

本書不是一部完整而有系統的著作，不過是個人採集許多事實同一些名家研究的所得，以指示中西文化之有關係。中國文化，可算是東方文化的代表。所謂西方，却是廣義的；不特歐洲諸國，即印度，波斯，埃及等亦屬在裏頭。至於什麼叫東方文化，叫麼叫西方文化，東西文化的特點與差別安在；這些並不作爲本書所討論的物件。

文化這個名詞，普通說起來，就是代表一民族經由演進所得到的現狀。durch die Entwicklung erlangter Stand eines Volkes。地球上沒有一個民族無文化。雖是生活程度極低的民族（通俗稱爲野蠻人者，不甚妥當），如非洲或澳洲的土人，亦有文化。譬如語言，歌舞，打獵，捕魚，畜牧等等，這都是他們的文化。又如器具，火，衣服，房屋，這都是文化的屬品。

本書各章之告成，先後不一。其用途爲講演材料。講演的場所頗多，大約如下：

1924 五月 德國 Leipzig 萊卜齊大學，Ostasiatisches Seminar 東亞學院。

又 六月 德國 Leipzig 萊卜齊大學，Ethnographisches Seminar 民種學院。

1925 十一月 德國 Frankfurt a.M. 佛郎府，Martins Missions anstalt 馬丁神學院。

又 十二月 德國佛郎府大學，R. Wilhelm 尉禮賢教授所創的中國學會。

1926 七月 蘇州平旦學社。

1926 冬至 1927春 國立成都大學。

1927 五月 成都華西協和大學。

第一章 原始文化之相符

Uebereinstimmung der primitiven Kulturgueter.

各民族的原始文化，都有同一之點，遵共同的例則。譬如各民族的工器，有石期，銅期；鐵期；都是相符的。 罈缸的文飾，多爲水波紋。 按中國酉字之古文爲[illegible]，皆表示有此簡單的飾紋。弓多是雙的，中國亦然。古文弓字作ß，這明明與單的D不同。取火之法，以木摩木。中國古代，亦莫非如此。古書

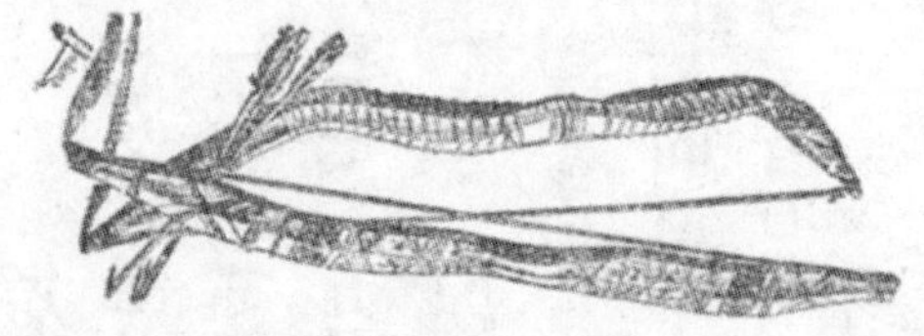

西北部印地安種的弓矢(此圖在Ratzel民種學第二册625頁)

蒙古種與土耳其種的弓矢(此圖在Ratzel 民種學第三册357頁)

記着：木與木相摩則然，金與火相守則流（見莊子第二十六篇）。兩木相摩而然，金火相守而流（淮南子卷一原則訓）。洪水之說 Sundflutsage 在地球上，可以說是很普遍了；據德國學者考察，約三百種民族都有此說。

上端所述，都是各民族文化相同的地方。而其互異之點，就是一種民族稟賦厚，有進化，文物日變日精；一種民族就如舊，不進化，到現今還守在極低下的程度。譬如同時有火之發明，而歐美人的火，由木火變爲電火；這就是很大的分別。

非洲土人取火法

中國古代文化的情形，由古書可以考察出來的，還有許多事迹，和今時低等民族，或其他高等民族，相符不差。現在試舉幾樁事實於下，以資比較。

參考：R. Andree 安德雷：Ethnographische Parallelen und Vergleiche 人種

學的比較，二冊 1878；1889

M. Hoernes 何內士：Die Urgeschichte des Menschen 人類原始史，1892

又 ：Die Natur-und Urgeschichte des Menschen 人類自然史及原始史，二冊 1909

J. Lippert 李丕特：Kulturgeschichte der Menschheit 人類文化史，二冊 1886；1887

L. Reinhardt 雷恩哈特：Kulturgeschichte des Menschen 人類文化史，1913

H. Schurtz 舒兒次：Urgeschichte der Kultur 文化原始史，1900

W. Wundt 文德：Voelkerpsychologie 民族心理學

第一節 工作與節奏 Arbeit und Rhythmus

音樂之應當符合節奏，固無待言；而人類動作的時候，亦有自然的節奏。譬如行路，左脚開步，右手往前搖擺；右脚邁步，則左手往前擺動。假若以左手配左脚，以右手配右脚，就格格不順了。

軍隊開步要整齊；二人以上同扛重物者，須步伐一律。凡工作的時候，一身或手脚出力，而口中發出一種聲調，這亦是節奏，正是可以鼓勵工作的法子。

中國人，日本人，爪哇人，埃及人當斫木或舉重或挑擔或拉船的時間，一邊工作，一邊那口裏喊聲，一陣一陣的回復不絕。上海蘇州一帶，挑夫都呼：嘿呵，哼呵；嘿呵，哼呵，……… he-ho，hain-ho，he-ho，hain-ho，………。造屋築路的小工，則呼唱：唉吆囉唕啐喲，………ai-i-lo-dso-han-jo，………。廣東潮州舂牆小工，且喊且唱：嚛嚛…，嚛咘囉啊，…… hio-hio…，hio-bu-lo-oh，……。重慶船夫鼓力，大叫：咳咋，咳咋，…hai-dsa，hai-dsa，……。四川內地轎班，有一定的口號，前唱後和。例如前頭的人說：「滑得很」，後面的人就應聲曰：「蹈得穩」；前叫：「天上明晃晃」，後應：「地下水蕩蕩」。此爲互相警告而合於節奏的情形。

印度同緬甸交界的地方，有一種山居的民族，叫做 Lhoosai 洛賽，在挑擔的時候，或在林中斫柴，衆工口裏就一陣一陣的吐出：好好 hau-hau 的聲音。沒有這種呼聲，他們甚且不會工作。 中國古代的人，當斫樹或抬木的時候，亦按節奏呼：虎虎 hu-hu 或也虎 ye-hu 的聲音。例如：伐木許許（詩經小雅，伐木——許讀若虎hu！）。再加他書所載，更可證明此義：今夫舉大木者，前呼「邪許」(a-hu或ye-hu)，後者應之；此舉重勸力之歌也（淮南子卷十二）。今四川的挑夫尙有此「邪許」的口號（參閱西遊記四十四回：許多和尙，在那里拉車兒，原來是一齊出力，打號齊喚：「大力王菩薩」）。

古埃及同今日的非洲中部及東部，馬來羣島及中國等地的居民，用極簡單的器具（平常是木杵和石臼），春去穀類外皮。凡兩人以上同做這種工作，就必有唱和。這種唱和用以勸力，中國古時稱爲「相」，就是「助」的意思。如：鄰有喪，春不相（禮記第一章）。

古時中國人深明節奏導工的價值，每遇國家徭役（如修堤，築城，造宮室等），常用大鼓去監工。這是很早就有記載的憑據：以鼛鼓鼓役事（周禮地官鼓人）。又詩經（大雅，緜）所載，就是在建築時用鼛鼓的例：捄之陾陾，度之薨薨，築之登登，削屢馮馮，百堵皆興，鼛鼓弗勝。

工作時用歌曲的例證： 築城小工的歌：「城者謳曰：睅其目，皤其腹，棄甲而復，于思于思，棄甲復來！」「華元曰：牛則有皮，犀兕尚多，棄甲則那。」「役人曰：從其有皮，丹漆若何？」（左傳宣公二年）。 工人訴苦歌。「澤門之皙，實興我役；邑中之黔，實慰我心。」（左傳襄公七年）。 管子得於魯，魯束縛而檻之，使役人載而送之齊。其謳歌而引。管子恐魯之止而殺己也，欲速至齊，因謂役人曰：我爲汝唱，汝爲我和。其所唱，適宜走；役人不倦而取道甚速。（呂氏春秋卷十五順說）。

里陶恩 Litauen 的婦女採麻，萊因河及耶路撒冷的婦女採收葡萄，都有一種歌唱，而中國古時采芣苢的婦女，亦有小唱。其特別的地方，就是聲調之簡單。 詩經，周南，芣苢：

1. 采采芣苢　2. 采采芣苢　3. 采采芣苢
薄言采之　薄言掇之　薄言桔之
采采芣苢　采采芣苢　采采芣苢
薄言有之　薄言捋之　薄言襭之

這種節奏，甚是簡單，而詞句多重複。但歌中明明表示工作的程序，可想見當時女工且作且唱的情形。

參考： K. Buecher 畢歇兒： Arbeit und Rhythmus 工作與節奏，四版 1908

第二節　男社　Maennergesellschaft.

人類之初，只知有母而不知有父，這個時代，名叫母權時代 Mutterrecht。自然界的女蜂王，母蟻，母蠶蛾同今日人類中低等民族的婦女，都是因較重的天職，故所處的地位要較高，所有的權力要較大。（譬如雄蜂只是寄生，受餵養待死而已；所以體質亦較爲不發達）。

中國之有母權時代，更可由文字上考察出来，或由帝王傳記中探索出來：

1.姓字從女從生，是以女爲主。古姓多從女不從男，如：姬，姜，姚，姒，嬴等。（黃帝，帝嚳，堯，周文王皆姓姬；神農姓姜；舜姓姚；禹姓姒）。　2.古帝王傳（如夏，商，周三代的初祖，漢高祖等），詳載生母的情迹，而不識眞父爲誰，只託爲神靈之類。所以當時的女人，確是家庭同血系的中心。到後來男子所做的事較多，所該盡的責任較大，漸漸凌婦人而上，纔由母權變爲父權 Vaterrecht 的時代。積日長久，社會狀況進步；諸事維持，依賴男力。到這時候，男子的權限，就不容婦女所侵略了。所以說：「牝雞無晨；牝雞之晨，惟家之索」。（書經，周書，泰誓下）。——這句俗話，歐洲之德國與瑞士亦有的，其原文如下：

Wenn die Henne kraeht vor dem Hahn,
若是牝雞先雄雞而鳴叫，
Die Frau redet vor dem Mann,
婦人先男子而說話，
So soll man die Henne kochen,
就該把牝雞拿來煮，
Die Frau mit einem guten Pruegel pochen.
把婦人拿來打。

（見 Lipperheide 李不見海德：Spruchwoerterbuch 諺語典 1907，第 199 頁）。十八世紀，瑞士有飲杯，尙刻着這句俗語，不過語中稍帶古文而已，原文如次：

帕勞島民的男社房屋

Wo die Henn kraeth vor dem Hahn,
Und das Weib redt vor dem Mann,
Da sol man das Huen an Spysz jagen
Und das Weib mit dem Knitel schlagen

該飲杯今存於 Basel 巴色城的歷史博物院。

（見 Schweizerisches Archiv fuer Volkskunde 瑞士民俗學報1911，第100頁）

再說男子因生活的需要，或同樣的艱苦（如尋食，防獸，）就與同類常常會在一處；或在漁獵的時候，互相認識，互相愛慕技能。漸漸結成同心的團體 Sympathische Gruppen，經盟約而成爲血系的兄弟 Blutsverbruederung, Blutbruederschaft.，這就是男社的起原。

參考：Lippert 人類文化史第二冊 333 至 335 頁

結盟的時候，必經一種手續，這是中外相同的，而中國叫做歃血（說文：盟者以血塗口旁曰歃血）。葵丘之會，諸侯束牲載書而不歃血（孟子，第六章下）。胡人彈骨，越人契臂，中國歃血也；所由各異，其於信一也（淮南子，卷十一）。王當歃血而定從（史記，平原君傳）。可見古時定從立約，都要歃血。又按友字古文作：[illegible]兩手相接，或：[illegible]，[illegible]兩手有割痕。血字古文作：[illegible]，[illegible]器皿中有血點或血液，此可見以器皿盛割手之血為用。

男社是原始社會的產物，是最初共同生活的機關。中國古代同今代，有許多有趣的風俗，可以拿來證實這種情形。原始文化階級有「成人禮」Pubertaetszeremonie，慶祝少年成熟。少年在這時候，脫離孩童的隊伍，收入成人之羣內，作男社的一份子。照例要經極殘忍的手續（如殺人），以試驗他防敵的能力。若是試驗成績優好，就依禮節，收入男社，與成丁的男子，作同樣的生活。各民族的男社，且有特造的房屋 Maennerhaus。

所謂「成人禮」，中國古代稱爲冠禮，今廣東之潮州，還保存這個風俗，名叫「出花園」。不過時代不同，禮節儀式亦漸漸變更了。譬如那個受冠禮的「士」，在夏商周三代的時候，已經不是一個尋常的少年，而是一個君王的官僚。這種是同希臘的制度相等：那些少年壯丁是在公立的機關 Gymnasien 訓練出來，以爲日後作官任事的準備。按士的古義，就是戰士勇士。例：

祈父，予王之爪士（詩經，小雅，祈父） 肆予以爾衆士（書經，大禹謨） 衆士同力王室（書經，胤征）。

冠者裝飾與兒童有不同的地方：

將冠者采衣，紒（儀禮第一章）（紒卽髻，結髮）

兒童則：婉兮孌兮，總角丱兮（詩經，國風，齊，甫田）

豈如弁髦（左傳，昭公九年）。

冠者得字；冠者立于西階，賓字之（儀禮第一章）。已冠而字之，成人之道也（禮記，四十三章）。

冠的種類，隨時代而不同：周弁，殷冔，夏收（禮記，十一章）。

在女子則頭髮插笄（簪）；至於許嫁的女子，笄而醴之，稱字（儀禮，二章）。所以社會上稱成年的男女爲弱冠，爲及笄。對於女子，有一種苛刻的待遇：古者婦人先嫁三月（禮記，四十四章）。假若在這期內，覺察女子不孕，男子得將他送回母家。故有所謂留馬反馬之事（參考：春秋左傳，宣公五年）。這是一種男女自由戀愛的遺俗。而這種試行時期 Probezeit ，在別個高等民族（譬如德國）亦通行的。（見：Ploss-Bartels 卜洛士巴兒特而士：Das Weib 婦女 19)5.，第1册，491頁。Fischer 非色兒：Die Probenaechte der deutschen Bauernmaedchen 德國農女之嘗試夜1780）。

中國古代，男女確有交際和戀愛的自由，這是從古書中可以考察出來的。後來生出一班儒者，孜孜泥守道德名敎，把男女的界限，規劃的十分森嚴；甚至於受授，都不可親了。這可不是變態到極端了嗎？今且舉例來表明古代的眞象：

1. 投我以木瓜，報之以瓊琚；匪報也，永以爲好也。

2. 投我以木桃，報之以瓊瑤；匪報也，永以爲好也。

3. 投我以木李，報之以瓊玖；匪報也，永以爲好也。

（詩經，國風，王，木瓜）

這首詩明明表示男女相愛互相酬贈之意。

1. 女曰雞鳴，士曰昧旦，子興視夜，明星有爛，將翱將翔，弋鳧與鴈。

2. 弋言加之，與子宜之，宜言飲酒，與子偕老，琴瑟在御，莫不靜好。

3. 知子之來之，雜佩以贈之；知子之順之，雜佩以問之；知子之好之，雜佩以報之。（詩經，鄭）

1. 雞既鳴矣，朝既盈矣！匪雞則鳴，蒼蠅之聲！
2. 東方明矣，朝既昌矣！東方則明，月出之光！
3. 蟲飛薨薨，甘與子同夢，會且歸矣，無庶予子憎！（詩經，齊）

這兩首表示男女相悅之情；其在清晨睡眼朦朧之際；兩相對語——，尤爲妙絕。

1. 青青子衿，悠悠我心；縱我不往，子寧不嗣音？
2. 青青子佩，悠悠我思；縱我不往，子寧不來？
3. 挑兮達兮，在城闕兮；一日不見，如三月兮！（詩經，鄭）

這一首表示一人不去尋舊好，而彼方在戀念的情形。

1. 將仲子兮，無踰我里，無折我樹杞！豈敢愛之，畏我父母；

仲可懷也，父母之言，亦可畏也。

2.將仲子兮，無踰我墻，無折我樹桑！豈敢愛之，畏我諸兄；仲可懷也，諸兄之言，亦可畏也。

3.將仲子兮，無踰我園，無折我樹檀！豈敢愛之，畏人之多言；仲可懷也，人之多言，亦可畏也。（詩經，鄭）

這首是表示女子懷愛而羞怯謝絕的意思。

1.彼狡童兮，不與我言兮；維子之故，使我不能餐兮！

2.彼狡童兮，不與我食兮；維子之故，使我不能息兮！

（詩經，鄭）

這首是表示一方面不洽意，而他方面在思念抱怨的情形。

參考：Fischer 菲色兒：Die Probenaechte der deutschen Bauermaedchen

德國農女之嘗試夜1780

M. Granet 格蘭特：Coutumes matrimoniales de la Chine antique 古代

中國的婚禮，Toung-pao 通報 Oct. 1912

謝晉青（T.T.Hsie）：詩經之女性的研究（商務印書館）二版1925

Ploss-Bartels 卜洛士巴兒特而士：Das Weib 婦女 1905

M. Quistorp 其士託兒卜：Maennergesellschaft und Altersklassen im alten China 古代中國的男社與長老等級 1913

H. Schurtz 舒兒次：Altersklassen und Maennerbuende 長老等級與男社 1902

第三節　文字的原始　Anfaenge der Schrift.

世界上的文化，都靠着收集許許多多的經驗。人類既有經驗，繼續下去，就有許多工作。第一層就要把所得的經驗，保存起來。第二層又要把他擴充起來。　要使經驗不至遺失，就賴乎文字的功用，把經驗記載起來。

人類和許多動物，有向同類通知己意的需要。這種通知，賴乎形容 Gebaerde 與聲音 Laut。 螞蟻相遇，各以觸鬚相接；母雞守雛，見敵走近，就把毛羽振開，其勢兇惡；人與狗當喜歡的時候，作種種舞蹈；人點頭說是，搖頭說非，低頭羞愧，斜頭而托顋作思想，而有笑容怒容，招手作來，揮手作去，擺手說非。這些都是藉形容的通知。古文擧字作：[illegible]手向上擧起之形。非字作：[illegible]兩手相背。見字作：[illegible]或[illegible]手指遮目前，按美洲土人亦有此形容。 蟋蟀叫，鳥唱，雞鳴，狗吠，人說話；這都是用聲音的通知。這兩種通知，統稱爲語言。 人類的語言，可說純是聲音；而語言之中，往往帶着形容，已成爲不知不覺的應用了（譬如口頭說四，就不知不覺伸出四指，以別於十。譏誚的時候，臉上自然而然表現微笑之容）。

語言與文字，有相同之點，都是用一些標記以代表事物。不過語言有缺點，因爲他只限於當時當地，不能傳久傳遠。（有時賴口傳，但患遺失原意之弊）。文字就不然，他是可以流傳久遠的。

人類在文字之先後，都有一些文字的替代品；這些可以分別如下：

1. 玩耍的畫 Spielmaessige Zeichnungen。如原始人洞穴中的畫 Hoehlenzeichnungen，小兒亂畫之類；這都是因長日無聊而作的。
2. 地方的標記 Ortszeichen。如碑，方向標，今世的街道牌號。
3. 物主的標記 Eigentumszeichen。如牲畜，器具同物品上所做的記號。
4. 職位的標記 Abzeichen。酋長，君王，臣民等所用的服飾（如清朝的帽頂）。君：[illegible]，公：[illegible]，伯：[illegible]。
5. 數的標記 Zaehlzeichen。用指或結繩，碼頭運物用籌，一二三X[illegible]…，I II III…。

倭奴種的物品標記

（在Batzel第一冊28頁）

6. 借物爲字 Gegenstandsschrift。各業商店的標記同招牌（鞋店用鞋，眼鏡店用大眼鏡）。 中國古代的物字甚多，例如：

弧 生男懸弧於門左，

帨 生女懸帨於門右。（見禮記）

茅土 其義爲封，而封字古文作圭卽土上茅草。將建諸侯，鑿取其一方面之土，苞以黃土，苴以白茅，以爲土封。（周書五卷四十八章）

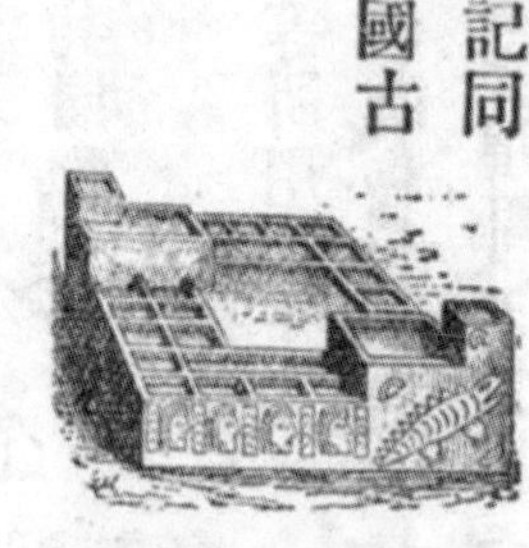

古時秘魯用以記數的石器
（在Ratzel三册657頁）

7. 魔術的符號 magische Symbole。符籙，鎭邪品（泰山石敢當）。

中國未有文字的時候，先用結繩 Knotenschnuere。而結繩亦發見於西藏，琉球，同美洲的墨西哥（Quippus）。後來中國把結繩換成書契 Kontrakt。 易經（繫辭下）說：「上古結繩而治，後世聖人，易之以書契；百官以治，萬民以察」。經法人 Chavannes 沙萬士與德人 Conrady 孔好古的研究，說那種書契是從「刻木」Kerbholz 變化來的。這種刻木，土耳其亦有。他的構造，是把一根小木，照中劈成兩半，都刻上同樣的紋畫，可以分給兩個人收存作證。後代的券，契，符，節，都有兩份，就是沿刻木的式樣而來的。所以語稱，若合符節。馮諼載券契而行……召諸民當償者悉來合券……(戰國策，齊——史記，孟嘗君傳)。

琉球的結繩

中國古刻符(周節)

沙萬士認契字的古文爲丰（象「刻木」的形），後來變成㓞（刀在刻木之旁）。孔好古又細心考究而得知變更的程序：1.最初刻木上只刻着一定的紋路。後來裏外都有刻的，以至於有畫的記號。這種記號，都屬於會意的花紋時期 Symbolisch wirkende Ornamente. 2.字體成立之後，漸漸就替了那種記號的地位。 3.繼此以後，刻紋就完全取消，而代以剖開的字 durchschnittene Schriftzeichen。例如：[illegible]卿字的古文。 班字表明一刀在兩塊玉的中間。

除了券，契，符節以外，還有圭，印之類，亦是從刻木的例。古時有一種牙璋 gezahnter Halbzepter [illegible]的牙，就是刻紋 Kerbe。而那些牙却是指着兵士。證：祈父，予王之爪牙（詩經，小雅，祈父）。

還有許多圭類，古時用以寓意兼寓音。例如：環，用以招還被流的罪人，或用以下圍城（圍而攻之）的命令。 玦，佩在腰間；

用以表示判決 verurteilen 或決定 entscheiden。

今代社會上用這一類寓意寓音的物品還多，試舉幾種爲例：蝠爲福，鹿爲祿，蝶爲耋（壽）。合棗子，花生，桂圓爲早生貴子。

參考：E. Chavannes 沙萬士：Les livres Chinois avant l'invention du papier 有紙以前的中國書籍（Journ. Asiat. 亞洲雜誌 1905 年份1—75頁）

A. Conrady 孔好古：Einleitung zu Stenz' Beitraege zur Volkskunde Sud-Schantungs 斯滕次山東南部民俗記的導言 1907.

又：Die Lou-Lan Funde 樓蘭古物考 1920.

Th. W. Danzel 日册而：De Anfaenge der Schrift 文字的原始 1912.

F. Hirth 希兒特：Chinesische Studien 中國之研究 1890.

B. Laufer 老非兒：A Theory of the Origin of Chinese Writing 論中國文字之原始（American Anthropologist 美國人類學報 IX3，第487—492頁）

顧實(S.Ku)：中國文字學 An Introduction to the Study of Chinese Etymology，二版 1926

G. Owen 俄文：The Evolution of Chines Writing 中國文字之進化 1910

B. Schindler 新特未兒：Die En'wicklung der Chinesischen Sohrift 中國文字之進化 (Ostasiatische Zeitschrift 東亞年報 III,1914-15)

C. Weule 吳倭未：Vom Kerbstock znm Alphabet 從刻木至字母 1915

第二章 中西文化的關係

Oest-westliche Kulturbeziehungen

不知與淺知，不僅爲各種學問的仇敵，甚至可以使世界的民族，生起極大的誤會。而外界對於中國的觀察之錯誤，尤其繁多。如今只舉一例，而引事實以指正之；同時亦表明中國同西方，在歷史上常有互相依賴之處，並不可以己長驕人。

中外人士，往往都稱中國向來是閉關自守，因一座長城，把中國包圍得鐵桶似的。但中國何嘗是一個封閉之國？其實是相反的！中國在古時已經和西方交通了；因此而向西方傳達他的文明；一方面亦有所得於西方。

至於長城，固然是件偉大的建築品，但並不能盡那包圍中國和斷絕對外交通的責任。

按長城的位置，西起甘肅的嘉峪關，東到河北(直隸)的山海關。據西人測量，其長約26 0 km(公里，啟羅米達。——西歐萊因河之長，不過1300 km)，其高$16\frac{1}{2}$m(米達)；其厚下邊8m，上邊5m。每距離120m就有一座守望臺。長城建築告成，據史家記載，乃在秦始皇的年代，其時爲西曆紀元前212年。但我們要曉得，這長城並非秦始皇一次修成的。因爲在春秋時候(紀元前五世紀)，西北方諸國(燕，趙，秦)，都築壘城或堤防，以禦荒野遊民的侵犯。後來中國盡歸秦始皇的治下，他纔把所有各部分的墻，連絡修整起來，成爲一個巨大的建築物。那些在起先常來騷擾中國的蒙古族遊牧之民（北狄），因這個障礙，後來就漸漸移向亞細亞中部進發。因這一衝動，西亞與東歐的民族，都受很大的影響，就成爲世界史上那個很著名的民族遷移的遠因（Voelkerwanderung 紀元後第四至六世紀）。那些蒙古族中最强大而最利害的一個部落，就是在中國史上的匈奴。「匈奴」之名，與歐洲史的 Hunnen，Huns 字音相近。學者早就料到這兩方的名稱，是指定同一種人類。但是在最近纔經德人 Fr Hirth 希兒特把這種相符證實了。原來他在匈牙利史家 Johannes v. Thurocz 杜羅次所載的 Attila 亞鐵拉（433 年的匈奴王，453 年卒）世系表中，認出可汗冒頓 Khan Mau-tun（Baktur 209-174）就是亞鐵拉的祖先。

由此觀之，則因匈奴而使中國與西方的文化，得着接觸的機會，這是很可能的。但我們還可以探求較早的事實，以作古代中西交通的憑據。

按文化上互相交換的物品，可以分作兩種：第一種是屬於物質的，第二種是屬於精神的。以下舉例，不過選擇一些重要的而已。

1.屬於物質的。 紀元前二世紀，中國從希臘屬地亞洲西部得着葡萄與西瓜。（據古書記載，是由張騫使西域時帶來的）。單考這些名稱，就可以看出希臘的來源。 葡萄（今讀 pu-tau）大約卽是 βότρυς 的譯音。不過我們有三種地方要曉得的：1.ρ（＝r）音是華語所缺的。所以遇着這個音的時候，就把他譯寫爲 l（如：Darwin＝達爾文＝Dalwen；France＝法蘭西＝Falansi）；或者簡直把他取消了（如：Berlin＝柏林＝Be-lin；Christus＝基督＝Chi-tu）。2.中國語音，從古至今是變更的。（如福字由 hok 變爲→fu，納nap→na，南nam→nan）。而葡萄古時讀 bo-to，則與希臘原字 βότρυς 相去不遠。 3.葡字或作蒲，萄字又作桃，顯得是當初譯音還不定的寫法。 至於西瓜（西域瓜）之爲 σικύα，更無疑義。 看這些證據，就可曉得中國在那個時期，和希臘的文化有接觸。並且這次接觸，對於中國古代的美術，是很有補益的。從前三代時美術品的文飾，多半是簡單的；或是一些獸形。在這個時期，就現出許多華麗的葡萄與他種豐富的模樣。譬如漢朝的銅鏡（鑑），就是這類帶着希臘型式的美術品（參看：博古圖錄！）。我們若問這種

漢海馬葡萄鑑

文化關係緣何而起，究竟又該算是長城的功勞。因爲中國賴長城作保障，阻止戎狄侵寇，就能够把分散的勢力，集中起來。所以歷時不久，中國就能向西北方開拓，與希臘文化的先鋒相接近（卽當時的帕兒特國 Parther-Reich ，今日的波斯以至裏海沿岸之地）。中國的茶，是第四世紀從印度來的輸入品（Ceylon 錫蘭島是著名產茶之地）。歐洲的茶，多由中國南方運去，依南方音有法文之 Thé 與德文之 Tee；俄國得之於中國北方，亦從北音而有 Čai 字。後來英人以印度的鴉片（Opium 的譯音！）輸入中國，流毒甚深，這是國人都知道的。

我們試看西方所得於中國的有些什麼。最早而極重要的，可算是絲類。若舊約以西結十六章十節十三節（Hesekiel 是紀元前六世紀的人），所載的絲，的確是中國貨，那我們就有古代中西交通的文字證據。考究聖經的人，又說以賽亞四十九章十二節（Jesaja 是

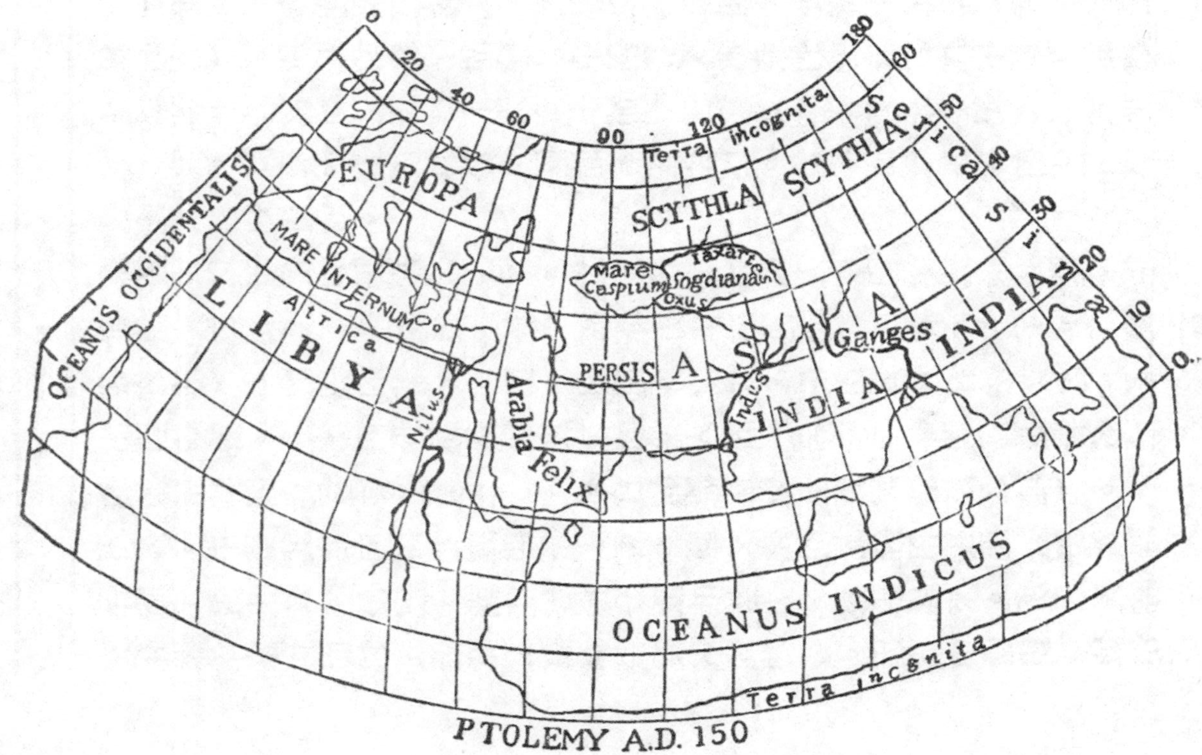

PTOLEMY A.D. 150

卜千麦美烏士的世界圖

紀元前八世紀的人）所記的 Si-nim，指的是中國人。而 Si-nim 一字，或可講作「絲人」的譯音。但是當時猶太民族，究竟曾否遇見而且認識中國人，實在還是問題。 我們若探尋較後的事迹，就多可靠的。當 Ptolemaeus 人卜托耒美烏士（約在紀元後150年）的時代，交通極盛。他把中國稱爲 Serica（卽絲國之義）而畫在他所製的世界圖上。 西文又有 Gaze（卽絲類）一字，是從 Gaza（地方名！）來的，而 Gaza 卻是猶太的一個小城；工人在此；專把中國的硬絲料改製爲細軟的料子。 除絲之外，西方還得中國的柑。德文 Apfelsine （柑，橘），義卽：中國的蘋果。 大黃 Rhabarber （又名鬼退）亦是中國去的藥材。 更緊要的，可算是一些發明品，爲第七世紀亞拉伯商人傳到西方，如：紙，指南針，火藥等。當這時期，陸路爲民族遷移所阻礙，所以有航海的交通。637年，亞拉伯第一次有船到印度，而第七世紀完滿（700年）以前，亦有船到中國。據亞拉伯的記載，印度與中國，在第五世紀中葉，已有船進入 Hira 希啦（在 Euphrat 倭夫啦特河中流）港了。當時中國商船的裝束是很齊備的：船上帶着指南針以定方向：並火器以防海盜。西方的烟火（griechisches Feuer希臘火），在668年纔發現，大約是從中國人學去的。十六世紀以後，由中國輸出的貨品㈢，大都是藝術方面的出產，如象牙雕刻物，漆器，磁器之類。還有中國式的花園與塔，經英王的工程師 W. Chambers 詹白士之介紹，一時亦很盛行於歐洲各國。他兩次到中國，曾在 Kew 丘為英王修造中國式的花園（名為 Kewgarden 丘園）。這種傳到法國；就稱為中英式花園，德國的 Wilhelmshoehe bei Cassel（卡色而附近的威廉宮），亦仿照此式。丘園中又置九層高塔，亦為他國所倣傚，如：荷蘭的 Het Loo，法國 Loire 河邊的 Chanteloup，德國 Muenchen 明星城公園中的木塔。關於此類，並且有許多文字的發表，例如：

W. Chambers 詹白士：Designs for Chinese buildings 中國房屋1757，法譯本1776。

又 ：Essai on oriental gardening 東方花園1772，德譯本1775。

L. A. Unzer 温册兒：Ueder die chinesischen Gaerten 中國花園1773。

當時歐洲對於美術的產品，很愛取中國的花彩，這些因而名叫Chinoiserie中國小品。

2. 屬於精神的。 試考紀元前第四世紀的情形，就覺着中國有印度的影響。當時中國的文字，有許多在早先是很生分的觀念，如莊子的輪迴說與戰國策的寓言（狐假虎威，蚌鷸相爭，桃梗等。）原來是印度同波斯纔有的。 若是往上，根據哲學與音樂，以考察紀元前第六世紀的情形，又可以推想到中國與希臘的關係。（參看本書第五與第六章！）對於後代，引起絕大影響的，莫過於宗敎之傳入。第一個由外來的宗敎，就是佛敎，東漢明帝在紀元後63年親自招集一班僧徒到朝中講佛經；而佛敎之到中國，其實在年歲，必在這一年之前。佛敎之入中國，對於中國人的生活，思想與美術，都發生很大的影響。佛敎以後六百餘年，在第七世紀，纔有基督敎與回敎傳到中國；而猶太敎或者亦與這兩敎同時傳入，但其聲價甚低微；猶太敎極盛的時候，亦不過限於開封，杭州，漳州三處而已。基督敎起初是由波斯來的。635年 Nestorian 聶士托良派信徒 Alopen 阿羅本到中國傳敎；781年（唐德宗時）立碑於西安府（大秦景敎流傳中國碑——碑文參看金石萃編，卷102；西人論中國敎會之書，多有轉載其圖及文）。這碑後來因敎勢衰弱，埋沒於地下，到了明末（1625年），纔經發見。除直接的宗敎影響之外，我們因十六七世紀耶穌社員（Jesuit 如利瑪竇，湯若望等）

的介紹，所以對於數學與自然科學的知識，大有增益。因他們的工作，使西洋亦漸漸認識並欣慕中國的文學與精神生活。 中國在十七八世紀，對於歐洲的精神界，確生極大的影響。現在略舉一些事實，可以充作證據：啟蒙時代（Aufklaerungszeit）十七與十八世紀）的百科全書（Encyclopaedie），可算是倣法中國的叢書。宋朝的鄭樵通志，馬端臨文獻通考；明朝的永樂大典（永樂年號是1403—24）；清朝的圖書集成（1725年出版），都是在西洋的百科全書之前，都足當作模範。兼且許多百科學者（Encyclopaedist），如 Montesquieu孟德斯鳩（1689—1755），Voltaire 福而特兒(1694—1778)、等，對於中國，亦甚熟知的。而福而特兒又著有「L' orphelin de la Chine 中國的孤兒」(1755)一劇，這就更加顯明了。 有人且倡言文藝復興時的美術，亦略略具有中國的色彩。譬如 Leonardo da Vinci 文齊（1452—1519）的名畫 Mona Lisa 的背景，即是一塊中國式的

莫拉里紗

王石谷山水

山水，而在西洋畫界乃是很生分的（參考：O. Muensterberg 明士特兒白克：Leonardo da Vinci und die Chinesische Landschaftsm alerei 文齊與中國山水畫。Orient. Archiv 東方叢報）。德國在十七至十九世紀，有許多大人物，很傾心於中國。如 Leibniz 來伯尼次（1646—1716）有關於中國哲學的論文；Goethe 歌德（1749—1832）有「Chinesisch-Deutsche Jahres-und Tageszeiten 中德四季詠」；Schiller 席未兒（1759—1805）有「Sprueche des Confucius 孔子格言」及「Thurandot, die Prinzessin von China 中國公主」（戲劇）—；Victor v. Strauss 施特勞士（1809—99）有詩經及老子之翻譯；Richthofen 李希和芬（1833—1905）作「China 中國」（四巨册1877—1912），G. v. der Gabelentz 甲板連孜作「Chinesische Grammatik 中國文法」（1881——中國馬建忠所著的馬氏文通初版在1898年！）。德國因爲有這種預備，就得以造成所謂「Sinologie 中國學」的基

礎。1887年，柏林遂開辦Seminar fuer orientalische Sprachen東方語言學院。Hamburg漢堡亦於1909年設立中國學講座。

西洋學者考察中國民族與文化的來源，起初未免犯了許多謬誤。今且述幾種爲例，亦略以表示討論這種問題之困難。據學者考究，印度日耳曼（indogermanisch）的「蜜」字medhu，是同芬烏種（fnnisch-ugrisch）的med（蜜字）相符。而俄人Poliwanow坡力萬諾亦把中國的蜜字（因讀音相似！）參加進去，推考蜜的來源是在中國，且主張很古的中西交通。就理而想，中國古文就有蜂字；以文化的程度，亦未必無養蜂之法。但詳細考察起來，中國的蜜字，究竟還是一種譯音；而蜜之物亦是外來的。因爲蜜字的文與音，都有四種：蜜mit，蠠min，𧖴 mien，𧓍 mik。其實蜜字，在紀元前第三世紀，方始發現於書籍之中（如韓非子四十篇說的：此味非飴蜜也）。照以前的古書，中國的甜料，多半是取之於植物。例證：

其甘如薺，如飴（詩經，邶，谷風；大雅，緜）卽彷彿現今說的：甜如蜜。而薺，飴都是植物的材料。我們所得的結果就是：蜜字雖不足證明極古的文化關係，但對於紀元前四至三世紀的交通，却是很可用的證據。 除此之外，倒有許多不適用而無意義的考究：英人 Edkin 埃特欽以「船」字正足以證舊約的洪水之說，他認船字从舟（Arche）从八口（卽合 Noah 挪亞的一家八人），是很無根據的。又以「女媧」爲「挪亞」的譯音，而五彩石爲煤炭，更是可笑。（見 Edkin：Introduction to the study of Chinese Characters 中國文字學習法1876）。 法人 T. de Lacouperie 拉庫丕里既認定中國文字來自巴比倫，又以爲中國人亦是從西方 Baktrien 巴克特里遷來的。他的證明，是以絲字古文糸从小（讀 Siao）从呂（讀 lue）。而讀的時候，Siao 字減去 ao 尾音，lue 字減去 ue 尾音，Si-l 聯絡起來，成爲 sil 或 sel；與西文的 σηρ（希臘文絲字），Silk（英文絲字）

相似，所以推原中國的絲字，是由雙音變化爲單音的。這個說法，眞是荒唐不經；因爲糸字是象物之形，決不可折爲小呂二字，絲字讀法又非雙音，且小呂亦斷不能讀成 Sel。德國地理學家 Richthofen 李希和芬根據天文的事實，亦主張中國發源於中亞的 Tarimbecken 他林盆地。後經 Saussure 梭須兒與 Conrady 孔好古等考察，以爲中國與巴比倫的天文，各有特殊的基礎，所以兩種民族，在這方面是沒有關係的。

參考：A. Conrady 孔好古：Die Beziehungen der chinesischen Kultur zur abendlaendischen 中國文化的關係 1898
又 ：Indischer Einfluss in China im 4. Jahrhundert v. Chr. 紀元前四世紀印度對於中國的影響 1906 (Zeitschrift der Deutschen Morgenlaerdischen Gesellschaft IX 德國東方學術研究社雜誌第60冊)
又 ：Alte westoestliche Kulturwoerter 東西文化的古字 1925

E. Erkes 埃兒克士：China 中國 1919

A. Herrmann 黑兒曼：Die alten Seidenstrassen zwischen China und Syrien 中國與敘利亞間的古絲路 1910

F. Hirth 希兒特：China and the Roman Orient 中國與東方 1885

又　：Chinesische Studien 中國之研究 1890

又　：Die Ahnentafel Attilas 亞鐵拉的世系表 1900

又　：Hunnenforschungen 匈奴之研究 1901

H. Nissen 尼生：Der Verkehr zwischen China und dem roemischen Reiche 中國與羅馬之交通 1894

A. Reichwein 萊希外因：China und Europa im 18. Jahrhundert 十八世紀之中國與歐洲 1923

V. Richthofen 李希和芬：Ueber die zentralasiatischen Handelsstrassen bis zum 2. Jahrhundert n. Chr. 古時中亞的商道 1877

B. Schindler 辛特來兒：Bericht über die Juden in China 報告中國的猶太人(Die Erde 地球雜誌1914二月份)

常乃悳 (Shang)：中國史鳥瞰，上冊太原育英學會1926；下冊北京師範大學 1927

第三章 中國學在西洋的史略

Zur Geschichte der europaeischen Sinologie

「中國學」（日本人稱爲「支那學」）是研究中國的各方面之—65科學。譬如語言，文學，歷史，地理以及各種文化中的要素，都屬他的研究品。中國學同他種新世紀的科學，其始初發端的地點，卽是意大利。而中國學在西洋的歷史，可以分作三個時期：第一期。從最初（十三世紀）至十九世紀之初。這時期的工作，完全出於天主教的傳道會，而在 Neapel 內亞不而有第一個 Collegio Asiatico 亞洲學院之創設。第二期。從十九世紀之初至十九世紀之末。這期之內，耶穌教的傳道會，對於中國學，亦有所貢獻。但大多數是淸客之流，好以新奇炫耀的，其實並非科學家。第三期。最近三十餘年。在這時候，對於原文，纔有精細的研究。

今試將各國著名的中國學大家及其成績，與一些有關係的人物，略爲報告於下：

1.意大利。 Marco Polo 馬可波羅 (1254—1323)，Ricoldo da Montecrove 孟特克羅韋，Giovanni da Montecorvino 孟特可威諾等，相繼在忽必烈與鐵木眞的朝中服務；而馬可波羅的紀錄，尤是傳聞於世界。後來在十五十六世紀，有 Nicolo Conti 孔提與 Francesco Carletti 卡來提曾旅行到中國。Matteo Ricci 利瑪竇(1552—1610)與 Cattaneo 卡他內俄是十六世紀的傳教士。利瑪竇於 1580 年（明萬曆八年）到廣東，1601年至北京，明神宗甚嘉賞他的學識及天文儀器，允其居留。當時翰林徐光啟，與之相善。徐家在上海縣城附近（徐家匯！）；後來其地成爲天主教在中國之要區。 Basilio di Glemona 格來莫那（1704年歿）始作中國字典。 Ignatius da Costa 可士他：Sapientia Sinica 大學譯本（1662）。 Prosper Intorcetta 英托兒册他：中庸譯本（1673）。 英托兒册他，Herdtrich 黑特里希，Rougimont 魯几孟，Couplet 庫耒合譯：Confucius Sinarum philosophus 孔子哲學（合大學，中庸，論語爲一書——1687）。 Noë 諾埃而：6 libri classici sinensis etc 六經（1711——「孔子哲學」之外，又加入孟子，孝經，三字經）。 Calleri 卡耒里與 Zottoli 錯托力是十九世紀的傳教士。 錯托力著有：Cursus Litteraturae Sinicae 中國文學（1879—82）。 近時在 Neapel 內亞不而，Rom羅馬，Florenz 弗洛冷次等處的中國學家有 Rivetta 李非他，Nocentini 諾稱提尼，Valenciani 瓦冷齊亞尼，Severini 色韋里尼，Puini 卜乙尼等。而卜乙尼著有：Le origini della civilta secondo la tradizione e la storia dell' Estremo Oriente 遠東文化與歷史 (1891)

2. 西班牙。 Varo 華羅作第一部「中國文法」，Mondoza 孟多查作第一部「中國史」。

3. 荷蘭。 荷蘭人於明萬曆二十九年(1601)至香山。Leyden 來登城爲「Toung-pao 通報」出版處。而「通報」是歐洲研究中國學的一種雜誌。 荷蘭有名的中國學家有 Hoffmann 何夫曼，Schlegel 施未格而，de Visser 德威色兒，Hackmann 哈克曼，de Groot 德格羅。 德格羅長於宗教學，在德國柏林大學爲教授，歿於1921年，其名著有：The religious System of China 中國宗教系統（六册 1892—1910）。

4. 法國。 明正德十三年 (1518) 與中國交通。 Louis le Comte 孔德路易：Nouveaux mémoires sur l' etal présent de la Chine 今日之中國1696/7（德譯本1699）。 du Haldes 哈而德士：Descr-

iptiou de la chine 中國誌1735（德譯本1747/8）. Quesnay 克士內：Despotisme de la Chine 中國的政治1767。 Poivre坡夫雷：Voyages d' un Philosophe 一個哲學家的旅行1769。 當那個時代，中國在歐洲的名望，與現今大不相同。試引幾個名家的議論，就可以推想當日中國的地位。Voltaire 福而特兒（1694—1778）說：歐洲的貴族同商人，凡遇東方有所發現，就只曉得求富：而哲學家倒是在那邊尋得一個道德的新世界。 克士內曰：中國道德敎訓的方法，合該做各國的模範。（見「中國的政治」）。 坡夫雷說道：若是中國的法律變爲各民族的法律，地球上就成爲光華燦爛的世界。你們試到北京，瞻望人間最有權勢的人（皇帝！），他就是天的美滿的眞象。（見「一個哲學家的旅行」）。 百科學者 Diderot 狄德羅亦贊道：中國民族，極能同心合力；在年代，精神，美術，學問，政治，哲學各方面，不僅壓倒其他的亞洲民族，並且可以同歐洲的文明國爭競（見「百科全書」）。de Guignes 德金士：Examen critique des Annales Chinoises ou Mémoire sur l' incertitude des donze Primiers siecles de ces Annales et de la Chronologie Chinoise 中國史 1774。de Maillas 勱拉士：Mémoires concernant les Chinoise 通鑑綱目，十六册1776—1819。1826年巴黎大學因德國學者 A. v. Humboldt 洪波德與 Klaproth 克拉卜羅等的鼓吹，遂設立第一個中國學的講座。這時間與後來，法國就有許多人物以中國學著名的，如：Abel Remusat 雷米沙（有 Les deux cousines 玉嬌梨譯本 1826），Stanislas Julien 尤利安（歿於1873；有老子道德經譯本1842），É. Biot 必俄（Dictionaire de l' Empire Chinoise 中國字典1842，Le Tcheou-li 周禮1851），de Saint-Denys 聖德尼士（Le Li-sao 離騷1870），Chavannes 沙萬士（La Sculpture sur pierre en Chine 中國雕刻術 1893，Memoires Historique 史記 1895—1905），Cordier

戈兒地（Bibliotheca Sinica 中國學圖書目錄，是書分類記錄歐洲關於中國學的各種出版物，1878年已成二巨册，1895年又增一巨册），Couvreur 庫夫勒（Dictionaire Chinoise-Francais 中法字典 1890，Les quatre Livres 四書 1895，Geographie ancienne et moderne de la Chine中國古今地理1920），Pelliot 丕力俄，Terrien de Lacouperie 拉庫丕里（1895歿），Saussure 梭須兒。

5.英國。 英人意氣高傲，對於他種民族，大概都缺乏實在的認識，又不肯用心考察；既與他族不能表示同情；又且鄙視他國的文化。英人向中國輸入鴉片，流毒不止，又時時擾亂國內治安，侵害國權，害多益少。 1807年 Morrison 馬禮遜到廣州，從事傳敎工作，並將聖經翻譯爲中文，始爲中國的耶穌敎開一新紀元。 講中國學之著名者，當首推 Legge 耒格。他譯有 The Chinese classics 中國經書（共五部，包括：1.論語，大學，中庸；2.孟子；3.竹書紀年與書經，4.詩經，5.春秋左傳），又易經1882，禮記1885，老子1891，孔子之生平及學說，七版1895。 未格之外，尙有 H. A. Giles 蓋而士（Chinese Biographical Dictionary 中國人名辭典1898，History of Chinese pictorial art 中國畫史1905，A history of Chinese Literature 中國文學史1907，A Chinese-English Dictionary 中英字典，二版1912），Bushell 巴色而（中國美術1906，中國陶磁器考1910），Backhouse 巴克好士同 Bland 布郎特（二人合著：慈禧時代之中國，德譯本1912）。 英國大學之有中國學一科者爲倫敦，Cambridge 劍橋，Liverpool 利物浦，Manchester 曼其士特，Oxford 牛津各大學。

6.俄國。 自從清康熙二十八年（1689） Nertsinsk 納欽斯克（尼布楚）之條約，就與中國有通商及文化的交換。1716年俄國第一次派教士到中國。1837年在 Kasan 喀山（近莫斯科）設中國學講座，後來遷到聖彼得堡（歐戰後改名 Leningrad 列寧城）。1902 年設東亞學院於 Vladivostok 海參威。俄國著名的中國學者有 Palladius 帕拉丟（中俄字典1888），Wassiljew 瓦西而耶，Bretschneider 布雷史奈德兒。俄國關於中國學的著作品頗多，惜其文字繁難，所以在他國不能流傳。

7. 德國。 早先就有 Athanase Kircher 其兒歇：China monumentalis qua sacris qua profanis illustrata 中國禮俗記 1667.，Buelffinger 畢芬格（大哲學家 Wolff 渦而弗的弟子）：中國哲學1724。

中國學之在德國，初時不甚發達，而學者多居留於外國，如 Klaproth 克拉卜羅在俄，Mohl 莫而在法，Neumann 諾曼在英，Hirth 希兒特在美。 十八世紀至十九世紀之初，德人之研究中國學術，不過當作嗜好品而已，如 A. v. Humboldt 洪波德亞力山大（1769—1859）之對於地理：W. v. Humboldt 洪波德威廉，Steinthal 石坦他而之對於語言；Goethe 歌德，Schiller 席未兒，Rueckert 呂克特之對於詩。 及至 Plath 卜拉特，Gabelentz 甲板連孜（1893歿），Grube 葛祿伯（1908歿）等的貢獻出世，考究精密，就漸漸創立科學的中國學。今舉這三人的名著如次：卜拉特：中國古代的家庭情形1862；中國古代的法律1865；中國古代的戰術1872。 甲板連孜：中國古文文法1881。 葛祿伯：Zur Pekinger Volkskunde 北京民俗考1901；Geschichte der chinesischen Literatur 中國文學史 1902；Chinesische Schattenspiele中國傀儡戲1915。 歐戰後數年之內，要算 August Conrady 孔好古（1864—1925）爲歐美中國學者之鉅子。他以極廣博的知識，並很謹密的方法，來治這個新起的科學。他始將中國文化，列於世界史之中，使世人不至誤會或漠視中國古代的文明。他的著作甚多，可惜付印出版的還少，其範圍略大者有：「中國」1910；「樓蘭」1920。 德國目今的中國學家還有：Fr.

中國學大家孔好古先生

Hirth 希兒特（中國之研究 1890.,匈奴之研究 1901.,中國上古史 1908）,O. Franke弗郎克（東亞的新現象1911.,春秋的問題19.0）,A. Forke 福兒克（Bluethen Chinesischer Dichtung 中國詩之華 1899.,墨子1922）, O. Muensterberg 明士特兒白克（中國美術史1910/12）, Anna Bernhardi 貝恩哈兒地女士:陶淵明1912。 德國大學有中國學講座者共有四處，即柏林，Leipzig萊卜齊，Hamburg漢堡，Frankfurt a. M. 佛郎府（佛郎府大學之有中國學，乃是1924年 R. Wilhelm 尉禮賢創辦的）。

8.奧國。 Pfizmaier非次勸埃兒選譯史記等書頗多。Rosthorn羅士洪（中國史1923）與 Zach 查哈，亦頗聞名。

9. Tschechoslowakei 捷克斯拉夫。 Dvořac 杜火拉克:孔子及其學說1895。Haloun 哈勞恩:中國古代氏族考1923。

10.比利時。 C.de Harlez 德哈来次:儀禮1890.,國語1894.,

萊卜齊大學東亞研究院工作室之一

易經1897；孔子家語1899。

11.希臘。M. Palaiologos（Paléologue）帕來俄洛哥士：L'Art Chinois 中國美術1887。

12.瑞典。Bernhard Karlgren 卡兒格倫（Upsala烏卜沙拉大學第一個中國學家）：Analytic Dictionary of Chinese and Sino-Japanese 中文與中日文分析字典1923。

13.美國（附一）。著名的中國學者爲 Wells Williams威廉士，W.W.Rockhill 羅克希而（1914歿），而 Berthold Laufer 勞非兒(任職於 Field-Museum in Chicago 詩家谷著)有：Jade 玉考1912。此外有德人 Hirth 希兒特曾在 Columbia-University 可倫比亞大學，Forke 福兒克曾在 Berkeley-University California 舊金山貝克力大學。

現在將德國最近數年的出版物，擇要分類開列於下：

1. 普通的。 E. Erkes 埃兒克士：中國1919。 H. Driesch 杜里舒：遠東1925。 W. Oehler 奧未兒：中國之警醒1925。 沈怡與 Stadelmann 石他德而曼合著：中國及其建設計畫1925， R. Wilhelm 尉禮賢：中國魂1926；中國文化史1928。

2. 歷史。 F. E. A. Krause 克勞色：東亞史1925。

3. 宗教。 克勞色：儒道佛1924。 奧未兒：中國與基督教會1925。

4. 哲學。 H. Haas 哈士：孔子與老子的格言1920。 Forke 福兒克：墨子1922，古代中國哲學1927。 尉禮賢：孔子1925。

5. 美術。 E. Boerschmann 白史曼：中國建築術與風景1923。

6. 文藝。 Voitsch 渦乙次：白居易詩選1924。 鄭壽麟S.L. Cheng：中國婦女1926。

7. 辭典。 W. Ruedenberg 呂登白克：中德辭典 1924。

8. 雜誌。 東方語言學院年報，自1898年始。 Ostasiatische Zeitschrift東亞年報，1912始。 Ostasiatische Rundschau 東方輿論，1920始。 Asia Major 大亞細亞，1923始。 中國學藝雜誌，1925年尉禮賢創辦。

參考：明史

鄭壽麟 S. L. Cheng：德國志略第二十章

O. Franke 佛郎克：Die sinologischen Studien in Deutschland 德國的中國學（見Ostasiatische Neubildung 東亞的新現象357—377頁）

E. Erkes 挨兒克士與 B. Schindler 辛特未兒合作：Zur Geschichte der europaeischen Sinologie 歐洲的中國學史略（東亞年報1917年份105—115頁）

A. Reichwein 萊希外因：China und Europa im 18. Jahrhundert 十八世紀之中國與歐洲1923

第四章　中國民族與文化由來的問題

Das Problem vom Ursprung der Chinesen und der chinesischen Kultur

中外人士，討論漢族由來的問題，自來紛紜不一；今試將歐洲學者，對於這個問題所發表過的學說，略舉於下：Richthofen 李希和芬根據中國人，印度人與亞拉伯人都有相同的天文，就主張世界民族之由來，有共同的地點；這個地點，即是「Turanische Steppe 土蘭荒野」。後來由此地有一些往西，遷到Euphrat 倭夫拉特及Tigris 提克里士二河流域；有一些往東，遷住於黃河流域。這個思想，有許多人（如P. Rohrbech 羅兒巴」哈，de Harlez 德哈未次），很表示贊同。李希和芬又說：中國文化的原始，除耕種與製絲之外，都不是在本土發生的。其發源地乃是「Tarim-Becken 他林盆地」。（在Ce-ntralasien 中亞細亞）的西部。就世界全體而論，則在 Khotan 可坦

（東 Turkestan 土耳其土坦），纔有第一次的文化發展。以後便從 Oxus俄克穌士同 Yaxartes 亞克沙兒特士向西傳播到波斯，Chaldaea 卡而德亞與歐洲；向東就傳播到印度。那些往東的民族，管轄淮河與黃河的地方。而中國民族，就是由本部土人與西來的分子組成的；他們的進化發達，從此就概屬獨立自動。李希和芬的學說，很受 Charlmers 查兒美士（The Origin of early Chinese Civilization，Hongkong 1866）及 T.de Lacouperie 拉庫不里（Western origin of early Chinese Civilization，London 1894）的攻擊。不過拉庫不里之主張中國文化由巴比倫傳來，因其引證欠當（見本書第二章），所以他的學說亦無可取。李希和芬又根據書經禹貢所載，以爲唐堯之時，中國人所住的地方，必近弱水與黑水。而這兩條水，他認爲在甘肅省。但這二水所在的地方，究竟無從稽考，並且後來 Rosth-orn 羅士洪（Die Ausbreitung der chinesischen Macht nach Suedwesten

；1895）及 E. H. Parker 帕見克(Ancient China simplified.,1908)所研究的結果，又和他的說法不同。所以李希和芬的學說，就完全不可信用了。 Davis 德章士認中國人是由印度來的，因爲印度的Manu法書之中，有一種族叫做 Tschina 其那人（與 China 近似），是從印度被驅逐出來的。而其那人，他就認爲是支那（中國）人。（見 Journ. Asiat. Soc. 1923）。 至於說中國文字是由埃及的Hieroglyphe 象形文字生出的，這亦是常經討論的問題。De Guignes 德金士根據此說，且認中國爲埃及的殖民地（見德金士：Memoire dans lequel on prouve qes Chinois sont une Colonie Egyptienne; Paris 1759）。但除象形文字之外，兩方民族，皆無相同之點。而文字和語言的關係，在兩種民族，方且不同。所以若說中國與埃及有密切的關係，這是不可通的。 Legge 来格 (Shu-king Ptolegomena 189頁）認堯時的洪水，即是舊約挪亞時的洪水（創世記七至八章）。

而最早的中國人，乃是當巴別變亂口音之後（創世記十一章），由北方來的，後來就漸漸佔住今日的地方。「穆天子傳」有周穆王到崑崙會西王母的故事，而 Forke 福兒克遂認西王母卽示巴女王（見舊約列王紀上十章），因此又主張華族從西來，這亦是很牽强的說法（Mu-Wang und Koenigin von Saba. Mitteilungen des Seminars fuer Orient. Sprachen, VII, 1904）。除此種種學說之外，還有一些相反的說法，如 Pauthier 包提兒就主張中國文字之西去，因經 Scythia 斯曲提亞族的介紹，所以從中國文字生出 Keilschrift 楔形文字（Memoire sur l' origine et la propagation de la doctrine du Tao; Paris 1831）。 H. J. Allen 亞侖却主張中國人是從西南方來的，因爲中國人與南方民族（如馬來人，暹羅人，安南人），人種相似。 最後 A. Conrady 孔好古（China 479—482頁）排斥衆家之說，而證實中國人生長在中國本土，並且在黃河一帶。中國文化亦由本土發源。而中國又且是各印度支那族的故鄉。總之中國的典籍，對於這些學說，都無確切的證據。當初 Jesuit 耶穌社員很愛用基督教的意義，去解釋中國的思想；並且從古書裏頭，要尋出同聖經相符的地方。譬如 P. Amyot 亞米俄特就說：道的屬性，所謂夷，希，微者（老子十四章），卽是與 Trinitaet 三位一體（三寶）相符，而 A. Remusat 雷米沙特又認夷希微三字爲 Jehova 耶和華的譯音。（餘參看本書第二章—）

參考：A. Conrady 孔好古：China 中國 1910

F. E. A. Krause 克勞色：Geschichte Ostasiens 東亞史，第一冊 1925

Richthofen 李希和芬：China 中國，第一冊 1877

白河次郎，國府種德合著：中國文明發達史

第五章 中西樂理的比較

Vergleiche zwischen chinesischer und europaeischer Musiktheorie.

音樂在哲學中的位置。

若說音樂有調和人類性情的能力，我們或許可以相信。至於音樂如何能與哲學發生關係呢？更如何能在哲學之中佔一個位置呢？我們對於這個問題，先要得着答覆。原來自從十八世紀以後，哲學家之流，如 Baumgarten 包姆伽吞（1714—62），Sulzer 蘇而册兒（1720—79），Mendelssohn 孟德而松（1729—86），Tetens 特呑士（1736—1805）等，都承認人類有三種精神能力：

認識能力（知）……別眞僞……認識價值（理論的）……理論哲學
需要能力（欲）……別善惡……道德價值（實用的）……實用哲學
感情能力……別美醜……審美價值……美的哲學（美學，審美學）
（以上三者）哲學

凡研究認識價值的理論哲學，研究道德價值的實用哲學，與研究審美價值的美學，都是包括於哲學的範圍之內。美學既是研究審美價值之學問，而表現美的媒介品，可以有種種，如語言，形容，聲音，舉動諸類皆是，因此美術的門類，亦可以按媒介品而分配：

藉語言而有……語言的美術 redende Kunst(如口才，詩藝，詞章)

藉形容而有……形成的美術 bildende Kunst （雕刻，建築，畫）

藉聲音而有……感情玩戲的美術 Kunst des Spiels der Empfindungen（音樂，歌唱）

藉舉動而有……表演的美術 darstellende Kunst(戲劇，跳舞)

我們由此就曉得音樂乃是哲學中的美學之一部分，其究竟亦與哲學很有關係。試觀現代哲學發達的國家（德國！），絕不忽視音樂；所以德國音樂界的人才輩出，如 Bach 巴哈，Beethoven 貝托文，Mozart 莫查兒特，Wagner 瓦格內兒等，都享莫大的榮譽。反之則音樂對於文化與社會的影響，亦是非常之大的。而古代最文明的國家，如西方之希臘，如東方之中國，亦未嘗不是如此。

中國音樂發生之早。 中國音樂之原始，其年代雖不可考，但我們可以曉得他必是很早的，古籍所保存者，有六個樂舞(Tanz musik)的名目（參考左傳，襄公二十九年，鄭康成註周禮官地之六樂）：

雲門(大卷)…黃帝(紀元前2704—2595)的樂舞
大咸(咸池)…唐堯(紀元前2357—2258)的樂舞
大韶(大磬)…虞舜(紀元前2255—2206)的樂舞
大夏…夏禹(紀元前2205—2198)的樂舞
大濩…商湯(紀元前1766—1754)的樂舞
大武…周武王(紀元前1122—1116)的樂舞

後世對於這些樂舞的緣起及用途，都未曾加以研究，據我的揣測，以爲這些都是各代部落克服敵人之後所製的戰勝凱樂（參考周禮夏官，師有功…）。這種事實，試考察各方民族，無論其在古今，或爲文野，確是有證據的。

音樂在中國古代社會之影響。

我們根據書經，詩經，周禮

，禮記，左傳，管子，墨子，荀子，呂氏春秋，淮南子諸古籍，就可以斷定周朝的文明，除禮之外，乃最注重於音樂。（禮樂二字，常是聯絡舉用的）。所以當時的音樂程度，比較的甚是高尚，而樂器亦很發達。音樂之對於中國古代的社會，曾經發生極大的影響。這是有許多事實可以證明的，例如： 1.據周禮地官所載，則樂居六藝中的第二位：「保氏……養國子以道，乃敎之六藝。一曰五禮，二曰六樂，三曰五射，四曰五馭，五曰六書，六曰九數。」所謂六樂者，卽上面所舉的六種樂舞。 2.若師有功，則左執律，右秉鉞，以先愷樂，獻於社（周禮夏官——參看上面六樂的解釋！）。3.改玉改行（國語，周語，中）。這是古時的一句俗語，其解釋要參考禮記，玉藻：「古之君子必佩玉，右徵角，左宮羽……」（玉佩在腰間，隨行動之遲速，而響聲不同）。 4.孔子在齊聞韶，三月不知肉味（論語，七章）；可見當時音樂勾攝精神的能力。 5.

書經與詩經，所引用的樂器名甚多，並且每每用音樂以作比喻，例如：琴瑟友之（詩，周南，關雎）；妻子好合，如鼓瑟琴（詩，小雅，常棣）；農夫之慶，琴瑟擊鼓（詩，小雅，甫田）。（今有「知音」等於「知己」。德國語言，亦有許多詞意，是從音樂方面假借來的，如：Einklang, Missklang; Stimmung, Verstimmung; harmonische Ehe）。不僅如此，古代對於音樂，並且已經想出種種極精微的理論（參考：禮記，樂記；荀子，樂論等）

樂的定義，八音五聲之說明。說文：「樂，五聲八音總名，象鼓鞞木虡也」。照這個定義，就可以說：樂即是聲音的美術Tonkunst。

至於五聲八音的配搭，在古書中，似乎是固定的，例如：書經，帝典：八音克諧。

又，益稷謨：予欲聞六律五聲八音。

周禮，春官：大司樂以六律六同五聲八音。

又，大師……皆文之以五聲，……皆播之以八音。

前漢書，律歷志：五聲和，八音諧。

八音是取八種日用品的音。周禮，春官，大師：「皆播之以八音：金，石，土，革，絲，木，匏，竹。」將這八種物品，製成八樣樂器。前漢書律歷志：八音：土曰塤，匏曰笙，皮曰鼓，竹曰管，絲曰絃，石曰磬，金曰鐘，木曰柷。何謂五聲？周禮，春官，大師：「皆文之以五聲：宮，商，角，徵，羽」。

五聲次序之由來，五聲相生法。　宮商角徵羽五聲，何以有這個次序呢？這並非偶然的，其間實在有來歷的。原來五聲之中，以宮為基音 Grundton，其數假定為9.因便於推算起見，就以 $9\times9=81$；由宮之數起始，以$\frac{1}{3}$更相減加，就得出其餘的四聲。這個五聲相生法，可見於管子（五十九篇），史記（律書）等書。

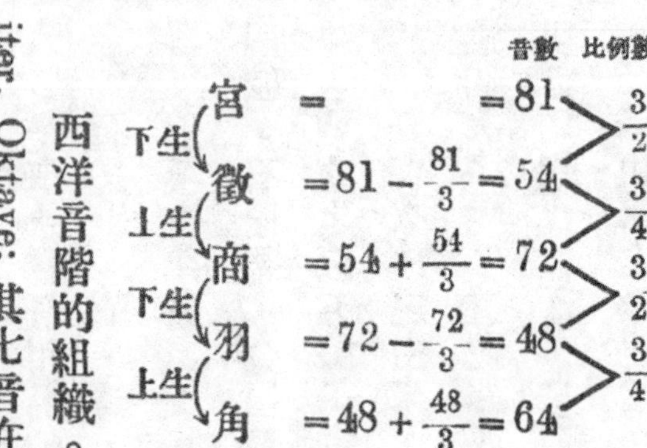

若依音數之大小而排定，當然得着宮商角徵羽的順序。而音數同音度 Tonstaerke 有什麽樣的關係呢？蓋音數大，則其聲低而重濁；音數小，則其聲高而清銳。所以五聲自宮至羽，乃是從低聲漸進至高聲，成爲一個音階。

西洋音階的組織。

西洋近代樂制，凡七音爲一音階 Tonleiter, Oktave；其七音在德國爲 c d e f g a h. 樂譜寫法：

c d e f g a h

七音之中，C爲基本音，各音物理的比例數如次：

各稱	Prime	Sekunde	Terz	Quarte	Quinte	Sexte	Septime	Oktave
	第一音	二	三	四	五	六	七	八
	c	d	e	f	g	a	h	c^1
比例數	1	$\frac{9}{8}$	$\frac{5}{4}$	$\frac{4}{3}$	$\frac{3}{2}$	$\frac{5}{3}$	$\frac{15}{8}$	$\frac{2}{1}$

今舉例以說明比例數的意義：

若基音C擺動 Schwingen 2次，則第五音G要擺動3次；

若基音C擺動 1次，則第五音G要擺動$\frac{3}{2}$次；

若基音C擺動 1次，則第八音$\dot{C}$要擺動2次。

現在又看中國五聲的比例數，則知$\frac{3}{2}$爲西樂的上第五音 obere Quinte，$\frac{3}{4}$爲下第四音 untere Quarte。如今照西樂的說法，我們要求五聲須從基音出發，更迭調準 Stimmen 其上第五音及下第四音。可以圖表如次：

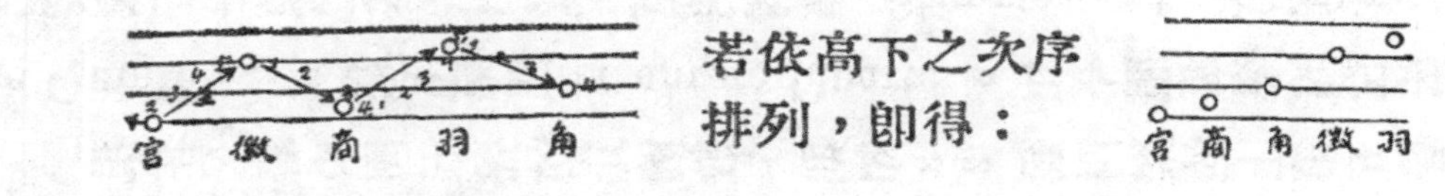

若依高下之次序排列，即得：

宮 商 角 徵 羽

照此表亦得同樣的順序。這個順序，並非依相生之先後，而是以漸減的音數與漸高的音度爲根據。

五聲與西樂音階之比較。　中國樂的五聲與西樂音階比較起來，同其中何音相符，這可以從比例推測出來的：

宮 $= \frac{81}{81} = 1 =$ c

商 $= \frac{81}{72} = \frac{9}{8} =$ d

角 $= \frac{81}{64}$ 約 $=$ e（原來e $= \frac{5 \times 16}{4 \times 16} = \frac{80}{64}$）

徵 $= \frac{81}{54} = \frac{3}{2} =$ g

羽 $= \frac{81}{48}$ 約 $=$ a（原來a $= \frac{5 \times 16}{3 \times 16} + \frac{80}{48}$）

據此則中樂之宮，商，角，徵，羽；卽符合西樂音階中之 c, d, e, g, a. 而其間尙缺 f 與 h 兩音，這是甚可注意的。

自然宗敎的玄秘。

聲何以有五？這事實的究竟，不可得而稽考，古書說五聲是配合五方，五行，五色之類。這是一種自然宗敎的玄秘，中國學者賴以發揮天人相與之旨。今據管子九篇，禮記月令，呂氏春秋，淮南子卷三等而表明五方，五行諸類的相配如下：

五方：	東	南	中	西	北
五時：	春	夏	肅	秋	冬
五行：	木	火	土	金	水
五氣：	燥	陽	和	溼	陰
五味：	酸	苦	甘	辣	鹹
五數：	八	七	五	九	六

五色：青赤黃白黑

五聲：角羽宮商徵

（禮記：南方配徵聲，北方配羽聲）

黃鐘之制及功用。　五聲以宮爲基本。而宮聲在實際是如何得來的呢？他是從一根竹管所發的聲音。這根管子取名叫黃鐘。他不單是十二律的基本；而中國古時度量衡的制度，亦是以黃鐘爲標準。　發明黃鐘與十二律的人，據呂氏春秋（卷五古樂篇），說苑（修文篇），前漢書（律歷志）所載，都說是黃帝的臣子伶倫。黃鐘之管，其長九寸；直徑三分，圍九分（九分之數不甚準確，因 $3\times\pi>9$）。　黃鐘與宮之數均爲九，則九之數在古時亦當有來歷，惜已不可考核確實。今舉宋時蔡沈「律呂新書」的玄秘說，以助解釋：按天地之數，始於一，終於十；其一，三，五，七，九爲陽。九者陽之成也。……黃鐘者，陽聲之始，陽氣之動也，故數爲九。

至於黃鐘與度量衡的關係則如次：

度：黃鐘之長（九寸）分作9×10＝90段.

每段爲1分,10分＝1寸,10寸＝1尺,10尺＝1丈,10丈＝1引.

量：黃鐘容積,可裝黍1200粒,此容積稱爲1龠.

10龠＝1合,10合＝1升,10升＝1斗,10斗＝1斛.

衡：1200黍粒的重量爲12銖.

2×12(＝24)銖＝1兩,16兩＝1斤,30斤＝1鈞,4鈞＝1石。

由此觀之，則黃鐘在中國古代文化，確是一件極重要的物品。而史記樂書曰：「六律爲萬事根本焉」。前漢書律歷志亦說：「黃鐘所以爲萬事根本。」

十二律之相生法。 以黃鐘爲基本之管，而生出其他十一律管，共稱爲十二律。其相生的次序及規則如次：黃鐘生林鐘，林鐘生太簇，太簇生南呂，南呂生姑洗，姑洗生應鐘，應鐘生蕤賓，蕤賓生大呂，大呂生夷則，夷則生夾鐘，夾鐘生無射，無射生仲呂。三分所生益之一分以上生，三分所生去其一分以下生；黃鐘，大呂，太簇，夾鐘，姑洗，仲呂，蕤賓爲上；林鐘，夷則，南呂，無射，應鐘爲下（見呂氏春秋卷六，音律）。 今既知黃鐘之長爲九寸，則其餘十一律，可照此例推算。

黃鐘 = 9 → 林鐘 = $9-\frac{1}{3}9=6$

太簇 = $6+\frac{6}{3}=8$ → 南呂 = $8-\frac{8}{3}=5,3$

姑洗 = $5,3+\frac{5.3}{3}=7,1$ → 應鐘 = $7,1-\frac{7.1}{3}=4,7$

蕤賓 = $4,7+\frac{4.7}{3}=6,3$

大呂 = $6,3+\frac{6.3}{3}=8,4$ → 夷則 = $8,4-\frac{8.4}{3}=5,6$

夾鐘 = $5,6+\frac{5.6}{3}=7,4$ → 無射 = $7,4-\frac{7.4}{3}=4,9$

仲呂 = $4,9+\frac{4.9}{3}=6,6$

若依十二律的長短而排列，可得略圖如下：

Ⅰ 黃鐘	Ⅱ 大呂	Ⅲ 太簇	Ⅳ 夾鐘	Ⅴ 姑洗	Ⅵ 仲呂	Ⅶ 蕤賓	Ⅷ 林鐘	Ⅸ 夷則	Ⅹ 南呂	Ⅺ 無射	Ⅻ 應鐘
9	8.4	8.0	7.4	7.1	6.6	6.3	6.0	5.6	5.3	4.9	4.7

比例尺：4mm＝1寸

中國舊例分十二律爲六陽六陰，其居奇數的（黃鐘，太簇等）爲陽聲，居偶數的（大呂，夾鐘等）爲陰聲，一陽間一陰。陽者稱爲六律，陰者稱爲六呂。統稱爲十二律，或簡稱六律而不並稱呂。（例如：書經，益稷謨：予欲聞六律……，周禮春官，大司樂：以六律……；史記樂書：六律爲萬事根本。）

若將十二律依次佈置於一圓的周圍，就可以看出「隔八相生」

之法。

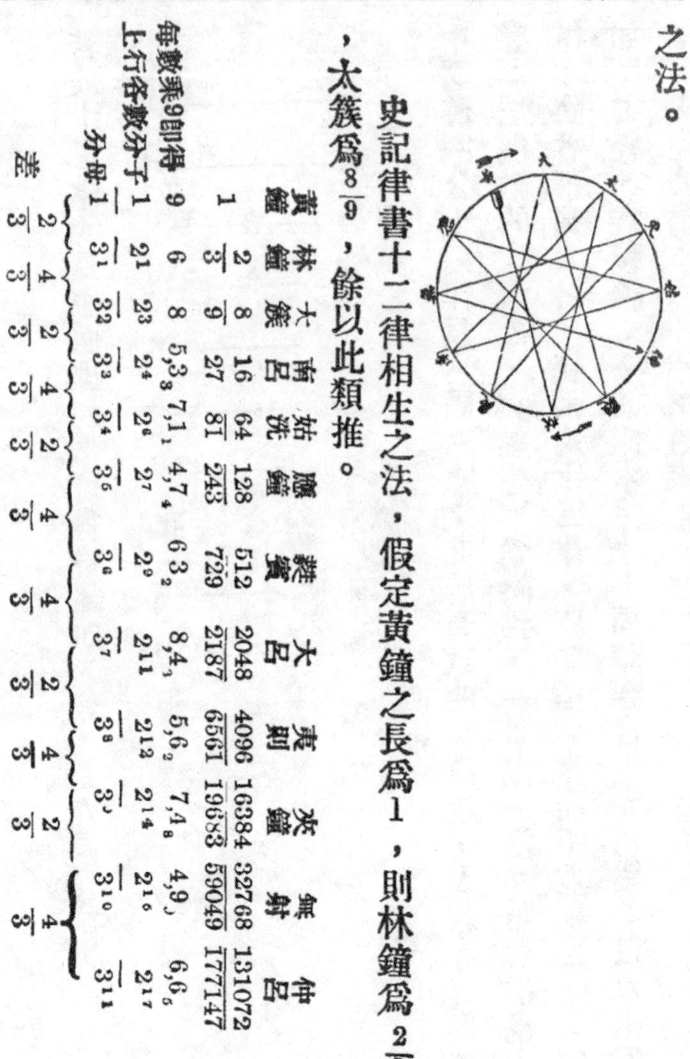

史記律書十二律相生之法，假定黃鐘之長爲1，則林鐘爲$\frac{2}{3}$，太簇爲$\frac{8}{9}$，餘以此類推。

	黃鐘	林鐘	大簇	南呂	姑洗	應鐘	蕤賓	大呂	夷則	夾鐘	無射	仲呂
	1	$\frac{2}{3}$	$\frac{8}{9}$	$\frac{16}{27}$	$\frac{64}{81}$	$\frac{128}{243}$	$\frac{512}{729}$	$\frac{2048}{2187}$	$\frac{4096}{6561}$	$\frac{16384}{19683}$	$\frac{32768}{59049}$	$\frac{131072}{177147}$
每數乘9即得	9	6	8	$5,3_8$	$7,1_1$	$4,7_4$	$6\ 3_2$	$8,4_3$	$5,6_2$	$7,4_8$	$4,9_9$	$6,6_5$
上行各數分子／分母	$\frac{1}{1}$	$\frac{2^1}{3^1}$	$\frac{2^3}{3^2}$	$\frac{2^4}{3^3}$	$\frac{2^6}{3^4}$	$\frac{2^7}{3^5}$	$\frac{2^9}{3^6}$	$\frac{2^{11}}{3^7}$	$\frac{2^{12}}{3^8}$	$\frac{2^{14}}{3^9}$	$\frac{2^{16}}{3^{10}}$	$\frac{2^{17}}{3^{11}}$

差：$\frac{2}{3}$　$\frac{4}{3}$　$\frac{2}{3}$　$\frac{4}{3}$　$\frac{2}{3}$　$\frac{4}{3}$　$\frac{4}{3}$　$\frac{2}{3}$　$\frac{4}{3}$　$\frac{2}{3}$　$\frac{4}{3}$

試觀差數，就可知此法與上面所說的五聲下生上生法相彷彿。

五聲與十二律之配合。　十二律管長短之比較既如上述，而每管所發的聲，其音程Intervall的比例，則與管長之比相反。即黃鐘$=\frac{1}{1}$，林鐘$=\frac{3}{2}$，太簇$=\frac{9}{8}$，南呂$=\frac{27}{16}$，姑洗$=\frac{81}{64}$.

今以黃鐘之音爲宮，則五聲應合何律，自不難推測。

宮 $= 1 =$ 黃鐘

商 $= \frac{9}{8} =$ 太簇

角 $= \frac{81}{64} =$ 姑洗

徵 $= \frac{3}{2} =$ 林鐘

羽 $= \frac{81}{48} = \frac{27}{16} =$ 南呂

變聲之發明。　宮，商，角，徵，羽（黃鐘，太簇，姑洗，林鐘，南呂）既成音階，後來的人，必是覺得角—徵同羽—宮之間音程距離太大，所以就添上兩個新聲。在角—徵之間的叫做變徵；在羽—宮之間的叫做變宮。其生法可以從五聲之相生繼續下去。

宮 $= 81$

下生 徵 $= 54$

上生 商 $= 72$

下生 羽 $= 48$

上生 角 $= 64$

下生 變宮 $= 64 - \frac{64}{3} = 42{,}7$

上生 變徵 $= 42{,}7 + \frac{42{,}7}{3} = 56{,}9$

照數的大小排列起來，就得順序如右：

1. 宮 = 81
2. 商 = 72
3. 角 = 64
4. 變徵 = 56,9
5. 徵 = 54
6. 羽 = 48
7. 變宮 = 42,7

變徵與變宮應合十二律中何音，又與西樂音階何音相符，可以推算如下：

$$變徵 = \frac{81}{56,9}(=1,423) = 蕤賓 = \frac{729}{512}(=1,423)約 = fis = 1,414$$
$$變宮 = \frac{81}{42,7}(=1,897) = 應鐘 = \frac{243}{128}(=1,897)約 = h = 1,888$$

見Winkelmann 文克而曼：Handbuch der Physik 物理學第二册，219頁！

現在我們就完全得着中國七聲的標準音階：

宮	商	角	變徵	徵	羽	變宮
黃鐘	太簇	姑洗	蕤賓	林鐘	南呂	應鐘
c	d	e	fis	g	a	h

這一個音階或「七音調」是用黃鐘爲宮聲；若更以十二律旋相爲宮，就可以得出 12×7=84 種的七音調。若將這八十四種調子，完全寫出，就得着一個很長的表。（見蔡沈：律呂新書）。現在可用一個簡便的方法，以規定聲律之配合如何，並省去極大的厥煩工作。

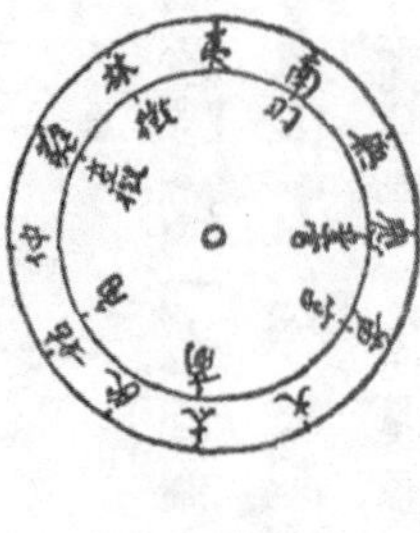

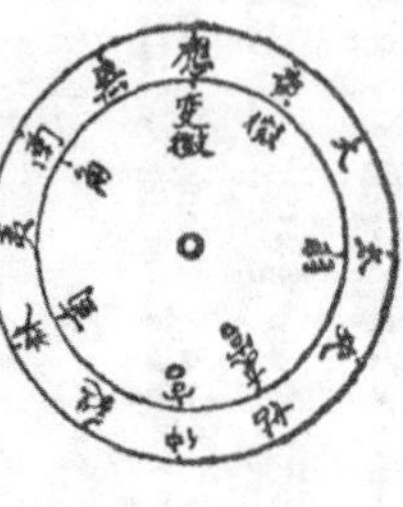

其法將七聲與十二律各寫在圓紙片之上。將兩片重疊起來，以軸貫其中心，使上面圓片寫着七聲的，能够旋轉自如。第一圖示黃鐘之宮。此宮調以宮爲基音，以黃鐘爲宮；用黃鐘起調，黃鐘畢曲。視圖中宮聲置於黃鐘之位，其餘各聲律配合如下：

宮	商	角	變徵	徵	羽	變宮	宮
黃鐘	太簇	姑洗	蕤賓	林鐘	南呂	應鐘	黃鐘

第二圖示仲呂之羽。此羽調以羽爲基音，以仲呂爲宮；用太簇起調，太簇畢曲。上片宮聲置於仲呂之位，看羽聲則適應太簇。各聲律

配合如下：

羽	變宮	宮	商	角	變徵	徵	羽
太簇	姑洗	仲呂	林鐘	南呂	應鐘	黃鐘	太簇

中西文化之巧合。 試考中國音階由五聲而增爲七聲的時代，約在紀元前第六世紀。這事可以由幾處記載推想出來的。 國語（周語）記周景王（紀元前541－520）問伶州鳩曰：「七律者何？」早先有六律之名，以代表十二律（見書經，益稷謨；周禮春官，大司樂）。至周景王時發現七音，以七律配之。其發生必不甚久，而景王未知其詳，所以探問於臣下。韋昭（紀元後第三世紀）注云：……意謂七律爲音器，用黃鐘爲宮，太簇爲商，姑洗爲角，林鐘爲徵，南呂爲羽，應鐘爲變宮，蕤賓爲變徵。 「七音」之名稱，在左傳始見於昭公二十年及二十五年。而昭公在位的年代，卽紀元前541—510；與景王同時。 戰國策（燕）記荆軻入秦之事；臨行之

時，「高漸離擊筑，荆軻和而歌爲變徵之聲。…復爲慷慨羽聲」。按荆軻歿於紀元前227年。而變音的曲調，在民間必早已傳習精熟，方能應用。再考希臘的音階，起初亦只有五聲 Pentatonik 及至 Pythagoras 皮他哥拉氏，方纔發明七音。而皮他哥拉氏的時代，是紀元前580—500，亦正在第六世紀。皮他哥拉氏七音的比例，亦與中國七音大致相同。二音階比較如下：

皮他哥拉氏音階	c	d	e	f	g	a	h	c^1
	1	$\frac{9}{8}$	$\frac{81}{64}$	$\frac{4}{3}$	$\frac{3}{2}$	$\frac{27}{16}$	$\frac{243}{128}$	2
中國音階	c	d	e	fis	g	a	h	c^1
	1	$\frac{9}{8}$	$\frac{81}{64}$	$\frac{729}{512}$	$\frac{3}{2}$	$\frac{27}{16}$	$\frac{243}{128}$	2

見 Winkelmaun 文克而曼物理學第二册213頁

中國用的定音器是竹管，而希臘用的是絲絃（Monochord），這倒是兩方不同的法子。中國與希臘的音階，同時由五聲變爲七聲，這是很巧合的事實。而皮他哥拉氏的哲學思想，亦有許多與中國古時觀念相符的地方（見本書第六章）。學者因此就有種種說法：Amiot 亞米俄特說是皮他哥拉氏曾經到印度，或者亦到過中國。所以學了中國的思想同音階。Chavannes 沙萬士則以爲中國七音之制，是希臘人在亞力山大王東略亞洲時（紀元前334），經過印度而傳到中國的。

我們若果承認中國與希臘的七音，差不多是同時發生的，則在短期間要由此傳彼，是不可能的；況且皮他哥拉氏曾否到過中國，正是一個疑問呢。而亞力山大王之東征，爲時太晚。所以亞米俄特與沙萬士二說均不切事實。依我的意見，紀元前六世紀的中國與希臘文化，必在某個地點，有接觸的機會。這個地點，大概總是印度。因爲印度亦有七音（叫做：sa, ri, ga, ma, pa, dha, ni）；而且紀元前四世紀，中國就分明有印度的影響；紀元後一世紀，又有佛敎之輸入。（見本書第二章！）。

中國樂譜之記音法與中國樂不進化之原因。中國的音調，始終是單音的 monoton。西樂則於九世紀之後，已由單音漸進而爲複音，數音齊鳴而成諧和 Accord, Harmonie。所以叫西人的耳朶來聽中樂，自然覺得太簡單了。中國不能發明複音的諧和，所以音樂亦不能進化。又考中國樂譜，從古代卽用宮，商……，或黃鐘，大呂，……等字以記音（有如梵文，希臘，拉丁譜之用字母）。此法到明清之間，依然保存。今舉一例如下：

明世宗嘉靖（1522—66）御製樂章譜，大祈穀獻茶樂凝和之曲（調爲仲呂之羽；卽仲呂爲宮，用太簇起調，太簇畢曲）

曲詞：　　　　采采丹萌　淪以元泉　品邁六淸　昭薦法筵

樂譜：　　　　太南林仲　太仲林仲　南林仲太　黃太仲太

　　　　　　　願垂洪眷　鑒我恭虔　沾漑芳甸　迄用康年

　　　　　　　潢南林仲　南林仲太　潢南林仲　南林仲太

約自唐代以後，或許覺察這些字體太繁而書寫不便，就換以上，尺，工，凡，六，五，乙等較簡易的字。而今學校之中，更用1, 2, 3, 4, 5, 6, 7等數字以記音，而此七數的讀法，則照意大利的音階，讀作do, re, mi, fa, sol, la, si。這個法兒，或者是最近幾百年西洋的敎士傳來的。或說這個簡譜是美國人 Mason 馬生（1792—1872）所創製，後來傳到日本，由日本纔傳到中國。而在西樂之中，却非通行而有價値的譜。總之凡中國所用這些字的樂譜，都是太過於簡陋；既不能適合於複音，復不能準確表示音的高低及音調之升降。這又是中樂不能發展的原因。西洋則於九世紀已發明橫線譜。逐漸改良演進，而得到今日的盛況。觀其記音如何方便，如何自由，又如何精確；若與簡陋的字譜相比，眞是不可同日而論了。

參考：書經。

詩經。

周禮。

禮記；月令，樂記。

左傳。

國語，周。

戰國策，燕。

史記；樂書，律書。

前漢書，律歷志。

管子；九篇，五十八篇。

荀子，樂論。

呂氏春秋；卷五，古樂；卷六，音律。

淮南子，卷三。

蔡沈：律呂新書。

朱載堉：律呂精義。

古今圖書集成，樂律典。

王光祈：東西樂制之研究（中華書局）1926。

J. A. van Aalst 亞而士：Chinese Music 中國音樂 1884。

M. Amiot 亞米俄特：De la musique des Chinois 中國音樂1779 (Mém. conc. les Chinois VI 1780)。

E. Chavannes 沙萬士：Des rapports de la musique Grecque avec la musique Chinois 希臘與中國音樂 (Memoires historique 史記譯本第三冊1898；第630—645頁)。

P. Deussen 杜生：Allgemeine Geschichte der Philosophie 哲學通史，第一冊，三版 1908。

A. J. Ellis 埃力士：Ueber Tonleiter in China 中國音階 (Sammelbaende fuer Musikwissenschaft 樂理叢書，1922第一冊，54—62頁)。

E. Fischer 菲色兒：Beitraege zur Erforschung der chinesischen Musik 中國音樂之研究 (Sammelbaende der internationalen Musikgesellschaft 萬國音樂會叢書 XII 153—206頁)。

A. Gladisch 格拉地施：Die alten Schinesen und die Pythagoreer 古時中國人與皮他哥拉派 1841。

Mueller 米萊兒：Einige Notizen ueber die japanische Musik 日本音樂考略（Mitteilungen der deutschen Gesellschaft fuer Natur-und Voelkerkunde Ostasiens 德國東亞學會叢刊，第一卷1873—76）。

H. Riemann 黎曼：Studien zur Geschichte der Notenschrift 樂譜沿革之研究 1878。

又 ：Handbuch der Musikgeschichte 音樂史 1904。

C. Sachs 沙克士：Musik des Altertums 古代音樂 1924。

Wagener 瓦格內兒：Bemerkungen ueber die Theorie der chinesischen Musik 中國樂理述略（德國東亞學會叢刊第二卷1876—80，第十二冊42—61頁）。

Winkelmann 文克而曼：Handbuch der Physik 物理學，第二冊1909，212—219頁。

第六章　古代中國與希臘哲學對照略表

Gegenueberstellung der antiken chinesischen und griechischen Philosophie。

中國與希臘的哲學，都成爲獨立的系統。希臘哲學興趣，從Thales 他未士發端以至 Demokrit 德莫克里特，爲時百餘年，都集中於宇宙問題，所以哲學史上稱爲 Kosmologische Periode 宇宙觀時期。自德謨克里特與 Sophisten 哲人之後，漸趨向人生問題，故哲學史上有所謂 Anthropologische Periode 人生觀時期。其關於宇宙的學識，在紀元後十五世紀，乃漸昌明光大，而造成西洋精密的自然科學。中國的哲學思想，偏重於人生問題，而關於宇宙，始終缺乏精確的認識。兩方哲學之進展雖則不同，却有許多思想與發明是相符的。今采集一些巧合的事實以資對照。

希臘	中國
	易　(始於伏羲．約在紀元前2852—2738) 以陰陽說明天道．
	洪範　(始於夏禹，紀元前2205－2198) 以五行爲天地人萬物的本原，更推演天人相與之理．
	尙書之中，多有三代至三代以上的訓誥，這些都是規範人生行爲的格言之類．
希臘哲學家，多出身於富貴的門庭．後世所傳的著述，概爲零碎殘文；獨柏拉圖與亞里士多德的著作，却幸完全保存．　著作多用詩體與對話．	中國哲學家，如管子，老子，孔子等，多曾爲顯官．後世所傳的著述，無論其爲眞作僞作，大都是篇幅宏富的書籍．著作多用詩體與對話．
	管子　725?—645 倫理政治大家！ 倉廩實則知禮節，衣食足則知榮辱． 禮義廉恥，國之四維；四維不張，國乃滅亡．(管子第一篇)
Thales 他來士624－545　以水爲宇宙的原始本質．	

Hylozo'smus 萬物有生論. (預言585年的日蝕. 認天爲空球. 知水利工程. 製距離測量尺) Anaximander 阿那克西曼德兒 610—547. 以 Aπειρον 無限爲宇宙原始,其性質爲不定不滅.其運動爲永久的. 由運動乃生物質:先有冷的,後有熱的;冷熱生水,水乾生氣及火球,火球散裂而生日月星. 生物進化說:由泥中初生魚形的生物,泥乾成陸地動物.而人的進化,需時最久.(曾製地圖,天文圖,日規) Anaximenes 阿那克西美內士 588—524. 以氣爲宇宙爲原始本質;氣鬆散則生火,凝結則生風,雲,水,土.宇宙生滅相更.(知月球受日光之照映.分別行星與恆星)	老子 生於604? 老子發明秩序的統系,以解釋天地人,而脫離混沌不定的思想.但所謂道,還是玄奧難解.有物混成,先天地生;寂兮寥兮,獨立而不殆,可以爲天下母.吾不知其名,字之曰道.…域中有四大…人法地,地法天,天法道,道法自然.(老子二十五章). 老子的「道」 可以比喻: Anaximander的Aπειρον, Heraklit 的λοζος, Anaxagoras 的νοῦς.
Pythagoras 皮他哥拉士 580—500. 以數爲宇宙原始. 發明七音,音程的組織 有數之	晏子 580-500. 操行尙儉樸.

比例(同時中國亦始有七音!)輪迴說(參看莊子!)水之數爲 2×3(中國:水配北方,其數爲六!)皮氏曾創教社於 Kroton 克羅通.門徒必勵行道德的生活,要節制,樸素,鍛煉身體,守法,敬神,忠信於父母及朋友.(發明幾何學中的皮氏定例,空虛之概念.知地與諸星爲光亮的大球)以白衣送喪(中國俗以白爲喪色!)

皮氏十種對照表	中國
1.界限—無界限	
2.奇數—偶數	☰乾 — ☷坤
3.一 — 多	— — --
4.右 — 左	左 — 右
5.男 — 女	男 — 女
6.靜 — 動	動 — 靜
7.直 — 曲	
8.光 — 暗	陰 — 陽
9.善 — 惡	
10.正方— 長方	天圓 — 地方

Xenophanes 克色諾法內士 570—480.詩人而兼哲學家.萬物有神論.神是不動不變,一而多的。

孔子 551 479. 創造儒家哲學系統。

Heraklit 黑拉克力特540-475

πάντα ῥεῖ 萬物皆變易 — 我們不能兩次踏到同一條河流裏頭，因爲新鮮的水不斷的流着(似佛家口氣!).

λόζος 理性爲萬物之本(?)

Parmenides 帕兒美尼德士 515—? 存在說.理性爲認識眞理之本.

Zenon 册儂490—430.辨證法.

Empedokles 恩丕多克耒士440—430. 宇宙萬象，由於混合及分析，而愛與恨爲原動力;並無所謂生與滅. 輪廻說. (修辭學創始者!) 四原素:火 水,氣,土.

Anaxagoras 阿那克沙哥拉士500—428. 自原始以來即有無量數之種子或本質.

νοῦς 爲原動力.

Demokrit德莫克里特470-370. 原子論，虛空的空間. 分子流出說,以解释知覺之由來.

有格言曰: 你若單獨的時候,亦莫說莫做下賤之事 對

墨翟 500–425. 兼愛說.

於己身的慚愧，要比較在人前爲甚！（參考中國；詩經，大雅，抑：相在爾室，倘不愧於屋漏．又俗語：不欺暗室！）	
Protagoras 卜羅他哥拉士 480—411．相對說。	
Juengere Sophisten 後輩哲人．極懷疑認識及道德的普遍效力．大都是巧辯之家（中國戰國時代，甚多說客雄辯之流）．	
Sokrates 蘇格拉底 470 399．概念之規定法．德行爲善．注重明哲（帝典曰：克明峻德．康誥曰：克明德．大學之道，在明明德）．「Ironie des Sokrates蘇格拉底的諷刺.」其詼諧活潑，一如孟子。	
Antisthenes 安提士特內士 440 - 370．創立犬儒學派．生活務求簡單至極．（可比道家，佛家，墨家，許行之輩）．	楊朱 440 360．爲我說。
Plato 柏拉圖427—347．觀念論．倫理學．創學院．哲學分類。 至善爲人世最高的觀	蘇秦 歿於317年；張儀歿於310年；公孫龍；惠施皆說客之流，善於雄辯。

念．大學之道，　在止於至善．

Aristo eles 亞里士多德 384—322。首創名學．

孟子　372—289．方法可比蘇格拉底．性善說．

莊子　歿於275年．萬物皆種也，以不同形相禪；始卒若環，莫得其倫，是謂天均（莊子二十七篇）．這是莊子的輪迴說，其中以天均爲比譬，更似印度的說法．

韓非子　歿於233年．法學．

荀子　310—230．性惡說．

參考：A. Conrady 孔好古：Indischer Einfluss in China 印度在中國之影響 1906（見本書第二章）。

P. Deussen 杜生：Allgemeine Geschichte der Philosophie 哲學通史：第一冊，三版 1908。

H. A. Giles 翟而士：Chinese Biographical Dictionary 中國人名辭典 1898。

A. Gladisch 格拉地施：Die alten Sohinesen und die Pythagoreer 古時中國人與皮他哥拉派 1841。

Th. Gompers 哥姆不兒次：Griechische Denker 希臘思想家，三冊 1909—12。

W. Grube 葛祿伯：Geschichte der chinesischen Literatur 中國文學史 1902。

K. Vorlaender 佛兒倫德兒：Geschichte der Philosophie 哲學史，五

飲冰室專集之八十六

中國文化史

社會組織篇

第一章　母系與父系

近世社會學者多言人羣之始。先有母系而後有父系。母系云者以母爲家族中心。子孫皆從母爲系屬也。現代尚有存其影響者。例如暹羅。此階級是否爲凡人羣所必經。是否爲我民族所曾經。今尚未得完證。然古籍中固有足供此問題研究之資者。

許愼五經異義述今文家經說云。『聖人皆無父。感天而生。』神話所傳。如華胥履人跡而生伏羲。（見詩含神霧及孝經鉤命決）安登感神龍首而生神農。（見春秋元命苞）女節感流星而生少昊。（見宋書符瑞志）女樞感虹光而生顓頊。（見山海經及詩含神霧）慶都感赤龍而生堯。（見春秋合誠圖）女嬉吞薏苡而生禹。（見吳越春秋及論衡）諸如此類。太史公所謂言不雅馴者。姑勿深論。至如商周之祖契稷。史家皆謂帝嚳之子。然玄鳥之詩曰。『天命玄鳥。降而生商。』長發之詩曰。『有娀方將。帝立子生商。』生民之詩曰。『厥初生民。時維姜嫄。』閟宮之詩曰。『赫赫姜嫄。其德不回。上帝是依……是生后稷。』此皆商周人祀祖廟之樂章。皆頌其妣而不及其祖。使商周果帝嚳之胤。詩人曷爲舍而不言。以吾儕所觀察。「無父感天」說之由來。可作兩種解釋。其一。後人欲推尊其祖爲神聖。以示別於凡人。乃謂非由精血交感所產而為特種神靈所託化，如基督教徒謂瑪利亞以處子而誕基督，此則全屬宗教的作用，無與於事實也。其二則當婚姻制度未興以前，只能知母為誰氏，不能知父為誰氏，此則母系時代自然之數也。之二說者，後說為近之。

公羊傳云『謂為天之子也可，謂為母之子也可，尊者取尊稱焉，卑者取卑稱焉。』不言父之子而曰母之子，恐亦是母系時代之成語。

四裔諸族，亦多有無父感生之傳說，如槃瓠蠻之祖為犬，高車突厥之祖為狼，蒙古之祖亦為狼，九匡蠻之祖感浮木，滿洲之祖感朱果之類。其所以不能確指其父之故，皆可以母系之一原則解釋之。宋書齊書皆言鮮卑索頭部從母為姓，亦可為初民多經母系時代之一證。

說文姓字下云『人所生也。古之神聖母感天而生子，故稱天子。從女從生。』白虎通姓名篇云『姓者生也，人稟天氣所以生者也。』可見姓之起原，實以母為中心，而於父無與，故其文從女。古之著姓，若姚若姒若姬若姜若嬀若嬴若姞若妘，字皆從女，若以姓為我國最古之團體，則一姓者即一母系之稱也。堯典所謂『平章百姓，』即善能處理多數之母系團體也。

推想母系時代之情狀，必以親屬牝交為最便利，則其時之團體，蓋純粹的同一血統而無外雜者也。故國語曰『同姓則同德，同德則同心，異姓則異德，異德則異類。』若後世姓從父衍，一父一母所生之子，當然兼函兩姓之血統，則同德同類何以稱焉，故知國語彼文，實姓字最初之定義。不同一母系者謂之異姓，截然為一別血統，故相視為非我族類也。

同姓不婚之制，至周代始確立，然其理論殆早發生於母系時代。國語曰『同姓不婚，懼不殖也。』叔詹曰『男女同姓，其生不蕃。』子產曰『內官不及同姓，美先盡矣，則相生疾。』此殆積母系時代長期間之經驗，乃發見血統交合不利傳種之生理上原則。流傳至春秋間。而士大夫猶常斷斷然以爲戒也。故司空季子之言婚姻曰。『異德合姓。』謂合兩異血統爲匹耦也。至於周。乃應用此原則以嚴立法制。行之三千年至今莫或敢畔。大傳云『繫之以姓。雖百世而婚姻不通者。周道然也。』由今日觀之「姓」之意義已變。一姓相傳閱百年。所雜血統已不知凡幾。無復德類同異之問題。同姓不婚幾等於無意義。反不如中表不婚之尤爲合理。然此非所論於母系正盛及初蛻變之時代也。

社會學者言母系時代有以甲系之男爲乙系之女所公有者。在吾國古籍中不見此痕跡。但當其已發見同姓不殖之原則而婚姻制度尙未確立時。或當有此制。以爲過渡。周制諸侯娶於一國。同姓兩國從而媵之。其事頗奇異。其習慣所由來不可考。不知與此制有關否。

我國若曾有母系時代。則此時代以何時終止耶。若承認稷契爲母系人物。則當是唐虞時此風猶存。要之母系必俟婚姻制度確定後始消滅。而婚姻制度之漸立。恐亦始於唐虞之際耳。

第二章 婚姻

父系代母系而興。自婚姻始也。易傳『有夫婦然後有父子。』記曰。『男女無別則父子不親。』未有婚姻則男女共有之。則男女別。曲禮。『日月以告君。齋戒以告鬼神。爲酒食以邀鄉黨僚友。以厚其別也。』言昭告於神。注籍於國。公布於衆。以示此男別屬此女。此女別屬此男。而不與人共也。是之謂『夫婦有別。』有夫婦則不如前此之僅有母子。而更有父子。

相傳伏羲始制嫁娶。以儷皮爲禮。事太荒遠。無從證實。然觀夏禹傳子。知當時父系必已成立。而婚姻必更在其前洎周人所制儀禮有昏禮一篇始著爲鄭重的儀式以實行所謂『厚其別』者此等儀式上下通行垂三千年直至今日除都市中一部分人有所謂新式結婚外全國猶率其舊一切法制中效力之强蔑以過是矣然當昏禮制定之前後其時之婚姻狀況猶有一二當推論者——

其一社會學者言最初之婚姻起於掠奪蓋男子恃其膂力掠公有之女子而獨據之實爲母系革命之始我國載籍中雖無明徵然易爻辭屢見『匪寇昏媾』之文其一曰『乘馬班如泣血漣如匪寇婚媾』夫寇與昏媾截然二事何至相混得毋古代昏媾所取之手段與寇無大異耶故聞馬蹄蹴踏有女嗁泣謂是遇寇細審乃知其爲昏媾也爻辭據孔子所推定謂『興於殷之末世周之盛德』若吾所解釋不謬則掠昏之風商周間猶未絕矣即據昏禮所規定亦有痕跡可尋如親迎必以昏夜不用樂女家三日不舉燭其制禮本意皆不可曉若以掠昏遺蛻釋之則是掠者與被掠者兩造各求遏密焉耳今俗亦尚有存其餘習者如婿親迎及門婦家閉門婦家兒童常譁逐媒妁之類皆是

其二社會學者又言掠奪婚姻後尚經買賣婚姻之一級在我國古典中亦無確證然昏禮納采納徵納幣皆以貨財爲禮或亦由古俗蛻來至如南北朝時門第之見極重寒門驟顯貴者爭出重聘攀援故家女爲婚故家亦往往貪其利而就之（看趙翼廿二史劄記卷十五財婚條）此與現代美國富家女貪招歐洲零落貴族爲婿事適相反要之皆爲虛榮心所蒙以貨財瀆婚姻之神聖也明淸律戶婚門下各條關於婚姻訴訟常以財禮之處分爲附帶條件蓋今日鄉曲習慣對此猶極重視也至「買妾」一辭遠見曲禮至今沿之其爲財婚餘影更顯而易見

其三昏禮主要精神在以父母之命媒妁之言莊嚴鄭重別嫌明微然婚姻之始果遵此嚴格的儀式而成立耶殆未必然歐西今俗男女率於婚前結愛國內苗族至今猶以踏舞合婚事人情不甚相遠我族初民恐亦爾爾其痕跡略可尋者則周禮媒氏職『以仲春之月會男女是月也奔者不禁』其或古代本以豔陽之節秉蘭贈芍合歡定情後聖制禮防淫曲爲之限然舊俗終有未可驟革者因於一年中設一月爲例外如築堤有閘資宣洩焉以毋使潰決未可知也

於此有當附帶說明之一種史蹟焉婦女貞操我族稱最然此恐秦漢以後爲然耳遠古勿論當春秋時文物郁郁不可謂野而左傳所載魯衞齊晉諸名國之公卿大夫淫辟之事更僕難數其甚焉者親族尊屬卑屬間上烝下報恬不爲怪如齊桓公有姑姊妹不嫁者六人衞宣公奪子伋婦晉惠公烝賈姬……等後世所目爲禽獸行者不絕於史冊則當時社會風紀之凌亂略可察也夫『男女無別則父子不親』魯桓公曰『同非吾子齊侯之子也』而桓亦遂死於齊難似此非社會之所以爲安固明矣秦漢以降此風漸革其原因蓋有二其一由儒家之昌明禮敎也儀禮是否爲周初書本屬疑問即爾而儒家誦習之本殆亦曾經孔子修訂故自儒學盛行而夫婦有別之倫理觀念入人日深而寖成風俗也其二由法家之嚴厲干涉也自秦之統一國家法律效力日强誅罰所加豪頑就範始皇會稽刻石云『……飾省宣義有子而嫁倍死不貞妨隔內外禁止淫泆男女絜誠夫爲寄豭殺之無罪男秉義程妻爲逃嫁子不得母咸化廉淸……』夫以當時刻石紀功德而敍整飭男女風俗之事多至十二句約占全文五分一與滅六王壹宇內同侈爲美談則其重視此種設施可謂至極而收效之弘亦略可推矣

從婚禮儀式上觀察我國婚姻制度之主要精神其表現者有兩點

其一以婚姻爲舊家庭之擴大及繼續不認爲新家庭之創立故見舅姑廟見等儀節占昏禮主要一部分與新婿新婦相互間之儀節同一重視

其二絕對承認男女平等之原則記曰『妻之爲言齊也一與之齊終身不改』故自親迎至於合巹壹皆用平禮而尤以「男下女」之精神爲多

其三男女作合皆由父母或長親主之故六禮中除最後親迎一節外前此自納采以至納幣皆以父母爲主人

右三點除第二點無可疵議外第一第三兩點頗爲現代歐化東流所詬病平心論之極端的大家庭固不勝其敝然新舊家庭之聯屬嬗代在社會結構上實含有重大意義使新家庭經舊家庭若干時期之卵育訓練而始獨立其事蓋未可厚非至於作合之事自主與干涉其利害亦各有可言我國婚禮之素主干涉固由古代矯正風紀等不得已之故然其中頗含精意青年男女自擇配耦是否必適當在今日歐美尙爲問題若我國往日早婚之俗未成年無別擇力者更無論矣以優生學者眼光觀之茲事應苦心折衷者抑尤多也

關於婚姻年齡禮經無明文周官『媒氏掌萬民之判令男三十而娶女二十而嫁』而戴記所說皆略同而墨子節用篇則云『古者聖王爲法曰丈夫年二十無敢不處家女子年十五無敢不事人』此恐皆非有成法特儒墨兩家各自推論耳儒家從生理上作觀點漢書王吉傳『世俗嫁娶太早未知爲人父母之道而有子是以敎化不明而多夭』其言最爲合理墨家則從人口政策上作觀點越語記越王句踐令男二十女十七不嫁娶其父母有罪蓋務增殖人口也自漢以後早婚之風日盛而政府且常爲法令以助其燄漢惠帝令『女子十五

以上不嫁者五算。』（五倍其丁稅）晉武帝泰始九年制『女年十七父母不嫁者。長吏配之。』唐太宗貞觀元年詔『男年二十女年十五以上無家者。州縣以禮聘娶。』尤可駭者周武帝建德三年唐玄宗開元廿二年。皆下詔以男十五女十三爲嫁娶期。自宋以降雖罕見此項政令然至今民間習慣大率如墨氏所言。

在本節中最後當附述者。爲妾媵制度之沿革。妾媵制由多妻制蛻變而來。多妻之來歷。其始起於權力掠婚時代。男子強有力者得多妻。勢所固然。及父系確立。以廣繼嗣之理由。權力遂變爲權利。雖然嫡庶之名分未有聞焉。堯釐降二女於舜。舜崩二妃未之從。不言其孰爲嫡庶也。殷制兄弟相及。見於卜辭中者無嫡庶之痕跡。契文雖有妾字函義是否與後世合。未敢言也。及周有天下。定立嫡之制以弭爭。因子有嫡庶而母之嫡庶不得不預爲規定。以諸侯論有嫡夫人有右媵有左媵。嫡及兩媵又各有其姪與娣。是爲九女（公羊傳隱元年何注）等而上之天子十二女。等而下之士庶人之一妻一妾。苟有二女同居者莫不別其名分。此周以後之制也。以爵級別妾數之多寡。此自階級制度時代之遺蛻。十二女九女由今視之訝其特權之優越。乃在當日或正所以限之。使不得過十二與九之數耳。明律『民年四十以上無子者方能置妾違者笞四十。』則亦承認妾媵制而加以裁制也。

從人權上觀察。蓄妾制之不合理。自無待言。但以家族主義最發達之國特重繼嗣。此制在歷史上已有極深之根柢。故當清季修訂新民律時。頗有提議禁革者。卒以積重難返。且如歐律以無妾之故而僕僕於私生子之認知亦未見其良。故妾之地位至今猶爲法律所承認也。

離婚與再醮。在後世頗爲社會所賤。古代似不然。婦人有七出。而男子亦可爲出夫。齊太公是已。據檀弓所記。則以孔子之聖而三世出妻其事頗不可曉要之古代夫婦關係之固定似遠不逮今日也喪服有爲繼父之服則父死母嫁不以爲怪矣『有子而嫁』謂之背死不貞此秦之新制也然亦限於有子者而已

第三章　家族及宗法

婚姻既與父系斯立父古文作𠂇說文云『家長率敎者從又舉杖』（又卽右手）實則所舉之杖固以率敎亦示威嚴也𠂇與尹形義皆極相近說文尹下云「治也從又丿握事者也」「父」所舉杖與「尹」所握事實同一物其後於「尹」下加口以表發令則爲「君」父之與君謂由一字孳乳而來可耳孝經曰『家人有嚴君焉父之謂也』父之本義如此卽家族制度所由成立也

家庭組織及其相互間權利義務關係遠古特別情形如何不可深考自周迄今原則上似無劇烈變化父之在一家尊無與二故喪服「父在爲母朞」明母不得四父也（父母同服始自明洪武）然『父又爲長子三年』則重其繼父統也（此宗法時代之制漢後實際上已不適用）父母對於子女在古代殆純認爲所有品不承認其獨立人格舊約書中豔稱殺子祭天之事舊蠻夷傳中亦多載『殺長子謂之宜子』諸異俗我國自『敬敷五敎』以後此種觀念固當久革然故書中載瞽瞍日以殺舜爲事尹吉甫賜子伯奇死雖乃涉神話抑可見父母擅奪子女生命固非稀見也及周公作康誥則云『於父不能字厥子乃疾厥子刑茲毋赦』與『子弗祗父服事』同一顯戮漢書賈彪傳記『小民因貧多不養子彪嚴爲其刑毆殺及愛憎而故殺者各減一等』唐律『以刃殺子孫者徒二年故殺者加一等』清律『子孫違犯敎令而祖父母父母非理毆殺者處十等罰

故殺者徒一年』一般平等之原則究未適用也財產則『父母在不有私財』爲古禮所教唐律猶嚴『卑幼私擅用財』之禁蓋父在時常合一父所產之子若孫爲一家族單位析產而居目爲不祥此觀念至今未盡變且更有以四五世同居或百口同居爲美談者此皆上古父權之遺影也然賈誼言『秦人家富子壯則出分』則父在而子分居財產獨立自戰國時秦俗已然矣財產承襲在周代封建制組織完整時其貴族所有土田蓋皆歸襲爵之子故爭立之事在左傳數見不鮮若庶人之家則其制未聞漢以來貴族制漸消滅則兄弟均分遺產事屢見於史後代法令皆承認均襲之原則淸律更詳爲規定云『分析家財田產不問妻妾婢生止以子數均分』故如近世英德俄諸國財產集中爵胄之制蓋革除幾二千年矣

各家庭相互間有大家族之聯屬組織焉此其事殆自然之勢起於遠古然加以人爲的規畫形成一大規模有系統之組織者則周代之宗法也

宗法與封建相輔周代封建制度在歷史上含有重大意義其詳已見政制篇然封建實藉宗法相維繫故研究封建興替之跡及其原因不能不對於宗法稍加說明宗法之制『別子爲祖繼別爲宗繼禰者爲小宗有五世則遷之宗有百世不遷之宗』(大傳文)『五世而遷之宗其繼高祖者也故祖遷於上宗易於下』(喪服小記文)今試以封建時一諸侯爲中心作簡單之解釋假定一諸侯於此生有三子其長嫡子襲爲諸侯餘二子不襲爵者謂之別子各自爲開宗之祖繼其世者謂之宗宗有大小大宗者此別子之長嫡累代襲繼者也凡此別子所衍之子孫皆永遠宗之其國一日不已則其家一日不絕故曰百世不遷之宗小宗者例如此別子復有三子其長嫡子繼世爲大宗餘二子復各自立宗繼之者謂之繼禰其所衍之宗謂之小宗小宗亦長嫡世襲其支庶亦代代劈立

小宗。宗之世襲法大小一也。所異者。大宗則同此一「祖」所出之子孫永遠宗之。小宗則宗至同高祖昆弟而止。故曰五世則遷之宗。今爲圖以明之。

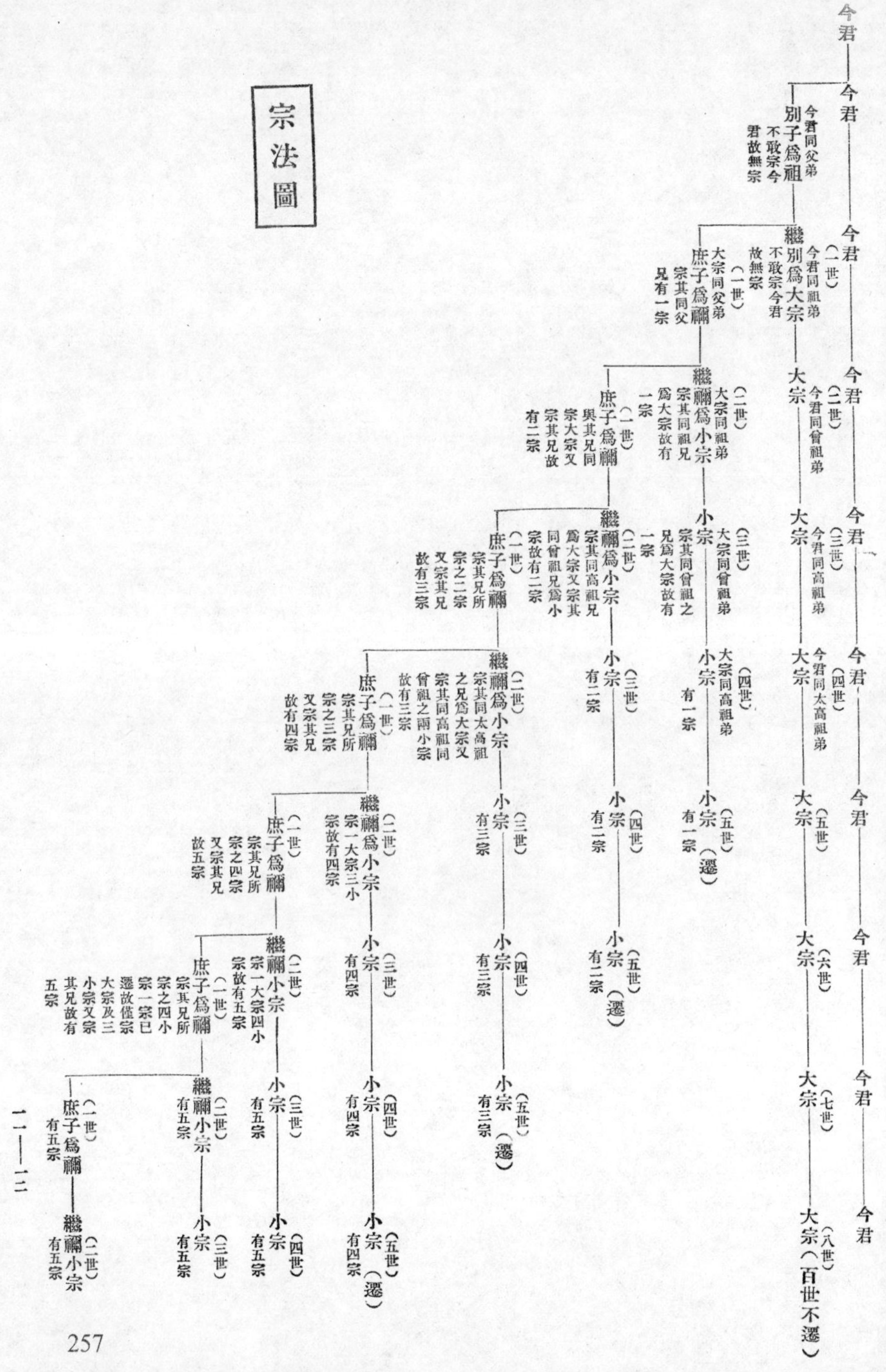
宗法圖
今君
今君
今君
今君
今君
今君
今君
今君
今君
今君
別子爲祖
今君同父弟不敢宗今君故無宗
繼別爲大宗
(一世)
今君同祖弟不敢宗今君故無宗
大宗
(二世)
今君同曾祖弟
大宗
(三世)
今君同高祖弟
大宗
(四世)
今君同太高祖弟
大宗
(五世)
大宗
(六世)
大宗
(七世)
大宗
(八世)
(百世不遷)
庶子爲禰
(一世)
大宗同父弟宗其同父兄有一宗
繼禰爲小宗
(二世)
大宗同祖弟宗其同祖兄爲大宗故有一宗
小宗
(三世)
大宗同曾祖弟宗其同曾祖之兄爲大宗故有一宗
小宗
(四世)
大宗同高祖弟
有一宗
小宗
(五世)
(遷)
有一宗
庶子爲禰
(一世)
與其兄同宗大宗又宗其兄故有二宗
繼禰爲小宗
(二世)
宗其同高祖兄爲大宗又宗其同曾祖兄爲小宗故有二宗
小宗
(三世)
有二宗
小宗
(四世)
有二宗
小宗
(五世)
(遷)
有二宗
庶子爲禰
(一世)
宗其兄所宗之二宗又宗其兄故有三宗
繼禰爲小宗
(二世)
宗其同太高祖之兄爲大宗又宗其同高祖同曾祖之兩小宗故有三宗
小宗
(三世)
有三宗
小宗
(四世)
有三宗
小宗
(五世)
(遷)
有三宗
庶子爲禰
(一世)
宗其兄所宗之三宗又宗其兄故有四宗
繼禰爲小宗
(二世)
宗一大宗三小宗故有四宗
小宗
(三世)
有四宗
小宗
(四世)
有四宗
小宗
(五世)
(遷)
有四宗
庶子爲禰
(一世)
宗其兄所宗之四宗又宗其兄故五宗
繼禰小宗
(二世)
宗一大宗四小宗故有五宗
小宗
(三世)
有五宗
小宗
(四世)
有五宗
庶子爲禰
(一世)
宗其兄所宗之四小宗一宗已遷故僅宗大宗及三小宗又宗其兄故有五宗
繼禰小宗
(二世)
有五宗
小宗
(三世)
有五宗
庶子爲禰
(一世)
有五宗
繼禰小宗
(二世)
有五宗
一一—一二

後世祖宗合爲一詞，若祖卽宗，宗卽祖者，其實不然。白虎通宗族篇云，『宗，尊也，爲先祖主者，宗人之所尊也。』故祖者父道也，宗者兄道也。以事父之道事其祖，以事兄之道事其宗。則子無室者，繼體之今君，卽其宗，不敢兄君，故無宗名耳。自餘則人人皆奉一大宗，而因其世次之尊卑，兼奉一小宗至四小宗而止，故謂之「五宗。」凡宗人之於宗子，皆事以兄道，有一宗者，其兄事者一，有五宗者，其兄事者五也。

小宗五世而遷者何也。記曰，『親親以三爲五，以五爲九，上殺下殺旁殺而親畢矣。』此義云何。凡人之生，多逮事其祖，故愛敬其父若祖，祖父並己身爲三代，故言親以三起算。愛其祖以及其祖之祖，推之高祖而極。高曾祖父並己身爲五，故曰以三爲五。上數四代，下數四代，（子孫曾玄）並己身爲九，故曰以五爲九。堯典所謂「以親九族」也。愈上則愛愈殺，愈下則愛愈殺，平屬愈疏則愛愈殺，故曰上殺下殺旁殺而親畢。喪服之隆殺準此而立。盡於高祖者，推愛至此而極，過此則不復爲親屬，故祭祀則有四親之廟。高祖以上，『親盡則祧。』而宗亦五世則遷也。故以親則至小宗極矣。大宗者則以廣其意，非親之事，而族之事也。大傳曰，『親親故尊祖，尊祖故敬宗，敬宗故收族。』喪服傳云，『大宗收族者也。』故周禮言九兩繫民，『五曰宗，以族得民。』大傳亦言『同姓從宗合族屬』，謂大宗也。

試假定一國君有三子，其子復各有三子，世世如是，則至第三代時，（此君之孫之時）此君所衍有三大宗。第四代有三大宗六小宗，第五代有三大宗二十四小宗，似此除大宗固定不遷外，小宗以三遞乘孳乳至十代，其小宗之數多至何如。假定繼世之君，君亦各有三子，累至十世，其大小宗之數合計，又多至何如。而諸侯者則爲國之羣宗所共宗，天子又爲王國內及羣侯國羣宗所共宗。篤公劉之詩曰『君之宗之。』傳曰，『爲之君，爲之大宗也。』是天子諸侯雖無大宗之名而有其實也。諸侯與諸侯間亦各相宗。故虞公曰『晉吾宗也。』滕文公曰『吾宗國魯先君。』如是一國中無數小宗以上屬於大宗。無數大宗以上屬諸侯。諸侯迭相宗而同宗天子。故亦「宗周」。層層系屬若網在綱。白虎通謂『大宗率小宗小宗率羣弟以紀理族人。』則社會上一大部分事業皆可以親睦的意味行之。由父系部落進爲「家族主義的國家」其組織於是大完

右所舉例國君同姓之宗也。異姓亦有宗。鄭玄注『別子爲祖。』謂『公子若始來在此國者。』則大宗之祖。以二種資格取得。一爲公子。一卽始遷者。第二種當兼同姓異姓而言。唐叔封晉分殷餘民懷姓九宗。懷姓卽隗姓。實狄族。則不必周同姓始有宗法可知。周制同姓不婚。則異姓之宗皆爲甥舅。故天子之於諸侯。同姓稱伯父叔父。異姓稱伯舅叔舅。而原邑之民自謂『夫誰非王之昏姻。』則宗法又可以爲同異姓之連鎖。此家族政治之旁通也。

宗法以何時始衰壞耶。板之詩曰『宗子維城。毋俾城壞。』此幽王時詩也。憂其壞則其漸壞益可知。然春秋初年『翼九宗五正逆晉侯。』則宗法與政治之維繫尙甚密切也。春秋之末。其郛郭確猶存在。叔向云『肸之宗十一族。』謂一大宗下有十一小宗也。自戰國以後。其痕跡遂不復見。

秦漢間存宗法之遺蛻者。則「爲父後」之制是也。就今世普通觀念論。則凡人子未有不後其父者。宗法時代不然。惟長嫡謂之爲父後。支庶則不謂之爲父後。西漢文景以前詔書『賜爲父後者爵一級』之文屢見。可見彼時此種分限猶甚明。實宗法之殘影也。武昭宣以後漸稀見。東漢則幾絕矣。今日影中之影。則惟服制中之承重孫。以長嫡孫爲喪主。諸父雖尊屬而不敢先者。宗人不敢先宗子也。服制爲宗法時代產物。今社會組織已劇

變。則此亦等於無意義而已。

秦漢以後之社會。非宗法所能維持。故此制因價值喪失以致事實上之消滅。然在周代既有長時間之歷史。儒家復衍其法意以立敎。故入人心甚深。至今在社會組織上猶有若干之潛勢力。其藉以表現者則鄉治也。別於彼章論之。

第四章　姓氏　附名字號諡

今世姓氏同物。古則不然。鄭樵云。『三代以前。姓氏分而爲二。男子稱氏。婦人稱姓。』（通志氏族略序）此實錄也。以社會眼光觀之。亦可謂姓爲母系時代產物。氏爲父系成立以後產物。姓久已亡。今所謂姓。皆以氏而冒稱耳。

姓之見於經傳及故書者。如姚、姒、子、姬、姜、嬴、嬀、風、己、祁、任、弋、庸、姞、曹、董、荀、嬉、嬛、妘、伊、酉、隗、芊、曼、熊、偃、允、歸、漆、……等。屈指可數。（所擧容有遺漏但全數考出之殊不離）吾儕可認爲母系時代遺物。至春秋猶存者。其間最可注意者。則神農之後爲姜姓。而姜戎氏來自瓜州。似屬西羌族。而亦爲姜姓。是否同出一母系。抑姓之函義已變。未敢斷定。而南方之姓如芊如曼。西北方之姓如隗等。其得姓之由。是否與諸夏同。皆無可考。要之姓之來由。遠在初民時代。國語云。『使名姓之後。能知上下之神祇。氏姓之所出者。謂之宗。』則姓實含有神祕的意味。與神祇同原。後世謂姓由古天子所賜者。（左傳天子建德因生以賜姓）殆臆度之詞耳。

氏蓋部落之稱。古帝皇伏羲氏高陽氏高辛氏陶唐氏有虞氏等。諸臣如祝融氏共工氏有扈氏有窮氏大彭氏豕韋氏等。皆非一人之私名。而部落之共名也。此類之氏。蓋與父系共生。莫知其所自來。及封建制行。而氏日孳乳鄭樵氏族略推考得氏之由凡三十有二類雖分類不免瑣碎而取材蓋云極博左傳云『天子胙之土而命之氏諸侯以字爲氏因以爲族官有世功則有官族邑亦如之』案此知周代受氏之途有四其一天子以命諸侯以國爲氏管蔡成霍魯衞毛聃……之類是也故春秋踐土之盟書曰晉重、魯申、衞武、蔡甲午、鄭捷、齊潘、宋王臣、莒期晉重者晉文公重耳魯申者魯僖公申也此爲氏之最尊貴者所謂『胙之土而命之氏』也然春秋後出奔他國亦有以國爲氏者如陳敬仲在齊爲陳氏宋朝在衞爲宋氏衞鞅在衞秦爲衞氏是也其二侯國之支庶以王父字爲氏其得氏始自大宗小宗之第三代繼祖父者諸侯之子稱公子公子之子稱公孫皆無氏公孫之子則以公子之字爲氏魯公子無駭字子展隱公命其後以字爲展氏宋孔父嘉之後爲孔氏之類是也晉羊舌肸稱肸之宗十一族族卽氏也蓋避胙土命氏之名故諸侯所命不曰氏而曰族其實則一焉左傳所謂『因以爲族』也其以祖父之謚或排行爲氏者準此其三世其官者則以官爲氏司徒司馬司空之類是所謂『官有世功則有官族』也其人不限於懿親亦不限於舊家雖羈旅疏賤者皆能以功得之凡以技術得氏如巫如屠如甄如漆雕等準此其四則受有采邑者以邑爲氏如周之祭尹蘇劉單魯之臧郈等皆是所謂『邑亦如之』也其人不必以親亦不必以功惟天子諸侯所欲命而已自二至四之三種嚴格的正其名當謂之族其後亦通稱爲氏後世之氏其來由罕出此四種外者

此類之氏與封建宗法相輔是否爲周以前所曾有蓋不可知然殷墟契文中尚不見有氏字恐其名實始周代古部落之稱氏或周人比附而追命之耳氏既由於錫命則非普及可知鄭樵曰『氏所以別貴賤貴者有氏賤者有名無氏今南方諸蠻此道猶存古之諸侯詛辭多曰「墜命亡氏踣其國家」明亡氏則與奪爵失國同也

』此論甚是。叔向謂『其宗十一族。惟羊舌氏在。』豈其餘十族皆絕嗣。亦但亡其氏。等於齊民耳。由此言之。則氏也者實貴族政制時代特殊階級之徽識也。

歷戰國以至秦漢。貴族埽跡。自是無人不有氏。氏不復爲特權。漢以後亦復罕新創之氏。今日之氏。什九皆襲自周世者也。其間有因避諱而改姓。或帝王惡其人而改以惡姓者。其事甚希。且不久卽或復或廢。又如元之廉希憲本西域色目人。生時其父適官廉訪。遂取姓曰廉。清初理塞石本姓李。因恥與李自成同姓。自改姓理。此類創造新姓氏之例。史甚罕見也。

古者姓氏異撰。世本曰『言姓則在上。言氏則在下。』蓋自述其作譜之例。姓氏並舉。以姓列上格。以氏列下格也。混姓氏爲一譚。自史記始。其本紀於秦始皇則曰『姓趙氏。』於漢高祖則曰『姓劉氏。』後世傳記譜牒皆沿其稱。在古則爲不詞矣。四裔諸族所謂姓氏。其性質與周制氏族不同。而與古代以部落爲姓氏者相近。例如回鶻九姓。月支之昭武九姓。拓跋鮮卑初期之九十九姓。實皆部落也。至如北魏之河南宮氏志記獻帝『七分國人。使兄弟領之。』因有紇骨、普、長孫、達奚、伊婁、丘敦、俟之七姓。北盟會編記『女貞至唐末部領繁盛。設三十首領。每領一姓。遞三十姓。』所謂姓者全不含血統的意義。亦非因原有之部落狀態。而用人爲的部勒分隸。與華夏立姓之旨相去益遠矣。近代蒙古滿洲入主中原。雖亦各有姓。而不以姓行。蓋其視姓不如漢族之重也。

自魏晉以後。民族移轉。舊姓系統益紊。如金日磾本匈奴。漢武帝取休屠祭天金人之義。賜姓金。劉淵石勒皆匈奴種。而有漢姓。淵卽位告天。且祀漢高、光武、昭烈爲三祖焉。元魏孝文嚮慕華風。力求同化。凡鮮卑姓皆改爲漢姓。如拓拔之爲元。賀魯之爲周等。通志氏族略卷三十葉十二至十五所載凡百四十五姓。金代亦改女眞姓爲漢姓。如完顏之爲王。烏古論之爲商。見於輟耕錄卷一葉七者、凡三十一姓、唐宋兩代賜異族降王降將姓李姓趙者。更僕難數。又明洪武元年詔禁胡姓。九年以火你赤爲翰林編修。更姓名曰霍莊。取火霍音同也。永樂中賜姓益多。如把都帖木兒賜姓名吳允誠倫都兒灰名柴秉誠之類。其後蒙古色目人多有不待奉詔而自改者。又民國肇建以來。滿洲人什九皆戴漢姓。故今之姓氏。其實質益異於古所云矣。

稱氏而繫以郡望。漢末頗有之。六朝以後益大盛。王則琅琊太原。李則隴西。盧則范陽。崔則博陵……如是凡氏皆繫以郡。其原蓋起於季漢之亂。士民遷徙流亡。不忘故土。及五胡之難。晉室南渡。中原故家之過江者。常懷首邱之思。故郡望在南朝尤重焉。其寖行於南北朝者。固一時風氣所播染。或亦因元魏改姓。而土著故家。翹其郡望以示異。未可知也。唐以前譜牒嚴明。如新唐書言『河南劉氏本出匈奴之後劉庫仁』『柳城李氏世爲契丹酋長』『營州王氏本高麗』之類。郡望蓋截然不可混。五代以後譜學失修。郡望亦幾等於無意義。如吾梁氏最初見於載籍者爲晉大夫梁弘梁益耳。左傳著焉。今諸梁之郡望皆曰安定。舉國同之。自表晉產也。然元魏改姓則拔烈蘭氏爲梁氏。諸梁悉安定耶。抑亦有拔烈蘭耶。是未易言也。

歷代命名之沿革。亦有可言者。史記言堯名放勛。舜名重華之類。恐非事實。吾意遠古命名多屬複音字。此當於語言文字篇別論之。殷代命名。皆以甲乙丙丁等干支字。見於契文金文者什九如此。大抵以其生之日爲名也。此種名在社會簡單時各個人及各家族間交涉稀疏。尚可適用。在複雜進化之社會。其不便甚矣。入周而命名範圍日益廣。太廣之結果。患其猥雜。於是禮家示以限制。如「不以國。不以日月。不以官。不以器物。不以畜牲」之類。凡所以便於識別。毋使與他種名稱相混。抑又取便於諱也。至孔子作春秋。則有『譏二名』之義。故仲孫何忌書曰忌晉侯重耳書曰重魏曼多書曰多然此義似非創自孔子晉文公名重耳而祝鮀述踐土之盟其載書止曰晉重（左傳定四年）曹始封君叔振鐸而僖負羈稱先君叔振（晉語）則春秋初期固有此種稱謂意蓋欲使文字趨簡易便於記憶傳寫耶秦漢間則喜用吉語爲名急就章之『宋延年鄭子方衛益壽史步昌周千秋……』此小學讀本之示例可見一時風尚漢書中此類人名如孔安國李延年霍去病田千秋……之類可徵也東漢儒學昌明實行譏二名之制試繙後漢書列傳除方術傳中有六人用二名外（此六人恐亦佚其名而舉其字）自餘皆單名無一雙名者此甚可注意也魏晉以降無甚可紀其最特別者則元代命名率皆用排行或於排行上冠一字此在史傳中不甚可考見試稽各家族譜則什有九皆如是此實命名之一大退化其原因何在吾尚未明更待研索

名之外復有字自周始也『周人以諱事神名終將諱之』諱名不可無以爲代字之起蓋緣此其後文勝益甚不待身後乃始諱名是故『幼名冠字五十以伯仲』禮家釋其義曰『冠而字之敬其名也』是知凡成年者之待遇皆以直斥其名爲慢矣故繼『父前子名君前臣名』欒鍼在晉侯前其父曰『書退』知罃對楚子稱其父曰『外臣首』之類是也自餘平輩率相呼以字此風似起於西周末而盛於春秋周初或不爾爾周公太公史家皆不能舉其字召公名奭周公尊稱之亦僅曰「君奭」可見當時未有字也宗周之末方叔吉甫等似是字然其名又無可考爲名爲字尚難斷言至春秋而士大夫無不以字聞矣

不惟男子有字也女子亦有之曲禮云『男子二十冠而字女子許嫁笄而字』說文女部下自嫿至奻十三字皆注曰「女字」而彝器之中女子之字可考見者十有六（王國維觀堂集林卷三女字說）知周時盛行矣男子之字曰「某父

」「父亦通作甫。」如正考父、仲山甫等是。說文甫下云。『君子美稱也。』女子之字見於彝器者多曰某母。則「母」其女子美稱也。至春秋時則多取名字相覆（王引之春秋名字解詁）而冠以「子」字或伯仲叔季等倫次。如顏回字子淵。曾點字子皙。孔鯉字伯魚。仲由字季路等。漢人則多用公卿爲美稱。如何休字邵公。趙岐字邠卿等。實際上其所謂「字」僅一字也。漢人亦有省去「甫」「子」「公」「卿」諸美稱而專用一單字爲字者。如袁盎字絲。匡衡字鼎之類。至唐猶有效之者。如顏師古字籀。以二字爲名而以一字爲字。最詭異矣。

古之敬稱以字爲最矣。故儀禮載祭祀之詞皆字其祖禰。子思字其祖曰仲尼。子貢字其師曰仲尼。至後世文勝日甚。乃有以字爲不足以展敬而更以別號相呼者。其始蓋起於逃名避世之士。如春秋末范蠡在齊號鴟夷子皮。在陶號朱公。戰國時有鬼谷子鶡冠子之類。漢初則有商山四皓綺里季角里先生等。至今莫能舉其姓氏。自晉至六朝而葛洪號抱朴子。陶潛號五柳先生。陶弘景號華陽隱居。是爲自標別號之始。然尚含肥遯自晦之意。至唐而寖濫。如賀知章號四明狂客。元稹號漫郎。陸龜蒙號天隨子。張志和號元眞子之類。文人以爲名高矣。至宋而益濫。文人莫不有號。如六一、老泉、半山、東坡等。講學之風漸起。尊其師者必曰『學者稱爲某某先生。』如濂溪明道之類是。自茲以往。某齋某軒等稱號徧於賈豎矣。又古者於達官尊之則稱其官位。至明中葉又以別號不足爲敬。官位不足示異。乃至以籍貫之稱代人稱。如張居正曰江陵。嚴嵩曰分宜。末流猥濫益甚。貴溪（夏言）烏程（溫體仁）宜興（周延儒）武陵（楊嗣昌）等名詞。紛形諸公私文牘。有如隱謎。不知所指。此風披靡於今爲烈。曾湘鄉兄終弟及。李合肥父歿子襲。下如袁項城黎黃陂之流。皆各專其縣。甚者徐世昌以郡望而稱東海。孫文以冒日本姓而稱中山。『名不正則言不順。』莫此爲甚矣。

『死而謚。周道也。』後世謂爲易名大典。周制『稱天而謚。』美惡必以實。『名之曰幽厲。孝子慈孫不能改。』故周書謚法篇惡謚不少。及秦始皇以爲『臣子議君父不道。』廢之。漢興而復。迄清季不替。民國建。乃革焉。清制惟一品以上例得謚。以下特賜。然謚有美無惡。非古意矣。私謚之風。起於東漢。至今猶有行者。

右名字號謚等。於社會組織無甚關係。因述姓氏類及之。

第五章　階級（上）

『物之不齊。物之情也。』歷史上無論在何時代。其人民恒自然分爲若干階級。近世歐美。以平等爲法律原則。然而貴賤階級廢。貧富階級興焉。故階級者。人類社會所不能免也。其在今日以前。則階級最顯之標識。一曰貴族與平民。二曰平民與奴隸。中國人在全世界諸民族中。可謂最愛平等之國民也。自有成文史籍以來。嚴格的階級分別。卽已不甚可見。彼印度至今猶有釋迦時代四級之遺跡。西歐各國在法國大革命前。貴族僧侶之特權至爲優越。日本明治維新前。尚有「穢多」「非人」諸名稱。美國當南北戰爭前。奴隸之待遇。非復人道。俄國當蘇維埃革命前。大多數人民皆在農奴狀態之下。求諸我國。則春秋時代已不復能覩此痕跡。前此有無。則不可深考。後此雖有一二時代裂痕頗著。然其地位不如他國之固定。且不久而原狀旋恢復。故階級之研究。在中國史上所占位置。不如歐美各國史之重。但其沿革亦有可言者。

三代以降。「百姓」與民之兩名詞。函義如一。在遠古似不爾爾。堯典『平章百姓』與『黎民於變時雍』對舉。又以『百姓不親』與『黎民阻飢』對舉。是百姓與民異。撰楚語述觀射父釋百姓之義曰『王公之子弟之質能言能聽徹其官者而物賜之姓以監其官是爲百姓。』呂刑『苗民弗用靈』鄭玄注云。『苗九黎之君也。此族三生凶惡故著其氏而謂之民。民者冥也言未見仁道。』夏曾佑據此諸文因推定古代漢族征服苗族後。自稱其族曰百姓。而謂所征服者爲民。故民之上繫以黎或以苗因謂「百姓」與「民」爲兩大階級之徽幟。此雖近武斷然遠古社會或如是也。

階級制度成立之主要條件有二一曰將全社會之人畫分爲統治者與被治者之兩級。永溝絕而不能相通。二曰此兩級人不通婚姻。各保持其血統勿使相混。我國古代之貴族平民似不爾爾。第二條件三代前不知何如。就左傳所記春秋時狀況。殊不見有隔絕的痕跡。蓋春秋貴族什九皆自王侯支派衍出而周制同姓不婚其匹耦自不得不求諸本族以外原邑之民自言『夫誰非王之婚姻』可見婚姻範圍普及於士庶也最爲顯證者。晉文公及趙盾之母皆戎狄異族。盾母尤爲俘虜之女。則婚姻不甚拘門第可知。尤當注意者爲妾媵制妾子身分古來公認而妾更絕對的無門第可言故階級血統不能嚴畫者勢也。其第一條件。則堯典稱『明明揚側陋』孟子稱『傅說舉於版築。膠鬲舉於魚鹽。』此皆言起微賤可以爲君相雖或後史追述比附之詞然現存夏殷史料中亦迄無平民不能執政之反證。周初專門之業則有世官。酬庸推恩亦有世祿。而世卿之制未聞故周公太公皆武王時三公而顧命所載成王時六卿。則周公太公之子不與焉。荀子（王制篇）所謂『雖王公士大夫子孫。不能屬於禮義。則歸之庶人。雖庶人之子孫能屬於禮義。則歸之卿相士大夫。』其爲儒家理想之言耶。抑周之開國規模實如是。未可知也。

降及春秋。則確爲我國貴族政治極完整之一時期。各國政權。率歸少數名族之手。例如周之周氏、召氏、祭氏、單氏、劉氏、甘氏、尹氏、魯之仲孫氏、（即孟氏）叔孫氏、季孫氏、臧氏、郈氏、展氏。晉之韓氏、趙氏、魏氏、范氏、（即士氏）荀氏、（後分爲中行氏知氏）欒氏、郤氏、胥氏、先氏、狐氏。齊之高氏、國氏、鮑氏、崔氏、慶氏、陳氏。宋之華氏、樂氏、皇氏、向氏。鄭之良氏、游氏、國氏、罕氏、駟氏、印氏、豐氏。衞之石氏、甯氏、孫氏、孔氏。……春秋二百四十年之史蹟雖謂純由各國中若干族之人物的活動構成焉可也。

春秋各國雖大部分同施行貴族政治然各國發達之路徑及構成之形式亦各自不同。試舉其要點如下。

一、各國中之大多數皆政權全移於貴族而君主等於守府。如周魯齊晉宋衞鄭……等皆是。就中最特別者爲楚國。執政雖常用貴族至君主黜陟生殺之權迄未旁落。如令尹子玉、子反、子上、子辛、子南皆以罪誅黜。

二、以前項理由故各國貴族之執政者多由前代親貴蔭襲而來與現代之王室公室或緣屬甚遠其地位則隨其身分而自然取得。楚國執政之貴族大率爲時主之子若弟若王子圍子囊等或血統甚近否則由時主在名族中如鬬氏、薳氏、成氏、陽氏之胤量才特拔。故含尙賢之意味較多。

三、諸國貴族率皆公族——即由累代之公子派衍而來者。若楚、若魯、若宋、若鄭殆皆無例外。惟晉最特別。晉自經驪姬之難『詛無畜羣公子』。故文襄之子皆斥遣在外。終春秋之世無晉公子與於盟聘之役。執政更無論矣。晉之貴族皆獻文兩代功臣子孫。而公族乃無一焉。齊則折衷兩者之間。國、高、崔、慶皆公族。管、鮑、陳、則他族也。

四、有以一族爲諸貴族之領袖世掌最高政權者。例如魯之季孫氏。在此種制度之下。或畫出政務之一部分專屬某族。例如魯之叔孫氏世爲行人。凡外交事皆專責焉。

五、有以若干貴族輪掌最高政權。以年輩取得領袖資格者。如晉自荀林父以後。士會、郤克、欒書、韓厥、知罃、荀偃、士匄、趙武、韓起、魏舒、范鞅、趙鞅、以次洊升。其資格爲衆所公認。殆無爭議之餘地。又如鄭之歸生、子良、子罕、子駟、子孔、子展、伯有、子皮、子產、子太叔、以兄弟叔姪之倫次遞升。亦殆無爭議餘地。在此等制度之下。各貴族皆有取得政權之均等機會。故爭相淬厲以養令名。又凡任執政者。皆久爲諸先輩之副貳。隨習以諳練政務。故於貴族政治中最稱完美焉。

六、治政之重心。有常集於一國之中央。而由一貴族或數貴族總攬之者。如楚、如齊、如宋、鄭、有散於各地方。而由數貴族分領之者。如魯、如晉。故魯之後析爲費國。（費惠公見孟子）而晉爲韓趙魏三家所分。

春秋對貴族政治之內容大略如此。其最與歐洲異者有三點。其一。無貴族合議之法定機關。如羅馬之元老院者。雖國之大事。亦常集衆討論。然大權實在國君或執政。與議者備諮詢而已。故歐產之議會政治。在我國歷史上絕無前例可以比附。其二。貴族平民之身分。乃相對的而非絕對的。其三。貴族平民享有政治權之分限。亦相對的而非絕對的。以此二因。故歐洲貴族政治之基礎堅牢而久續。我國則脆弱而易破壞。故歐洲受貴族政治之禍極烈。我國則較微。右第一點事實甚易見。二三兩點須稍附以說明。

春秋最顯之貴族。皆起自中葉以後。如魯之三桓。皆桓公子孫。閔僖之際始執國命。晉諸卿之興。亦略與同時。鄭之七穆。皆穆公子孫。起於文宣以降。前此豈無貴族。蓋已代謝夷爲齊民矣。晉諸卿之興替。最爲顯例。叔向謂『欒、郤、胥、原、降爲皂隸。』此四族者。僖文間最赫赫者也。不及百年。至昭定間則已若此。則貴族之與平民非畫然有鴻溝不可逾越也明矣。

諸國之最高執政—卽所謂「正卿」誠爲貴族之獨占權利自「次卿」以下則各國皆取開放主義惟才是求例如管仲家世雖不可深考然『少時嘗與鮑叔賈』則其出於微賤可知其相齊也名分雖居『天子二守國高』之下事實上則政皆彼出焉又如孔子在宋雖爲貴族入魯則『吾生也賤』嘗爲委吏乘田等於庶人在官者然亦嘗官司寇亞三桓一等耳晚年且有「國老」之號又如陳敬仲奔齊以『羈旅之臣』官僅工正而其胤乃專有齊國又如晉諸大夫聲伯歷舉苗賁皇以下若而人謂『唯楚有材晉實用之』此皆乙國亡命羈賤顯貴於甲國者可見平民在政治上之地位其與貴族不平等者實至有限也

春秋時始終不見有貴族政治痕跡者惟一秦國秦之史蹟除穆康兩代左傳稍詳外餘均闕如然據他傳記所述則由余百里奚諸名相皆起於異邦賤族秦不惟無世卿之制其名族亘數代者於史絕無徵焉降及戰國則商鞅張儀范睢以下爲李斯諫逐客書所列舉者皆客卿也蓋秦崛起西陲文化遠在中原之下欲求自立不得不借才異地貴族制之不適用勢使然也然秦既以此致强而貴族制至春秋之末亦已不勝其敝故入戰國而諸國皆「秦化」貴族埽地盡矣

貴族階級消滅之原因有三

一由學問上前此學問皆在官守非其人則無所受才智之士集於閥閱焉春秋前後故國滅亡者接踵其君其卿大夫皆變爲平民各國內亂之結果要人或亡命他國或在本國失其爵氏則亦變爲平民於是平民中智識分子日多與貴族相敵繼以孔墨兩大師以私人講學弟子後學徧天下百家趨風而起者且相望於是學問之重心自學府移於民間勢力隨才智而遞嬗理固然也

二由生計上前此惟農是務春秋戰國間而商業勃興農民樸僿不喜事商則機敏趨時故『子貢廢著鬻財於曹魯之間結駟連騎以聘享諸侯所至國君無不分庭與之抗禮』呂不韋『居奇貨』操大國君主廢立之柄焉平民階級中有商人發生此階級之所以增重也

三由政治上各國並立以人才之多少爭强弱魏以失商鞅故見弱於秦於是卑禮厚幣以招賢者燕築黃金臺以羅致樂毅劇辛之徒齊則稷下先生比列卿者以百數至如四公子門下雞鳴狗盜監門賣漿之輩皆備致敬禮而獲其用蓋自秦以用客卿致强各國承流而處士聲價遂隆隆日上當時諸國中雖仍有保貴族之餘蛻如齊之諸田楚之昭屈景魏趙之信陵平原等然皆紆尊降貴不敢以寵位驕人政治活動區域卒全為平民階級所占

豪傑亡秦猶共戴楚義帝而立六國後徇諸地者咸以其故家遺族相號召人情狃於所習數百年為民之望者其勢固殆而猶視也然而韓成魏豹田儋田廣之徒皆一瞥旋滅即「世為楚將」之項氏亦不過為新朝作驅除難而漢高以泗上亭長率其鄉里刀筆小吏與草澤驍雄不數年而奄有天下貴族之運遂隨封建而俱絕秦漢之際除奴隸外一切臣民皆立於法律平等的原則之下其有爵位者之秩祿章服特予優異（除諸侯王公主以宗親享若干特權外）則以賢以功人人可以得之故不能目為階級其待遇略涉歧視者惟秦末發卒謫戍賈人與贅壻獨先發漢高帝時禁賈人不得衣繡乘馬惠帝時令賈人與奴婢倍算哀帝時禁賈人不得名田似終兩漢之世賈人身分在法律上受特別限制若於漢制中勉求所謂階級者惟此為差近耳

至六朝而有變相之階級——即所謂族望門第者與焉至唐中葉以降始漸消滅其起因蓋有二一由選舉制

度之變更，一由民族大移徙之識別。

兩漢選舉由郡國守相行之，及魏而改用「九品中正法」，立專官以司鄉評，造冊籍爲選舉標準，其官在州曰大中正，郡曰中正，州有主簿，郡有功曹，自晉以來，皆以土著之豪右任之，與奪高下出其手，結果乃至『下品無高門，上品無寒士。』所謂世族者，當其入仕之始，已居清要，起家爲散騎侍郎，祕書郎，著作郎等，平流而致公卿。寒門則起外郡小吏，累歲不能遷一階（漢制入仕者大率起家郡曹掾，考績優異，乃察舉孝廉，入爲郎，罕有躐進者。）以故貴者日益貴，賤者日益賤，寖假乃如鴻溝之不可踰越，階級之生，實由於此。

然則高門寒門之分何自起耶？舊史蓋未嘗質言，以吾推之，則漢末及五胡時代民族移轉，至少當爲構成門第重要原因之一。唐書云，『過江則爲「僑姓」，王謝袁蕭爲大；東南則爲「吳姓」，朱張顧陸爲大；山東則爲「郡姓」，崔盧李鄭爲大；關中亦號「郡姓」，韋裴柳薛楊杜首之；代北則爲「虜姓」，元長孫宇文于陸源竇首之。』此所述雖唐時情狀，然其來蓋久。東晉南渡，中原士夫隨而播遷者，翹然自表異，而孫吳以來故家久在吳會者，亦不肯相下，故江左有僑姓與吳姓對抗。五胡之難，異族侵入，徧於河北，土着之民欲自表爲神明遺胄也，於是乎有郡姓。郡者示異於種落也。魏孝文自代遷洛，盡改漢姓，於是乎有代北之國姓，虜姓云者，唐人名之云爾。南之僑吳，北之郡國，各張其右族以相援繫，族愈大者，其享受特權愈優越，此則後此甲姓乙姓丙姓之名所由生也。

六朝階級界限之嚴，求諸古今，曾無倫比。寒人雖躋貴要，其在交際場中，曾不能與高門齒。右軍將軍王道隆權重一時，到蔡興宗前，不敢就席，良久方去，興宗亦不呼坐。到溉執政，何敬容語人曰『溉尚有餘臭，遂學作貴人。』

』甚至積重之勢。雖帝者亦莫能易之。宋文帝寵宏興宗。謂曰『卿欲作士人。得就王球坐。乃當判耳。若往詣球。可稱旨就席。』及至宏將坐。球舉扇曰『卿不得爾。』宏還奏帝曰『我便無如此何。』紀僧眞顯貴。啓宋孝武帝求作「士大夫。」帝曰『此事由江斅謝瀹。我不得措意。可自詣之。』僧眞承旨詣斅。登榻坐定。斅命左右『移吾牀遠客。』僧眞喪氣而退。告帝曰『士大夫固非天子所命。』及唐太宗命高士廉等參稽譜牒。刊正氏族。而崔氏猶爲第一。太宗列居第三。門第思想之倔強不可拔也如此。

其所以致此且持久不壞者。其主要原因則在不通昏姻。魏太和中嘗定望族七姓子孫迭爲婚姻。（見唐書李義府傳）南朝曾否有此規定。雖不可深考。然以習俗覘之。想亦當爾爾。趙邕寵貴。欲強婚范陽盧氏。盧母不肯。攜女潛匿外家。崔巨倫姊眇一目。其家議下嫁巨倫。姑怒曰『豈可令此女屈事卑族。』侯景稱兵犯闕。生殺由己。欲請婚於王謝。梁武帝曰『王謝門高。可於朱張以下求之。』景亦終不能奪也。及唐初作氏族志。黜降著姓。然房玄齡魏徵李勣輩。猶以得婚崔盧諸族爲榮。李義府爲子求婚不得。乃奏禁焉。其後轉益自貴。稱「禁婚家。」男女潛相聘娶。朝廷末如之何。至文宗時欲以公主降士族。猶以爲難。乃下詔曰『民間婚姻尚閥閱。我家二百年天子。反不若崔盧耶。』則右族之高自矜異。蓋可想矣。蓋六朝階級之見。入唐雖稍殺。直至五代始全消滅也。（趙翼陔餘叢考卷十七六朝重氏族條譜學條）

以種族區別階級。征服者常享特權。不與被征服者齒。此歷史上常例也。晉世五胡之亂。劉石苻姚輩。類皆保塞種人。久居內地。名爲異族入主。實則與草澤英雄崛起者無異。且其戶口稀少。不能造成一特別階級。故影響於社會組織者甚微。鮮卑之慕容拓跋宇文諸氏。皆塞外大部落。其勢可以造成階級。然慕容之侵入也以漸。其先固已爲晉室之藩臣編戶次第同化拓跋自孝文以後嚮慕華風且以自標其種爲恥其種人亦往往不樂內遷宇文氏則中衰而復興復興後心醉漢化尤甚方且以步趨成周爲事以故終六朝之世除北齊高氏稍蔑視漢人外實無種族的階級之可言有之則自金元以後也

金之本俗管軍民者有「穆昆」譯言百夫長穆昆之上有「明安」譯言千夫長及有中原慮士民懷貳始創屯田軍凡女直奚契丹之人皆自本部徙居中州與百姓雜處屯田之所自燕南至淮隴之北皆有之亦謂之明安穆昆種人與漢民蓋顯分畛域世宗慮種人爲民害乃令自爲保聚其土地與民犬牙相入者互易之其後蒙古兵起種人往戰輒敗主兵者謂所給田少故無鬬志乃括民田以給之其所享特權率類是終金之世明安穆昆之衆別爲一階級居征服者之地位及宣宗南渡盜賊羣起民報夙讎不三二日間屠戮淨盡（趙翼廿二史劄記卷廿八明安穆昆散處中原條金末種人被害之慘條）

金分人民爲三級曰種人曰漢人曰南人漢人謂先取遼地時所得戶籍南人則繼取宋山東河南地之人也元分四級曰蒙古人曰色目人曰漢人曰南人色目人指成吉思以來平定西域所收之種落自葱嶺東西以迄歐洲其範圍至廣其滅金時所得則曰漢人滅宋時所得則曰南人據輟耕錄稱漢人八種一契丹二高麗三女眞四竹因歹五朮里闊歹六竹溫七竹赤歹八渤海而眞漢人反不與焉豈凡金之遺民在中原者概以女眞目之耶

政治上權利之差別金制對於漢人南人尚不甚歧視元制則分別綦嚴蒙古人最優色目次之漢人次之南人最下元史百官志序云『世祖定制總政務者曰中書省秉兵柄者曰樞密院司黜陟者曰御史臺其次在內者

有寺有監有衛有府在外者有行省行臺宣慰司使廉訪使其牧民者曰路曰府曰州曰縣其長皆以蒙古人爲之而漢人南人貳焉』質言之則漢人南人雖可登仕版終不得爲正印官也成宗本紀云『各道廉訪司必擇蒙古人爲使或缺則以色目世臣子孫爲之其次始參以色目及漢人』是色目之待遇亦較漢人優越也至元二年詔以蒙古人充各路達爾噶齊漢人充總管回回人爲同知而南人不得與焉程鉅夫傳記世祖責御史臺言『汝未用南人何以知南人不宜用』則南人之待遇又下於漢人也中國雖屢經外族侵入然挾征服者之權威以相臨儕我族於劣等則未有如元之甚者（二十二史劄記卷三十元制百官皆蒙古人爲之長條）

滿洲在關外以民隸軍畫爲「八旗」其後蒙古服屬則置蒙古旗入遼後得關內外人民及明降將卒則置漢軍旗「旗人」與「漢人」之名稱三百年來遂成爲對立之兩階級旗人駐防各省會與金之明安穆昆頗相類而體勢更爲隆重就形式上論別滿蒙漢三旗於漢人與元代之四階級頗相類然而不同者則清代蒙旗人之在內地其地位並不如元代色目人之優越而清代漢人比元代之漢人南人作官吏之機會最少也勝一籌例如中央各官署大小員缺皆滿漢平分外省官吏因無雙缺漢人以自由競爭之結果且常占優勢（附錄順康雍乾咸同光宣督撫滿漢人數比較表）故清代之滿漢在政治上殆無階級之可言

第六章　階級（下）

平民奴隸分級蓋起自原始社會直至現代猶革而未盡古代希臘羅馬以自由共和政體爲揭櫫夷考其實則希臘當比黎格力時雅典阿的加兩市人口約合三十萬而奴隸之數乃在八萬以上羅馬雖無確實統計而奴

數比例或更過之所謂自由亦部分的自由而已若印度四姓之制其「首陀羅」一級至今不齒於齊民美洲黑奴俄國農奴最近始革甚矣平等理想之實現如此其艱也其在中國奴隸身分之固定不如他國故其爲社會問題之梗亦不如他國之甚然亦因循數千年至今乃漸絕其間沿革有可言者

奴之名始見於尚書及論語隸之名始見於周禮及左傳

書甘誓「予則奴戮女」湯誓文同論語「箕子爲之奴」周禮左傳言隸者別見下文所引

然又有種種異名曰臣妾曰臣僕

易遯九三「畜臣妾吉」書費誓「臣妾逋逃」周官太宰「臣妾聚斂疏財」左傳僖十七年「男爲人臣女爲人妾」書微子「我罔爲臣僕」

曰童僕

易旅六二「得童僕貞」秦始皇時徐市將童男童女三千人入海求蓬萊後人解爲幼男女非也蓋謂奴婢耳論語「夫人自稱曰小童」蓋自謙之辭猶秦穆公夫人自稱「婢子」

童亦作僮

史記貨殖傳「僰僮」又「僮手指千」司馬相如傳「卓王孫僮客八百人」漢書賈誼傳「今民賣僮者」王褒有僮約見古文苑此外兩漢書言僮者甚多

曰臧曰獲

荀子王霸篇「雖臧獲不肯與天子易埶業」楊注「臧獲奴僕賤稱也」漢書司馬遷傳「臧獲婢妾」晉灼注「臧獲敗敵所被虜獲爲奴隸者」方言「荆淮海岱之間罵奴曰臧罵婢曰獲燕齊亡奴謂之臧亡婢謂之獲」文選報任安書李善注引韋昭「善人以婢爲妻生子曰獲奴以善人爲妻生子曰臧又凡人男而歸婢謂之臧女而歸奴爲之獲」

曰豎。

左氏僖公二十四年傳『晉侯之豎頭須守藏者也』又僖公二十八年傳『曹伯之豎侯獳貨筮史』

曰廝曰役曰扈曰養。

公羊宣十二年傳楚子重云『諸大夫死者數人廝役扈養死者數百人』書康誥『民養其勸弗救』

或於其間復分等級曰皂曰輿曰隸曰僚曰僕曰臺臺爲最下蓋指逃奴復獲者故稱『人有十等』遞相臣使。其罰也以次遞降。

左氏昭七年傳楚申無宇云『天有十日人有十等王臣公公臣大夫大夫臣士士臣皁皁臣輿輿臣隸隸臣僚僚臣僕僕臣臺』案此是否當時通行制度尚難確指然昭六年傳載楚棄疾誓辭云『不用命者君子廢小人降』君子當指士大夫小人當指庶人及奴隸小人而言『降』必有等乃可降是『十等』之別最少亦當爲楚國現行制矣其所以區別及名稱所由立今難悉解惟申無宇此言爲執逃奴而發其下文云『若從有司是無所執逃也逃而舍之是無陪臺也』可知陪臺爲逃而復獲者故等最下也

奴隸起源蓋自部落時代之俘虜倔强者殺之馴服者役焉「臣」實爲其最初之名象其稽顙肉袒屈服之形。

說文臣字下云『牽也象其屈服之形』莊子『擎跽曲拳人臣之事也稽顙服之甚也肉袒服之盡也』

此風蓋至春秋戰國間猶有存者。

呂覽『魯國之法凡贖臣妾於諸侯則取金於內府』蓋本國人被俘爲臣妾則以金贖之也據此知春秋時尚俘人爲奴孟子論齊伐燕云『若殺其父兄係累其子弟』據此知戰國時亦然。

其次起者卽犯罪人或其家屬剝奪良民資格沒入官爲奴婢周禮司屬所謂『其奴男子入於罪隸女子入於舂槀』是也此制由來蓋甚古故「童」「妾」「僕」等字皆從「辛」辛罪也。

說文『辛辠也從干二〇二古文上字』謂干犯其上爲罪也辛部所屬惟「童」「妾」二字童字下云『男有辠曰奴奴曰童女曰妾』

妾字下云『有辠女子給事之得接於君者』辛部下次以䇂部僕字從之

古代奴隸大部分皆由此出．故應劭云『古制本無奴婢．奴婢皆是犯事者．』（風俗通）鄭玄云．『今之奴婢．古之罪人也．』（周禮司厲注）

當春秋時．奴隸蓋有册籍．藏於官府．惟君相得免除之．

左氏襄二十二年傳『斐豹隸也．著於丹書．欒氏之力臣曰督戎．國人懼之．斐豹謂宣子．「苟焚丹書．我殺督戎」……』

凡罪人子孫未赦免者．蓋皆從奴籍．（？）

左氏傳『欒、郤、胥、原、降在皂隸．』四姓皆貴族之以罪廢者也．此『皂隸』若不作庶人解．則是四姓子孫皆在奴籍也．

春秋以前．奴隸似皆服公役（？）私人蓄奴之事無徵焉．『大夫有貳宗．士有隸子弟．』（左氏桓二年傳文）言以子弟執隸役也．孔子固嘗「從大夫之後．」論語記其日常行事．未嘗有使役奴隸之痕跡．樊遲御．冉有僕．闕黨童子將命．凡服勞者皆門弟子也．以此推之．當時奴隸之用．當有限制．而其數蓋亦不多．（？）

戰國之末．社會情狀劇變．戶口日增．民已艱食．重以田制破壞．豪強兼幷．工商業勃興．貧富懸隔．斯起於是民間之大地主大商賈．多蓄奴婢．資其勞力．以從事於生產貨殖．

史記貨殖列傳『白圭周人也．與用事僮僕同苦樂．』又云『齊俗賤奴虜．而刁閒獨愛貴之．桀黠奴．人之所患也．唯刁閒收取．使之逐魚鹽商賈之利．終得其力．起富數千萬．』

故問人之富．數奴以對．

貨殖傳又云『……馬蹄躈千．牛千足．羊彘千雙．僮手指千．……此亦比千乘之家．』僮手指千者．謂蓄奴百名也．

權貴言奴多至萬數千人。民間富豪亦動輒千數百人。

史記呂不韋列傳『不韋家僮萬人。嫪毐家僮數千人』又留侯世家『良家僮三百人』又貨殖列傳『蜀卓氏富至僮千人』漢書司馬相如傳『臨卭多富人。卓王孫僮客八百人。程鄭亦數百人』漢書王商傳『私奴以千數』

至漢時。奴乃成爲一種貨品。公開買賣。與牛馬同視。

漢書賈誼傳『今民賣僮者。爲之繡衣絲履偏諸緣。納之閑中』可見當時有賣奴公開市場。其場有閑。若馬牛欄然。

一奴之值約萬錢(?)

王褒僮約『神爵三年正月十五日。資中男子王子淵。從成都志安里楊惠買夫時戶下髯奴使了。決賈萬五千。奴從百役使。不得有異言。』

奴亦爲餽贈品。

漢書司馬相如傳『卓王孫分與文君僮百人。錢百萬。文君乃與相如歸成都。買田宅爲富人』

乃至可以贖罪。可以易官爵。

漢書鼂錯傳『錯勸帝募民以丁奴婢贖罪。及輸奴婢欲以拜爵者。』又食貨志『武帝募民能入奴婢。得終身復。爲郎增秩。』

奴之來源則亦與古異。其一。當時拓土日廣。與邊徼劣等民族相接觸。輒掠而賣之。略如近世白人販非洲黑奴矣。諸邊皆有。而滇蜀間之西南夷。實奴之主要供給地。

周禮有蠻隸閩隸夷隸貉隸。竊疑此爲漢時事實。史記貨殖列傳『巴蜀沃野。南御滇、僰。僰僮。西近邛、筰。筰馬、旄牛。』此列舉各地物產。言僰產之僮。與筰產之馬及旄牛。同爲主要貨品也。

其二。內地良民。亦往往被略賣爲奴。

漢書欒布傳『布爲人所略賣爲奴於燕』又外戚傳『竇后弟廣德四五歲時。家貧。爲人所略賣』

其三。或以饑餓自賣或賣子。

漢書食貨志『高祖令民得賣子』又高祖本紀『五年夏五月詔民以饑餓自賣爲人奴婢者皆免爲庶人』又賈誼傳『歲惡不入請賣爵子』

其四或爲豪家强占抑良作賤

後漢書梁冀傳『冀或取良人悉爲奴婢至數千人名曰自賣人』

其五或以特別事故願自鬻

史記張耳傳『貫高與客孟舒等十餘人皆自髡鉗爲王家奴』漢書季布傳『布匿濮陽周氏周氏進計布許之乃髡鉗布衣褐置廣柳車中之魯朱家所賣之』又刑法志『文帝時女子緹縈願沒入爲官奴婢以贖父罪』

其六或以子女質錢謂之贅子逾期不贖遂淪爲奴

漢書賈誼傳『秦人家貧子壯則出贅』嚴助傳『歲比不登民待賣爵贅子以接衣食』如淳注云『淮南俗賣子與人作奴婢名曰贅子三年不贖遂爲奴婢』說文『贅以物質錢也从敖貝敖者猶放貝當復取之也』是贅卽典當之義贅子者猶今之典身立有年限取贖也說詳錢大昕潛研堂答問

凡此皆春秋以前所未聞者奴隸數量之激增職此之由

以上所言皆私奴也官奴數量亦視前有增無減其來源一曰輕罪人之科「作刑」者一歲刑爲「罰作」爲「復作」二歲刑爲「司寇作」三歲刑爲「鬼薪」爲「白粲」四歲刑爲「完城旦舂」五歲刑爲「髡鉗城旦舂」此卽周官所謂「入於罪隸舂槀」者當其服刑時間則爲官奴故亦謂之「徒」

漢舊儀『男爲戍罰作女爲復作皆一歲司寇男備守女爲作如司寇皆作二歲鬼薪者男當爲祠祀伐山之薪蒸也女爲白粲者以爲祠祀擇米也皆作三歲完城旦舂四歲男髡鉗爲城旦女爲舂皆作五歲』

二曰重罪人已服死刑而家族沒官者鯨面爲奴婢非邀特赦不得爲良

魏志毛玠傳『漢律「罪人妻子沒爲奴婢黥面」今眞奴婢祖先有罪雖歷百世猶有黥面供官』

此項「相坐」法起於秦之商鞅漢文帝雖嘗明詔廢除然事實則終漢之世未之能革官奴之多此實主因

文帝元年詔『盡除收帑相坐律令』然武帝建元元年詔『赦吳楚七國帑輸在官者』可知景帝時已復行相坐律矣其他兩漢諸傳中孥坐之事仍且常見安帝永初四年詔『建初以來諸訞言他過坐徙邊者各歸本郡其沒入官爲奴婢者免爲庶人』是此法至安帝時猶存之明證

三曰人民以私奴入官贖罪買爵者及官沒收民間私奴者此在武帝時蓋亟行之

入官贖罪拜爵事已詳前注沒收民間私奴者史記平準書云『楊可告緡徧天下乃分遣御史廷尉正監分曹郎治郡國緡錢得民財物以億計奴婢以千萬數其沒入奴婢分諸苑養狗馬禽獸及與諸官益雜置多徙奴婢衆而下河漕度四百萬石及官自糴乃足』

坐是之故官奴日益多寖假成爲財政上一問題至元帝時始議裁汰然已積重難返

漢書杜延年傳『坐官奴婢乏食免官』又貢禹傳『禹言官奴婢十餘萬游戲無事稅良民以給之宜免爲庶人』

私奴方面奢僭無度亦成爲社會上大問題雖倍其口算以窘畜奴之家然爲效蓋鮮

漢書惠帝紀注引漢律『人出一算算百二十錢唯賈人與奴婢倍算』

成帝時始敕漸禁

漢書成帝本紀『永始四年詔曰公卿列侯親屬近臣多畜奴婢被服綺縠其申敕有司以漸禁之』

哀帝時始立限制以爵位高下爲蓄奴多寡之差然其奉行程度何若蓋不能無疑

漢書哀帝本紀『卽位詔曰「諸侯王列侯公主吏二千石及豪富多蓄奴婢田宅亡限其議限例」有司條奏「諸侯王奴婢二百人列侯公主百人關內侯吏民三十人諸名田畜奴婢過品皆沒入縣官」……』

諸奴婢既皆由罪沒或買賣而來非如印度「首陀羅」等之先天的區別故一遇赦免旋復爲良兩漢免奴之

詔屬下其關於官奴者五次。

一、文帝後四年免官奴婢爲庶人。

二、武帝建元元年赦吳楚七國帑輸在官者。

三、哀帝即位恩詔命官奴婢年五十以上免爲庶人。

四、光武建武六年詔王莽時吏人沒入爲奴婢不應舊法者免爲庶人。

五、安帝永初四年諸沒入爲官奴婢者免爲庶人。

右五次中惟第一第五次爲普行放免餘三次皆部分的放免。

關於私奴者六次。

一、高帝五年詔民以饑餓自賣者皆免爲庶人。

二、光武建武二年詔民有嫁妻賣子欲歸父母者恣聽之敢拘執論如律。

三、光武建武七年詔吏人遭亂及爲青徐賊所略爲奴婢下妻欲去留者恣聽之敢拘制不還以賣人法從事。

四、光武建武十二年詔隴蜀民被略爲奴婢自訟者及獄官未報一切免爲庶人。

五、光武建武十三年詔益州民自八年以來被略爲奴婢者皆一切免爲庶民或依託爲人下妻欲去者恣聽之拘留者比青徐二州以略人法從事。

六、光武建武十四年詔益涼二州奴婢自八年以來自訟在所官一切免爲庶民賣者無還直。

右西漢初一次全體解放東漢初五次皆局部解放。

其間最可注意者關於私奴之六次皆行諸喪亂初定之時與地蓋認其掠賣爲不法行爲西漢自文景後東漢自明章後對於私奴絕無解放之舉殆承認其正當權利謂非政府所宜强奪矣。

魏晉迄唐變相的奴婢有二種一曰佃客二曰部曲。

佃客起於晉初王公貴人各自占蔭以官品爲差多者四五十戶少者一戶，

文獻通考卷十一『晉武帝平吳之後令王公以下得蔭人以爲衣食客及佃客官品第一第二者佃客無過五十戶三品十戶四品七戶五品五戶六品三戶七品二戶八品九品一戶』又『東晉官品第一第二佃客無過四十戶每品減五戶至第九品五戶』

其主人號曰『大家』「其客皆注家籍皆無課役其佃穀與大家量分』通考原文蓋一種農奴制也。

案通考原文云『皆無課役』下文又云『其課丁男調布絹各二丈絲三兩綿八兩祿絹八尺祿綿三兩二分租米五石……』頗不可解。馬端臨謂『晉以來人皆授田無無田之戶是以戶賦之入於公家及私屬皆重』此說恐非如此則何以云「無課役」又何取於蔭耶此自述晉代課役常制耳非謂以此課佃客也

最可注意者兩點前此之奴皆以口計此獨以戶計前此之奴由買賣或掠奪而來此獨由蔭而來後世所謂「投靠」蓋起於此

晉書食貨志『各以品之高卑蔭其親屬多者及九世少者三世又得蔭人以爲衣食客佃客』據此知佃客實投靠以避免課稅故「注家籍」等於親屬也

此制是否南北朝尙通行何時消滅今難確考然佃客目的在託庇以免賦役「大家」則利其勞力以自封殖則其事當隨賦稅制度爲轉移北魏行均田制其受田也『奴婢依良』或於佃客之存在不無影響也。

魏書孝文本紀『太和九年詔均天下人田諸男夫十五以上受露田四十畝婦人二十畝奴婢依良』

復次吾儕試一繙唐律當立發見其中有多數以「部曲奴婢」連舉之條文

名例「略和誘人」條『略和誘部曲奴婢及藏逃亡部曲奴婢……』

名例「同居相爲隱」條『曲奴婢爲主隱皆勿論』

名例「官戶部曲」條『諸官戶部曲官私奴婢有犯本條無正文者各準良人』

名例「稱道士女冠」條『觀寺部曲奴婢於三綱與主之期親同。』

戶婚律「養雜戶爲子孫」條『若養部曲及奴爲子孫者。』

戶婚律「緣坐非同居」條『若部曲奴婢犯反逆者。』

賊盜律「部曲奴婢殺主」有專條。

賊盜律「殺人移鄉」條『殺他人部曲奴婢並不在移限。』

賊盜律「穿地得死人」條『部曲奴婢於主冢墓……』

賊盜律「知略和誘」條『略和誘部曲奴婢而買之者。』

賊盜律「共盜併贓」條『主遣部曲奴婢盜者。』

鬥訟律「部曲奴婢良人相毆」有專條。

鬥訟律「部曲奴婢過失殺主」有專條。

鬥訟律「毆緦麻親部曲奴婢」有專條。

鬥訟律「部曲奴婢詈舊主」有專條。

鬥訟律「部曲奴婢告主」有專條。

詐僞律「妄認良人爲奴」條『諸妄認良人爲奴婢部曲妻妾子孫者……』

雜律「奴姦良人」條『其部曲及奴姦主者……』

捕亡律「客止他界逃亡」條『……其官戶部曲奴婢亦同。』

斷獄「與囚金刃解脫」條『……部曲奴婢與主者罪亦同。』

斷獄「死罪囚辭窮竟」條『……部曲奴婢於主者皆以故殺罪論。』

斷獄「聞知恩赦故犯」條『……若部曲奴婢毆及謀殺……』

所謂「部曲」者果何物耶。吾儕讀後漢書三國志即已屢見此名詞。南北朝史則更夥。其意義亦隨時代而漸變其初蓋純屬一種非正式的軍隊漢制兵由徵調非將帥所得私及其末年邊將擁兵自重者始別募一種兵如後世所謂「家丁」者以爲己腹心而部曲之名立焉

魏志董卓傳『卓故部曲樊稠等合圍長安城』蜀志馬超傳『父騰徵爲衞尉以超領其部曲』此皆起自涼州當爲部曲最初發生之地（？）

其後天下大亂民離散無所歸諸將競招懷之以爲己有

魏志衞覬傳『關中膏腴之地頃遭喪亂……歸者無以自業諸將各競招懷以爲部曲郡縣貧弱不能與爭』

崛起草澤之英雄多藉之以成大業

蜀志關羽張飛傳『先主以羽飛爲別部司馬分統部曲』吳志孫堅傳『勅部曲整頓行陣』

部曲不惟壯丁而已大率舉家相附且往往隨主將移徙

魏志李典傳『典宗族部曲三千餘家居乘氏自願徙詣魏郡……遂徙部曲宗族萬三千餘口居鄴』又鍾會傳『將部曲數十家渡江』吳志韓當傳『將家屬部曲男女數千人奔魏』又朱桓傳『部曲萬口妻子盡識之』晉書祖逖傳『將部曲百餘家渡江』

其與主將關係既如此密切故除爲別人所擊散或攘奪外率父子相繼襲領而部曲遂成爲一家之所有物

蜀志馬超傳『領父騰部曲』吳志孫策傳『袁術以堅部曲還策』又孫韶傳『統父河部曲』又朱桓傳『使子異攝領部曲』

部曲皆有『質任』不能擅自解除寖假遂變爲法律上一種特殊階級

晉書武帝紀『泰始元年詔復百姓徭役罷部曲將吏長以下質任』又『咸甯三年大赦除部曲督以下質任』質即周官所謂質劑任保也「質任」蓋如後世投靠賣身之甘結罷除須下明詔則其不易罷除可知

經六朝至唐社會情狀日變部曲遂至全失其軍隊的性質而與奴隸同視

唐律疏議『部曲奴婢是爲家僕』又卷十七『奴婢部曲身繫於主』

雖然部曲之視奴婢亦有間，唐制分賤民爲若干級，而奴婢最賤，『律比畜產，』其處分常適用『物權法，』部曲則仍比諸人類。

唐律疏議卷六『奴婢賤人律比畜產，』又卷十七『部曲不同資財，故別言之，奴婢同資財，故不別言。』

故其權利義務亦有等差。

唐律鬬訟律二『諸部曲毆良人者加凡人一等，奴婢又加一等。……其良人毆傷殺他人部曲者減凡人一等，奴婢又減一等。』又雜律上『諸錯認良人爲奴婢者徒二年，爲部曲者減一等，錯認部曲爲奴者杖一百。』

此部曲沿革及身分之大凡也。

唐制別賤民於良民，賤民中又分三級，最下曰奴婢，次則番戶，次則雜戶。

唐書職官志『都官郎中員外郎掌配役隸，凡公私良賤，必周知之，凡反逆相坐，沒其家爲官奴婢，一免爲番戶，再免爲雜戶，三免爲良民。』

番戶亦稱官戶。

唐會要前文原注云『諸律令格式有言官戶者，是番戶之總號，非謂別有一色。』

部曲身分與官戶同，國有者爲官戶，私有者爲部曲。

唐律鬬毆律二部曲奴婢良人相毆條原注云『官戶與部曲同，』唐書高宗紀『顯慶二年十二月勅放還奴婢爲良及部曲客女者聽，』放奴婢爲部曲，即等於『一免爲番戶』也。

部曲之女謂之『客女，』其身分亦等於官戶。

唐律疏議卷十三『客女謂部曲之女，或有於他處轉得，或放婢爲之。』

官戶與雜戶異者，官戶惟屬本司，無籍貫於州縣，雜戶雖散配諸司驅使，仍附州縣戶貫。

唐律疏議卷三『官戶者謂前代以來配隸相生或有今朝配沒州縣無貫唯屬本司雜戶者謂前代以來配隸諸司職掌課役不同百姓依令老免進丁受田依百姓例』

雜戶者如少府監所屬之工樂雜戶太常寺所屬之太常樂人等類

唐大詔令集卷八十一武德二年八月詔『太常樂人……前代以來轉相承襲或有衣冠世緒公卿子孫一沾此色後世不改婚姻絕於士籍名籍異於編甿大恥深疵良可哀愍……宜得蠲除一同民例……』

更有所謂「隨身」者則契約雇傭之奴僕在約限內亦與良殊科

唐律疏議卷二十五注『隨身之與部曲色目略同』又卷二十一釋文『二面斷約年月賃人指使為隨身』是「隨身」即今之雇僕

此有唐一代奴隸名色之大凡也

唐時奴隸除當時因罪沒官及前代奴籍相承外大率販自南部東南則閩粵西南則川黔湘桂諸地謂之「南口」

唐書玄宗紀『天寶八載……其南口請禁蜀蠻及五溪嶺南夷獠之類』

唐會要卷八十六『元和四年勅嶺南黔中福建等道雖處遐俗莫非吾民……公私掠賣奴婢宜令所在長吏切加捉搦』

豪強商賈用以市易用以餽贈

唐會要卷八十六『元和九年詔自嶺南諸道輒不得一良口餉遺販易及將諸處博易又有求利之徒以良口博馬並勅所在長吏嚴加捉搦』

又『太和二年勅嶺南福建桂管邕管安南等道百姓禁斷掠買餉遺良口……』

又『大中九年勅嶺南諸州貨賣男女奸人乘之倍射其利今後無問公私土客一切禁斷』

朝廷且以為貢品

又『大歷十四年五月詔邕府歲貢奴婢．使其離父母之鄉．絕骨肉之戀．非仁也．宜罷之．』

而獠奴最盛行於公私間．所在皆有焉．

文獻通考四裔考「獠蓋蠻之別種．自漢中達於邛筰山谷之間．所在皆有……遞相劫掠．不避親戚．賣如豬狗．……被縛者即服為賤隸．不敢更稱良矣．……後周武帝平梁益．每歲出兵獲其生口．以充賤隸．謂之「壓獠．」商旅往來者．亦資以為貨．公卿逮於人庶之家．有獠口者多矣．」案杜甫集中即有示獠奴阿段一詩．足證唐時獠奴所在皆有．獠奴殆即漢之僰僮歟．

西北緣邊．則有突厥奴．吐蕃奴．回鶻奴．

又『大足元年勅西北緣邊州縣．不得畜突厥奴婢．』又『大中五年勅邊上諸州鎮送到投來吐蕃回鶻奴婢等．並配嶺外．不得隸內地．』

東北登萊一帶．亦盛販新羅奴．

又『長慶元年薛苹奏．有海賊誃掠新羅良口．將到登萊州界及緣海諸道．賣為奴婢．……請所在嚴加捉搦．』又『太和二年勑海賊誃掠新羅良口……雖有明勑．尚未止絕．』

蓋自初盛唐以來．武功恢張．幅員式廓．劣等民族．接觸日多．而掠賣惡風．亦日熾．唐代之奴．除罪隸外．此其大宗矣．

北胡凶暴．每有寇抄．畜產之外．掠及人民．自匈奴時蓋已然．然永嘉五胡之亂．諸胡率皆久居塞內．雜伍編氓．故其竊踞之地．所得戶籍．尚未闢以賤隸相視．自南北以敵國對峙．元魏破江陵時．盡以所俘士民為奴．無問貴賤．中國衣冠之族．淪入奴籍．自此始．至宇文周之末．乃漸放免焉．

通考卷十一『周武帝天和元年詔江陵人年六十五以上為官奴婢者放免．建德元年又詔江陵所獲俘虜充官口者．悉免為百姓．』

遼金元以還毒痡滋甚遼伐渤海伐宋伐高麗所俘者悉以充配賜

續通考十四『遼太宗天顯五年以所俘渤海戶賜魯呼等』又『聖宗統和四年以伐宋所俘生口賜皇族及乳母』又『二十九年以伐高麗所俘人分置諸陵廟餘分賜內戚大臣』又『統和七年詔南征所俘有親屬分隸諸帳者皆給官錢贖之』

靖康之難自帝胄以迄黎庶陷虜者皆宛轉狠藉

洪邁容齋隨筆　卷『自靖康之後陷於金虜者帝王子孫宦門士族之家盡沒爲奴婢使供作務每人月支稗子五斗令自舂爲米得一斗八升用爲餱糧歲支麻五把令緝爲裘此外更無一錢一帛之入……』

元初諸將競掠中原良民以爲私戶豪橫益非人理

元史張雄飛傳『前阿爾哈雅行省荆湖以降民三千八百戶沒入爲家奴自置吏治之歲收其租賦有司莫敢問』

又世祖本紀『至元十七年詔覈阿爾哈雅呼圖克特穆爾等所俘丁三萬二千餘人並放爲民』

又宋子貞傳『東平將校占民爲部曲戶謂之「脚寨」擅其賦役幾四百所子貞悉罷歸州縣』

又張德輝傳『兵後孱民依庇豪右歲久掩爲家奴德輝爲河南宣撫使悉遣爲民』

又雷膺傳『江南新附諸將往往强藉新民爲奴隸膺爲湖北提刑按察副使出令爲民者數千』

又王利用傳『都元帥塔爾海抑巫山數百口爲奴利用爲提刑按察使出之』

又袁裕傳『南京總管劉克興掠良民爲奴隸後獲罪裕籍其家奴隸得復爲民者數百』

雖屢申禁令而視同具文

元史耶律楚材傳『太宗元年籍中原民時將相大臣有所驅獲往往寄留諸郡楚材因括戶口并令爲民匿占者死』

又太宗本紀『十二年籍諸王大臣所俘男女爲民』

又廉希憲傳『至元十二年希憲行省荆南令凡俘獲之人敢殺者以故殺平民論有立契券質妻子者重其罪仍沒入其直』

又世祖本紀『至元二十年禁權勢沒人口爲奴及黥其面者』

蓋元代綱紀最紊亂．始終沿塞外之俗．『以殺戮俘鹵爲耕作．』朝廷本無勤恤民隱之意．而法復不能行於貴近．故蓄奴惡習．唐宋後本有漸革之勢．至元而復熾．將帥官吏倡之於上．莠民效之於下．江南豪富有蓄奴多至萬家者．

續通考卷十四『元武宗至大二年十月．樂實奏言江南富室有蔽占王民奴使之者．動輒百千家．有多至萬家者．可增其賦稅．』

直至明末．腥風猶播．而江南特甚．

顧炎武日知錄卷十三『太祖數藍玉之罪曰．「家奴數百．」今日江南士大夫多有此風．一登仕籍．此輩競來門下．謂之投靠．多者亦至千人．……』又云『人奴之多．吳中爲甚．其專恣暴橫．亦吳中爲甚．有王者起．當悉免爲良民．而徙之以實遠方空虛之地．士大夫之家所用僕役．並令出貲雇募．如江北之例．則豪橫一淸．而四鄉之民可以安枕．其爲士大夫者亦不至受制於人．』

迨淸康熙間．「奴變」一役．數千年養奴之習．乃告一大結束矣．

「奴變」一役．徧及江南全省．此事惟聞諸故老．知縉紳之家．罹禍極烈．顧亭林所謂『士大夫受制於人』者．蓋洞燭幾先矣．然事之始末．官私文書紀載極稀．吾今不能言其情形．並其年月亦不能舉出．今後當極力設法蒐集資料．海內博聞君子．儻能以所知事實相告．不勝大幸．

淸之末入關．其歷年寇鈔畿輔．遠及齊晉．所至亦當有掠人爲奴之事．

顏習齋之父．卽被掠爲奴之一人．類此者甚多．但此等記載．康雍乾間禁燬殆盡．今難博引．皇朝通考卷二十載乾隆四年上諭云『國初俘獲之人．年分已遠．及印契所買奴僕之中．有盛京帶來．帶地投充之人．係旗人轉相售賣者．均應開戶．』觀此知淸初此類之奴頗不少也．

順治定鼎以後．頗思立綱紀以繫民望．故除犯罪者「發滿洲披甲人爲奴」之外．自餘元初慘掠之習．似尙無所聞(?)其滿洲世僕有所謂「包衣」者．雖存主奴名分．仍得應試出仕．

包衣舊例雖官至極品．對舊主仍執主僕禮．至　　年始命凡三品以上包衣皆出籍．見　　等書．

漢人方面．則雍正元年解放山西樂戶．浙江惰民．五年解放徽州伴儅．寧國世僕．八年解放蘇州丐戶．乾隆三十六年解放廣東蜑浙江九姓漁戶及各省凡有似此者。

皇朝通考卷十九雍正元年上諭『山西等省有樂戶一項其先世因明建文末不附燕兵被害世世不得自拔令各屬禁革俾改業爲良又浙江紹興府之惰民與樂籍無異亦令削除其籍俾改業與編氓同列』五年諭『江南徽州府有伴儅寧國府有世僕本地呼爲細民其籍業與樂戶惰民同甚至有兩姓丁戶村莊相等而此姓爲彼姓執役有如奴隸究其僕役起自何時則汔然無考非實有上下之分……可悉開除爲民』八年又以蘇州之常熟昭文二縣丐戶與浙江惰民無異命削除丐籍

乾隆三十六年諭『廣東之蜑戶浙江之九姓漁戶及各省凡有似此者悉令該地方查照雍正元年山陝樂戶成案辦理令改業爲良

自是社會上類似奴隸之劣等階級緣法律之保障悉予豁除。

事實上卻未淨盡例如吾鄉及附近各鄉皆有所謂世僕者其在吾鄉者爲龔姓其人爲吾梁姓之公僕問其來由正如雍正諭所謂「僕役起自何時茫然無考」者。

其身分特異之點則(一)不得與梁姓通昏姻(鄰鄉良家亦無與通婚者其婚姻皆限於各鄉之世僕)(二)不得應試出仕(三)不得穿白襪其職務則(一)梁家祠堂祭祀必須執役(二)凡梁家各戶有喜事凶事必須執役但祠堂及各戶所以酬之者頗豐故其人生計狀況尙不惡依乾隆三十六年上諭此輩早已當列爲編氓然而至今不改者則社會積習之惰力然也

私人則除蓄婢女外男奴幾全部絕跡其事實及原因下方更詳言之。

關於奴婢之身分及待遇歷代法制變革頗繁漢律亡佚其所規定不可悉見然董仲舒建議謂『宜去奴婢除專殺之威』(見漢書食貨志)則其時得專殺奴婢可知此議雖在武帝時然終西漢之世未見施行及光武建武十一年、三月始下詔曰『天地之性人爲貴其殺奴婢不得減罪』雖未能全采仲舒去奴之議然揭示人權觀念確立平等原則可稱二千年極有價値之立法。

其年八月詔『敢炙灼奴婢論如律免所炙灼爲庶民』十月又詔『除奴婢射傷人棄市律』此二詔與前詔同一精神然卽此可見前此炙奴婢不爲罪而奴婢誤傷人卽處極刑也

大抵東漢一代儒學盛行合理的制度多在此時建設奴隸最少而待遇亦最優經三國南北朝以至隋唐人權思想轉形退化唐律疏議中『奴婢比畜產』『奴婢同資財』之語屢見不一見『諸奴婢有罪其主不請官司而殺者杖一百無罪而殺者徒一年過失而殺者勿論』疏議卷二十二 此其去專殺也幾何

史記田儋列傳『儋佯爲縛其奴從少年之廷欲謁殺奴』應劭注云『古殺奴婢皆當告官儋欲殺令故詐縛奴以謁也』晉書刑法志『奴婢捍主主得謁殺之』然則主人殺奴婢自秦以來卽爲法律所許不過須經「謁」「請」之一程序耳

至關於犯罪制裁之規定壹皆以良賤不平等爲原則殺傷部曲奴婢不特主及親屬擬罪從輕卽他人亦多不實抵

唐律主人殺奴婢之制裁具如前文所述一般良民惟故殺他人部曲擬絞餘俱無死罪毆殺傷奴婢者減凡人二等故殺者亦只流三千里

奴婢殺主唐律無文蓋謀殺未成或毆而致傷皆已處死其罪更無可加也

唐律卷十七『諸部曲奴婢謀殺主者皆斬謀殺主之期親及外祖父母者絞已傷者皆斬』卷二十二『諸部曲奴婢過失殺主者絞卽毆主之期親及外祖父母者絞已傷者皆斬詈者徒二年』

此種律文大體爲宋元明清律所因襲惟常人（本主除外）毆死或故殺奴婢明清律皆處絞漸復漢建武之舊矣現行刑律則奴婢犯罪加等對於奴婢犯罪減等諸條文什九削除大體已采用平等原則蓋受近世人權思想之影響使然也

奴婢身分之世襲卽所謂「家生子」者實由良賤禁通婚姻而來秦漢之間蓋男女間有一方爲奴者其所生

子即爲奴。

方言三『凡民男聟婢謂之臧女而婦奴謂之獲。』文選報任安書注引韋昭曰『善人以婢爲妻生子曰獲奴以善人爲妻生子曰臧。』

唐律對於奴與良人通婚絕對禁止。

唐律戶婚律「奴娶良人爲妻」條云『諸與奴娶良人女爲妻者徒一年半女家減一等離之其奴自娶者亦如之主知情者杖一百……即妄以奴婢爲良人而與良爲夫妻者徒二年各還正之。又「雜戶不得娶良人」條『諸雜戶不得與良人爲婚違者杖一百官戶娶良人女者亦如之良人娶官戶女者加二等……』按此則奴攀高固有罰良人自貶罰更重。

元律稍進步男女間有一方爲良人者其所生子即爲良人。

元刑法志姦非篇『諸奴有女已許嫁爲良人妻即爲良人。』又『諸良民竊奴隸生子子離母還主奴竊良民生子子隨母爲良。』

然清初滿洲世僕名分極嚴輒復擴其俗以及漢族故家生之奴清中葉蓋未革焉

大清會典戶部則例卷三『凡漢人家奴若家生若印契買若雍正十三年以前白契所買以及投靠養育年久或婢女招配生子者俱照八旗之例子孫永遠服役。』

奴婢身分之解除其在官奴方面蓋有二途一曰法定年齡之限制。

周官屬人『凡七十者未齔者不爲奴』通考卷十二『漢哀帝即位詔官奴婢五十以上免爲庶人。』『周武帝天和元年詔江陵人年六十五以上爲官奴婢者令放免。』『唐顯慶二年敕官奴婢年六十以上及廢疾者並免賤』此外類此之詔令尙多

二曰政府之恩免或豁免雜戶例如北周建德六年平齊詔『凡諸雜戶悉放爲百姓。』如前所述清雍正乾隆屢次放免樂戶等事此等雜戶其直接服役義務本甚希不過名義上不齒於齊民故革之較易其直接服役之官奴婢則除前所述漢代恩詔外後世普行豁免之事亦常有之不具舉參看通考續通考之戶口考奴婢各條然唐制則分等級。

有「官奴婢一免爲番戶再免爲雜戶三免爲良人」之規定此項直接服役之官奴婢衣食於官已久驟然解放其存活亦頗成問題如最近清宮之放免太監爲恩爲虐蓋尙待事實上之判定也

其私奴方面亦有二途一曰政府勒免

漢書高祖紀五年詔『民有饑餓自賣爲人奴婢者皆免爲庶人』後漢書光武紀建武二年五月詔『民有嫁妻賣子欲歸父母者悉聽之敢拘執論如律』後世此項恩詔尙多看通考續通考奴婢條

二曰本主自行放免

唐律疏議卷十二『依戶令放奴婢爲良及部曲客女者聽之皆由家長給手書長子以下連署仍經本屬申牒除附』

然關於私奴解放其法律效力恆不如官奴之强蓋自古然矣

官奴以俘虜及罪沒爲大宗私奴則買賣爲大宗歷代對於禁制買賣奴婢之立法法文法意皆往往相矛盾故其効力相消加以法律實施之能率不强法且成具文奴婢制度之久而不革實由於此漢制已有賣人之禁

後漢書光武紀建武七年五月詔『吏民遭飢亂及爲賊所掠爲奴婢下妻欲去留者悉聽之敢拘執不還以「賣人法」從事』所謂賣人法之條文今已亡佚然晉書刑法志引陳羣新律序曰『盜律有和賣買人』日知錄注惠氏引盜律曰『略人略賣人和賣人爲奴婢者死』所謂「盜律」卽蕭何九章律之一篇光武詔所謂「賣人法」卽指此

唐以後律對於略賣和賣課罪綦嚴卽長親賣子孫亦皆有罰

看唐律盜律「略人略賣人」「略和誘奴婢」「略賣期親卑幼」「知略和誘和同相買」諸條及宋刑統大明律大淸律例本篇諸條

故自明以來凡寫賣身文契者皆改稱「義男義女」

況之奇明律輯注云『祖父賣子孫爲奴婢者問罪給親完聚是無罪良人雖祖父亦不得賣子孫爲賤也……故今之爲賣身文契者皆不書爲奴爲婢而曰義男義女……』

雖然一面律文如彼一面詔勅事例等往往與律意全相矛盾卽最近至淸中葉仍常發見有承認買賣人口爲正當權利之法令

皇朝通考卷二十『康熙二年定八旗買賣人口兩家赴市納稅記册令領催保結列名若係漢人令五城司坊官驗有該管官印票准賣』『十一年申買人用印例』『五十三年准四十三年以前白契所買之人俱斷與買主』雍正元年定白契買人例自康熙四十三年起至六十一年止白契所買之人俱不准贖身』『乾隆三年定自乾隆元年以前白契所買作爲印契者不准贖爲民』『二十八年定入官人口之例年在十歲以上至六十歲者每口作價銀十兩六十歲以上作銀五兩九歲以下每一歲作銀一兩』

既有此等法令則律文中略賣和賣科罪諸條豈非完全等於無效況律中明有多條爲奴婢身分不平等之規定既禁買賣則私家奴婢從何而來律文本身精神已不一貫何怪其推行無力去奴之議所以自董仲舒倡之二千年而迄不能實行者蓋坐是耳

自宣統元年頒行禁革買賣人口條例而現行新刑律關於奴婢身分之各條文沿自明淸律者亦已完全削去主奴名義絕對爲法律所不容許在立法事業上不能不謂爲一種進步以後則視所以推行者何如耳

就事實上論女婢至今依然爲變相的存在男奴則自淸中葉以來早已漸次絕跡此蓋非由法律强制之力使然其原因實在生計狀況之變動與賦役制度之改良所謂生計狀況之變動者戰國秦漢間奴隸階級驟興由於田制破壞豪强兼幷前文既已言之凡畜奴者皆以殖產也故史記貨殖傳豔稱白圭刁間以善用奴致富又

言『僮手指千與千戶侯等』漢書張安世傳稱其『家童七百人皆有手技作事內治產業累積纖微是以能殖其富』後漢書樊宏傳稱其『課役童隸各得其宜上下戮力財利歲倍』至如王褒僮約雖屬滑稽之文然其所敍什九皆農田力作事為殖產而蓄奴亦可以窺見消息之一斑矣此後每經一度喪亂及秩序恢復後奴制轉盛蓋緣亂後地廣人稀豪強盛行占併則藉奴力開墾經營以自殖夫行大農制之社會最利蓄奴小農則否美國六十年前因南北利害衝突致演放奴戰爭表面上雖揭櫫「正義人道」其中實含有生計上重大意味善讀史者類能言其故矣我國自清中葉以後腹地各省人丁滋衍地狹民稠不容大農發生之餘地畜奴者無所利故不禁自絕也

所謂賦役制度改良者秦漢以來行口算之賦（卽人頭稅）又有兵役力役皆按丁籍徵收徵發而貴近豪強常享免賦免役之特權民之苦賦役者則相率逃亡逃亡無所得衣食則自鬻或被誘略為奴漢立「奴婢倍算」之制思所以防遏救濟之然為效蓋甚寡蓋豪貴固善於隱匿卽不隱匿而區區之算不足損其畜奴殖產之利也晉制許品官蔭人為衣食客或佃客限以戶數由今日觀之似是獎厲豪強特權在當日立法則固已含裁抑之意蓋不明定法蔭之限則其所包庇者正不止此數也唐代部曲之多亦由於此蓋在主人庇蔭之下一切賦役皆可以逃避也自宋王安石雇役法行民之苦役者稍蘇而賦則如故元代固絕無所謂政治縱將吏恣奪朘削奴之特多在史蹟上為例外明承元敝苟簡無所革正中葉後權璫恣虐民不堪荼毒惟自鬻於達官豪宗以求活所謂「投靠」是也甚至有「帶地投靠」者投靠既多丁籍益虛財政收入益窘則以原額攤派於未投靠之人未投靠者益苦則終久亦出於投靠而已明代江南宦族最多而蓄奴之風亦最盛弊實由此清康熙

五十一年定「丁隨地起」之制屢頒「滋生人口永不加賦」之諭此在我國財政立法上實開一新紀元其目的並不在禁奴然而投靠不勸自絕逃亡販鬻亦清其源事有責效在此而收效在彼者此類是也自今以往生計組織受世界潮流之影響而劇變大工行將代大農而興其利於畜奴也蓋相若奴之名義固非現代所能復活然而變相之奴且將應運生焉此則視勞動立法之所以防救者何如矣

本章脫稿後見社會科學季刊第三卷第三號有王世杰君著中國奴婢制度一文與鄙著互相發明者頗多望讀者一參考

第七章　鄉治

歐洲國家積市而成中國國家積鄉而成故中國有鄉自治而無市自治

鄉蓋古代鄰里鄉黨比閭州族之總名專稱鄉者則指一國中最高之自治團體

劉熙釋名『五家爲伍以五爲名也又謂之鄰鄰連也相接連也又曰比相親比也五鄰爲里居方一里之中也五百家爲黨黨長也一聚之所尊長也萬二千五百家爲鄉鄉向也衆所向也』周禮鄭注『二千五百家爲州百家爲族二十五家爲閭』

周禮有鄉師、鄉大夫、州長、黨正、族師、閭胥、比長諸職管子則有鄉師、鄉良人、州長、里尉、游宗、伍長或軌長諸職其制不盡相脗合兩書蓋皆戰國末年所記述未必皆屬事實卽事實亦未必各國從同也其職權之內容則周禮所說重在鄉官管子所說重在鄉自治

管子曰『野與市爭民鄉與朝爭治』又曰『朝不合衆鄉分治也』（俱權修篇文）其鄉分治之實蹟則如立政篇所言

『分國以爲五鄉，鄉爲之師，分鄉以爲五州，州爲之長，分州以爲十里，里爲之尉，分里以爲十游，游爲之宗，十家爲什，五家爲伍，什伍皆有長焉。築障塞匿，一道路，博出入，審閭閈，愼筦鍵，筦藏於里尉，置閭有司以時閉，有司觀出入者，以復於里尉。凡出入不時，衣服不中，圈屬羣徒不順於常者，閭有司見之，復無時。若在長家子弟臣妾屬役賓客，則里尉以譙於游宗，游宗以譙於什伍，什伍以譙於長家，譙敬而勿復，一再則宥，三則不赦。凡孝弟忠信賢材賢良儁材，若在長家子弟臣妾屬役賓客，則什伍以復於游宗，游宗以復於里尉，里尉以復於州長，州長以計於鄉師，鄉師以着於士師……三月一復，六月一計，十二月一著。凡上賢不過等，使能不兼官，罰有罪不獨及，賞有功不專與……』

又小匡篇曰，

『政既成，鄉不越長，朝不越爵，罷士無伍，罷女無家，士三出妻，逐於境外，女三嫁，入於舂穀，是故民皆勉於爲善，士與其爲善於鄉，不如爲善於里，與其爲善於里，不如爲善於家，是故士莫敢言一朝之便……皆有終身之功……是故匹夫有善可得而舉，有不善可得而誅，政成國安，以守則固，以戰則強』

管子書中尤有一奇異之制度，曰鄉治之性質，以職業爲類別，其大類有二，曰士農之鄉，曰工商之鄉，大抵前者如今之鄉村，後者如今之都市，由今日觀之，一地方區域中只有單純一種之職業，爲事殆不可能，雖然，一區域中以某種職業爲主，則亦非無之，例如英之牛津劍橋，雖亦有工商業，然可命爲學校區，其波明罕門治斯達，雖亦有學校，然可命爲工業市，管子之意，大概如此。

管子小匡篇，『制國以爲五鄉，商工之鄉六，士農之鄉十五，……士農工商四民者，國之石民也，不可使雜處，雜處則其言哤，其事亂，是故聖王處士必於閒燕。處農必就田野。處工必就官府。處商必就市林。今夫士羣萃而州處。閑燕則父與父言義。子與子言孝。……長者言愛。幼者言弟。旦夕從事於此。以教其子弟。少而習焉。其心安焉。不見異物而遷焉。是故其父兄之教不肅而成。其子弟之學不勞而能。是故士之子恆爲士。今夫農羣萃而州處。審其四時。權節具備其械器用。……少而習焉。其心安焉。不見異物而遷焉。是故其父兄之教不肅而成。其子弟之學不勞而能。是故農之子恆爲農。今夫工……是故工之子恆爲工。今夫商……是故商之子恆爲商。』

管子又有所謂「作內政寄軍令」之法。以鄉兵爲軍事基礎。且極言其效用曰。

『……是故卒伍政定於里。軍旅政定於郊。內教既成。令不得遷徙。故卒伍之人。人與人相保。家與家相愛。少相居。長相游。祭祀相移。死喪相恤。禍福相憂。居處相樂。行作相和。哭泣相哀。是故夜戰其聲相聞。立以無亂。晝夜其目相見。足以相識。驩欣足以相死。……』

孟子述古代井田之制亦曰。

『死徙無出鄉。鄉田同井。出入相友。守望相助。疾病相扶持。則百姓親睦。』

漢儒公羊傳宣十五年何注更詳述其制度內容曰。

『夫飢寒並至。雖堯舜躬化。不能使野無寇盜。貧富兼并。雖皋陶制法。不能使强不陵弱。是故聖人制井田之法而口分之。一夫一婦受田百畝。……五口爲一家。公田十畝。……廬舍二畝半。八家……共爲一井。故曰井田。……

『井田之義。一曰無泄地氣。二曰無費一家。三曰同風俗。四曰合巧拙。五曰通財貨。因井田以爲市。故曰市井。……別田之高下善惡。分爲三品。……肥饒不得獨樂。墝埆不得獨苦。故三年一換土易居。……是謂均民力。

『在田曰廬。在邑曰里。一里八十戶。八家同一巷。中里爲校室。選其耆老有高德者。名曰父老。其有辯護伉健者。爲里正。皆受倍田。得乘馬。父老比三老孝弟官屬。里正比庶人在官者。

『民春夏出田。秋冬入保城郭。田作之時。父老及里正旦開門坐塾上。晏出後時者不得出。暮不持樵者不得入。

『五穀畢入民皆居宅里正緝趨績男女同巷相從夜績至於夜中故女功一月得四十五日作從十月盡正月止男女有所怨恨相從而歌飢者歌其食勞者歌其事

『男年六十女年五十無子者官衣食之……

『十月事訖父老教於校室八歲者學小學十五者學大學其有秀者移於鄉學……

『三年耕餘一年之畜九年耕餘三年之積三十年耕有十年之儲雖遇水旱民無近憂四海之內莫不樂其業……』

綜括上列諸書所述則古代鄉治主要事業有四(一)農耕合作(二)義務教育(三)辦警察(四)練鄉兵其精神則在互助其實行則恃自動其在於道德上法律上則一團之人咸負連帶責任因人類互相依賴互相友愛互相督責的本能而充分利用之濬發之以搆成一美滿而鞏固的社會此鄉治之遺意也

周禮大司徒『五家為比使之相保五比為閭使之相受四閭為族使之相葬五族為黨使之相救五黨為州使之相賙五州為鄉使之相賓』

其羣集燕會之事見於儀禮者有鄉飲酒禮鄉射禮見於周禮者有州社之祭(州長職)見於禮記者有賓蜡之祭(禮運篇)有郵表畷等之祭(祭法篇)見於論語者有儺祭其他如詩經之『琴瑟擊鼓以迓田祖』(小雅甫田篇)『獻羔祭韭朋酒斯饗』(七月篇)等大率以歲時聚集一地方團體之全民於娛樂之中施以教育焉

諸書所說是否悉屬古代通行事實抑有一部分為著書者述其理想中之社會制度今未敢懸斷但左傳記鄭人游於鄉校以議執政(襄公三十一年)則春秋時確有鄉校可知論語記孔子與鄉人飲酒則鄉飲酒禮當時通行可知準此以推則諸書所說最少有一大部分應認為事實而鄉治精神殆有足以令人感動者故孔子與於蜡賓慨然想慕『大道之行』(禮運文)又曰『觀於鄉而知王道之易易也』(鄉飲酒義文)

戰國以降。土地私有而農民役於豪強。商業勃興而社會重心移於都市。鄉治漸失其勢力。而規模亦日以隳壞，然在漢時。郡國猶行鄉飲酒鄉射禮。則其他條目亦當有行者。（？）

儀禮鄭注鄉飲酒禮篇目下云『今郡國十月行此飲酒禮』鄉射禮篇目下云『今郡國行此禮以季春。』

其鄉官則有「三老」「嗇夫」「游徼」分掌教育賦稅獄訟捕盜等事。

漢書百官公卿表云『大率十里一亭。亭有長。十亭一鄉。鄉有三老有秩嗇夫游徼。三老掌教化。嗇夫職聽訟收賦稅。游徼徼循禁賊盜。』

其職權蓋由國家所賦予。其人蓋由長官所察舉。不純屬自治。但所察任例必爲本籍人。

漢書高帝紀『二年二月令舉民年五十以上有修行能帥衆爲善者。置以爲三老。鄉一人。擇鄉三老一人爲縣三老。與縣令丞尉以事相教。』

多能舉其職。名稱往往著於史册。

例如壺關三老茂上書詔衛太子寃。見漢書武帝紀。朱邑爲桐鄉嗇夫。沒而民祀之。見漢書循吏傳。爰延爲外黃嗇夫。仁化大行。見後漢書本傳。

三國六朝。史蹟蓋闕。惟後魏孝文及後周蘇綽皆曾一度刻意復古。頗著成效。至隋開皇間而鄉官盡廢。無復鄉治可言矣。

日知錄卷八『後魏太和中李冲上言宜準古五家立一鄰長。五鄰立一里長。五里立一黨長。長取鄉人彊謹者。……孝文從之。史言立法之初。多稱不便。及事既施行。計省昔十有餘倍。於是海內安之。後周蘇綽作六條詔書曰非直州郡之官皆須善人。爰自黨族閭里正長之職。皆當審擇。隋文帝師心變古。開皇十五年始盡罷州郡鄉官。……』

宋程顥爲留城令。立保伍法。量鄉里遠近爲保伍。使力役相助。患難相恤。奸僞無所容。孤煢老疾者責親黨使無失所。行旅疾病出於途者皆有所養。時稱善政。王安石因之，名曰保甲法。其始蓋教民以自衛。使習武事。詰姦盜。

宋周禮相保相受之意而實行商鞅連坐之法其敎育事項生計事項救恤則皆未及焉其後漸練以爲鄉兵欲藉以禦外侮然沮撓者旣多奉行者復無狀天下騷然非久旋廢。

熙寧中保甲法民十家爲一保選主戶有幹力者一人爲保長五十家爲一大保選一人爲大保長十大保爲一都保選衆所服者爲都保正主客戶兩丁以上選一人爲保丁兵器非禁者聽習每一大保夜輪五人儆盜凡告捕所獲以賞格從事同保犯强盜殺人……等罪知而不告者依伍保法連坐熙寧三年始行於畿甸以次推及全國四年始令畿內保丁肄習武事後亦行於全國至熙寧九年保甲民兵七百十八萬二千二十八人詳見宋史兵志

保甲法雖以安石故爲世詬病然明洪武十五年清嘉慶十九年猶明詔推行之其意蓋取消極的維持治安爲國家地方行政之輔助而行之能否有效則恆視長官所以督率之者何如。

純粹的鄉自治古今蓋多有之惟舊史除國家法制外餘事皆附人以傳自治非一人之畸行則無述也固宜其成績着於史册者則有如漢末避亂徐無山中之田疇蓋立法及一切行政乃至敎育等皆不藉官力自舉焉。

三國志田疇傳『……疇入徐無山中營深險平敞地而居躬耕以養父母百姓歸之數年間至五千餘家疇與其父老約束制相殺傷犯盜諍訟之法法重者至死其次抵罪二十餘條又制爲婚姻嫁娶之禮興舉學校講授之業班行其衆衆皆便之至道不拾遺……』

宋則呂大防及其昆弟大臨等作藍田呂氏鄉約行之而大效朱熹復增損約文廣爲傳播後此言鄉治者多宗焉其精神注重敎育及患難之周恤於地方行政及生計事項無所及。

呂氏鄉約有四綱一德業相勸二過失相規三禮俗相交四患難相恤朱氏增損本全文見朱子全書卷七十四前兩綱臚舉若干德目第三綱述最普通之交際禮節第四綱分水火盜賊疾病死喪孤弱誣枉貧乏凡七條務舉互助互救之實

明王守仁撫江西所至敎民立鄉約其約蓋增損呂朱本而去其繁縟禮文加入公斷防盜及禁止重息放債等事項。

看王文成全書卷十七南贛鄉約。

此外義田社倉社學宋明以來所在多有義田主恤貧社倉主救荒社學主教育成效如何則存乎其人。

義田創自范仲淹社倉創自朱熹社學起原待考。

鄉治之善者往往與官府不相聞問肅然自行其政教其強有力者且能自全於亂世盜賊汚吏莫敢誰何例如吾粵之花縣在明末蓋為番禺縣甌脫地流賊起其民築堡砦自衛清師入粵固守不肯剃髮不許官吏入境每年應納官課以上下兩忙前彙齊置諸境上吏臨境則交割焉一切獄訟皆自處理帖然相安直至康熙二十一年始納土示服清廷特為置縣曰花縣斯可謂鄉自治之極效也已。

此事始末清代官書皆削不載但言昔為盜窟康熙二十一年盜效順置為縣而已然吾鄉父老類能言其事吾幼時聞諸先王父蓋有明遺老二人如田疇者為之計畫主持二老臨終語其人毋復固守民從其言乃納土距清之興三十餘年矣先王父尙能舉二老姓名惜吾已忘之曾見某筆記中亦約略記此事今亦不能憶其書名容更詳考。

大抵吾國鄉治其具有規模可稱述者頗多特其鄉未必有文學之士有之亦習焉不察莫或記載史家更不注意及此故一切無得而傳焉以吾三十年前鄉居所覩聞吾鄉之自治組織由今回憶其足以繫人懷思者既非一今述其梗概資後之治史者省覽焉

吾鄉曰茶坑距厓門十餘里之一島也島中一山依山麓為村落居民約五千吾梁氏約三千居山之東麓自為一保餘袁聶等姓分居環山之三面為二保故吾鄉總名亦稱三保鄉治各決於本保其有關係三保共同利害者則由三保聯治機關決之聯治機關曰「三保廟」本保自治機關則吾梁氏宗祠「疊繩堂」

自治機關之最高權由疊繩堂子孫年五十一歲以上之耆老會議掌之未及年而有「功名」者（秀才監生以上）亦得與焉會議名曰「上祠堂」（聯治會議則名曰「上廟」）本保大小事皆以「上祠堂」決之。

疊繩堂置值理四人至六人。以壯年子弟任之。執行耆老會議所決定之事項。內二人專管會計。其人每年由耆老會議指定。但有連任至十餘年者。凡值理雖未及年亦得列席於耆老會議。

保長一人。專以應官。身分甚卑。未及年者則不得列席耆老會議。

耆老及值理皆名譽職。其特別權利只在祭祀時領雙胙及祠堂有讌飲時得入座。保長有俸給。每年每戶給米三升。名曰「保長米。」由保長親自沿門徵收。

耆老會議例會每年兩次。以春秋二祭之前一日行之。春祭會主要事項爲指定來年值理。秋祭會主要事項爲報告決算及新舊值理交代。故秋祭會時或延長至三四日。此外遇有重要事件發生。卽臨時開會。大率每年開會總在二十次以上。農忙時較少。冬春之交最多。

耆老總數常六七十人。但出席者每不及半數。有時僅數人亦開議。未滿五十歲者只得立而旁聽。有大事或擠至數百人。堂前階下皆滿。亦常有發言者。但發言不當。輒被耆老訶斥。

臨行會議其議題。以對於紛爭之調解或裁判爲最多。每有紛爭。最初由親支耆老和判。不服。則訴諸各房分祠。不服則訴諸疊繩堂。疊繩堂爲一鄉最高法庭。不服則訟於官矣。然不服疊繩堂之判決而興訟。鄉人認爲不道德。故行者極希。

子弟犯法。如聚賭鬥毆之類。小者上祠堂申斥。大者在神龕前跪領鞭扑。再大者停胙一季或一年。更大者革胙。停胙者逾期卽復。革胙者非經下次會議免除其罪。不得復胙。故革胙爲極重刑罰。

耕祠堂之田而拖欠租稅者停胙。完納後立卽復胙。

犯竊盜罪者。縛其人游行全鄉。羣兒共譟辱之。名曰「游刑。」凡曾經游刑者最少停胙一年。

有姦淫案發生。則取全鄉人所豢之豕。悉行刺殺。將豕肉分配於全鄉人。而令犯罪之家償豕價。名曰「倒豬。」凡曾犯倒豬罪者永遠革胙。

祠堂主要收入爲嘗田。各分祠皆有。疊繩堂最富。約七八頃。凡新淤積之沙田皆歸疊繩堂。不得私有。嘗田由本祠子孫承耕之。而納租稅約十分之四於祠堂。名曰「兌田。」凡兌田皆於年末以競爭投標行之。但現兌此田不欠租者。次年大率繼續其兌耕權。不另投標。遇水旱風災則減租。凡減租之率。由耆老會議定之。其率便爲私人田主減租之標準。

支出以墳墓之拜埽祠堂之祭祀爲最主要。凡祭皆分胙肉。歲杪辭年所分獨多。各分祠皆然。故度歲時雖至貧之家皆得豐飽。

有鄉團。本保及三保聯治機關分任之。置鎗購彈。分擔其費。團丁由壯年子弟志願補充。但須得耆老會議之許可。團丁得領雙胙。鎗由團丁保管（或數人共保管一槍）盜賣者除追究賠償外。仍科以永遠革胙之嚴罰。鎗彈由祠堂值理保管之。

鄉前有小運河常淤塞。率三五年一濬治。每濬治由祠堂供給物料。全鄉人自十八歲以上五十一歲以下皆服工役。惟耆老功名得免役。餘人不願到工或不能到工者須納免役錢。祠堂雇人代之。遇有築堤堰等工程亦然。凡不到工又不納免役錢者。受停胙之罰。

鄉有蒙館三四所。大率借用各祠堂爲教室。教師總是本鄉念過書的人。學費無定額。多者每年三十幾塊錢。少者幾升米。當教師者在祠堂得領雙胙。因領雙胙及借用祠堂。故其所負之義務。則本族兒童雖無力納錢米者。亦不得拒其附學。

每年正月放燈。七月打醮。爲鄉人主要之公共娛樂。其費例由各人樂捐。不足則歸疊繩堂包圓。每三年或五年演戲一次。其費大率由三保廟出四之一。疊繩堂出四之一。分祠堂及他種團體出四之一。私人樂捐者亦四之一。

鄉中有一頗饒趣味之組織曰「江南會」。性質極類歐人之信用合作社。會之成立。以二十年或三十年爲期。成立後三年或五年開始抽籤還本。先還者得利少。後還者得利多。所得利息。除每歲杪分胙及大宴會所費外。悉分配於會員（鄉中娛樂費此種會常多捐）會中值理每年輪充。但得連任。值理無俸給。所享者惟雙胙權利。三十年前吾鄉盛時。此種會有三四個之多。鄉中勤儉子弟得此等會之信用。以赤貧起家而致中產者蓋不少。

又有一種組織頗類消費合作社或販賣合作社者。吾鄉農民所需主要之肥料曰「麻麴」。常有若干家相約以較廉價購入大量之麻麴。薄取其利以分配於會員。吾鄉主要產品曰葵扇曰柑。常有若干家相約聯合售出。得較高之價。會中亦抽其所入之若干。此等會臨時結合者多。亦有繼續至數年以上者。會中所得。除捐助娛樂費外。大率每年終盡數擴充分胙之用。

各分祠及各種私會之組織。大率模仿疊繩堂。三保廟則取疊繩堂之組織而擴大之。然而鄉治之實權。則什九操諸疊繩堂之耆老會議及值理。

先君自二十八歲起任疊繩堂值理三十餘年。在一個江南會中兼任值理亦二三十年。此外又常兼三保廟及各分祠值理。啓超幼時。正是吾鄉鄉自治最美滿時代。

此種鄉自治。除納錢糧外。幾與地方官全無交涉。（訟獄極少）竊意國內具此規模者。尚所在多有。雖其間亦恆視得人與否爲成績之等差然大體蓋相去不遠此蓋宗法社會蛻餘之遺影以極自然的互助精神作簡單合理之組織其於中國全社會之生存及發展蓋有極重大之關係自清末摹仿西風將日本式的自治規條勦譯成文頒諸鄉邑以行「官辦的自治」所謂代大匠斲必傷其手固有精神泯然盡矣

自治又必須在社會比較的安寧有秩序時乃能實行鄉民抵抗力薄受摧殘亦較易故每値鼎革喪亂之際能保持其地位如漢末之徐無山明末之花縣者蓋甚希疇昔對斬木揭竿之盜尙可恃鋤耰棘矜以自衞今則殺人利器日益精良非鄉民所能辦而大盜復從而劫持之例如吾粵自國民政府成立後盡奪各鄉團自衞之鎗械於是民只能束手以待盜之魚肉田疇且鞠爲茂草其他建設更何有恐二千年來社會存立之元氣自此盡矣

第八章 都市

歐洲各國多從自由市展擴而成及國土既恢而市政常保持其獨立故制度可紀者多中國都市向隸屬於國家行政之下其特載可徵者希焉現存之書若三輔黃圖長安志東京夢華錄夢粱錄武林舊事春明夢餘錄日下舊聞等其間可寶之史料雖甚多然大率詳於風俗略於制度其所記述又限於首都至如兩京三都諸賦則純屬文學作品足資取材者益少本章惟於所記憶之範圍內對於一二首都爲斷片的記述而近世之商業都市則較詳焉續蒐資料更當改作也

古代蓋無鄉市之別『民春夏出田秋冬入保城郭』（公羊傳宣十五年何注文）城郭不過農民積儲糗糧歲終休燕之地而

已。其後職業漸分。治工商業者。吏之治人者。皆以闤闠域闕爲恆居。於是始有「國」與「野」之分。野擴爲村落。國衍爲城市。

孟子滕文公篇『請野九一而助。國中什一使自賦。』又萬章篇『在國曰市井之臣。在野曰草莽之臣。』周禮中邦國都鄙對文。或國與鄙對文尤多。鄙卽野也。說文『或。邦也』邦國之國字實以「或」字爲正文。外加圍者表垣壁保聚之意。卽古代「秋冬入保」之地也。

後此城市可分爲政治的軍事的商業的之三種。古代則同出一源。蓋築爲崇墉以保積聚。以圉寇盜。而商旅亦於是集焉。其後政務漸擴。卽以爲行政首長所注地。爲出令之中樞。故最初之都市皆政治都市也。市行政卽占中央行政之重要一部分。周禮天官之內宰。地官之司市、質人、廛人、胥師、賈師、司虣、司稽、肆長、泉府、司門、司關、秋官之禁暴氏。野廬氏。蜡氏。雍氏。萍氏。司寤氏。司烜氏。諸職。其所職掌類皆今世市政府所有事也。

內宰掌建國立市事。

司市總掌市之治敎政刑量度禁令。

質人掌稽市之書契質劑裁判買賣之爭議。

廛人掌市之徵收事項。

胥師賈師察詐僞平物價。

司虣司稽掌維持市之秩序。

泉府掌官賣事業及金融。

司門司關掌入市稅。

禁暴氏掌禁民衆之亂暴及不法集會者。

野廬氏掌修理掃除道路種樹及其他道禁。

蜡氏掌掩埋市中屍骸．

雍氏掌溝渠．

萍氏掌水禁．其職略如水上警察．

司寤氏掌夜禁．

司烜氏掌火禁．

使周禮若全部可信則周時市政之特點略如下．一曰貨品須經市官檢查有妨害風化或治安及竄僞者皆禁之．

司市『以政令禁物靡而均市以賈民禁僞而除詐．凡市僞飾之禁．在民在商在賈在工者各十有二』王制列舉某物某物不鬻於市者若干事與此相應．

二曰賣買契約有一定程式．由市官登記．市官得聽判商事訴訟．訴訟有「時效」的限制．

質人『掌成市之貨賄．凡賣買者質劑焉．大市以質．小市以劑．掌稽市之書契……凡治質劑者．國中一旬．郊二旬．野三旬．都三月．邦國朞．期內聽．期外不聽』

三曰市官得斟酌情形．干涉物價之騰貴．貨物滯銷者市官則買入之以轉賣於人．

賈師『凡天患禁貴賣者．使有恆價．四時之珍異亦如之』

泉府『斂市之不售貨之滯於民用者．以其價買之．物揭而書之．以待不時而買者』

四曰市官得貸錢與民而取其息．略如現代之銀行．

泉府『凡賒者祭祀無過旬日．喪紀無過三月．凡民之貸者．與其有司辨而授之．以國服爲之息』

五曰市有巡察之官．略如今之警察．犯違警罪者得處罰之．

司虣『掌憲市之禁令禁其鬭嚻者與其虣亂者出入相陵犯者以屬游飲食於市者若不可禁則搏而戮之』

司稽『掌巡市而察其犯禁者與其不物者而搏之掌執市之盜賊以徇』

胥『執鞭度而巡其前……凡有罪者撻戮而罰之』

禁暴氏『掌禁庶民之亂暴力正者……凡國聚衆庶則戮其犯禁者以徇』

六曰得收入市稅或免之

司關『凡貨不出於關者舉其貨罰其人國凶札則無關門之征』

七曰有專官掌埽除道路及道旁種樹等事又有專司救火者

掌固『修城郭溝池樹渠之固』

野廬氏『掌國道路宿息林樹掌凡道禁』

司烜氏『以木鐸修火禁邦若屋誅則爲明竁焉』

八曰有公立旅館

遺人『凡國野之道十里有廬廬有飲食三十里有宿宿有路室路室有委五十里有市市有候館候館有積』

周禮雖不敢信爲周公之書然據其他傳記所散見則春秋時列國國都其行政實頗纖悉周備故陳國司空不視塗道無列樹而單襄公卜其將亡孔子爲魯司寇而朝不飲羊市無誑價

單襄公事見國語周語「定王使單襄公聘於宋」篇孔子事見荀子儒效篇及僞家語

戰國時舊邦次第翦滅併爲七雄政治勢力漸趨於集中而大都市亦隨之而起齊表東海泱泱大風自管仲時卽以工商立國至威宣而益盛故稷下談士萃文化之藪臨菑戶著極殷樂之觀

史記田敬仲世家『齊宣王喜文學游說之士……七十六人皆賜列第爲上大夫不治而議論是以齊稷下學士復盛且數百千人』

齊策『臨菑之中七萬戶……臨菑甚富而實其民無不吹竽鼓瑟彈琴擊筑鬥鷄走狗六博蹋鞠者臨菑之塗車轂擊人肩摩連衽成帷舉袂成幕揮汗成雨家殷人足志高氣揚』

自餘各國都會故實雖書闕有間而弘敞殷盛殆相彷彿．

越絕書記『吳大城周四十七里二百一十步二尺陸門八其二有樓水門八南面十里四十二步五尺西面七里百一十二步三尺北面八里二百二十六步三尺東面十一里七十九步一尺吳郭周六十八里六十步』所記里步詳細如此決非臆造然則春秋戰國間吳故城其大幾等今之北京矣．

越絕書又言『吳市者春申君所造闕兩城以爲市在湖里』市而闕兩城爲之則其大可想．

魏之大梁趙之邯鄲其實況雖無可考然據史記信陵平原諸傳猶可彷彿其一二．

秦漢以降政治統一全國視聽集於首都秦始皇及漢諸帝先後移各地彊宗大俠豪富以實長安所謂『三選七遷充奉陵邑所以强幹弱枝隆上都而觀萬國』(班固西都賦文)**其政策與近世法王路易十四之鋪張巴黎蓋相似．**

史記秦始皇本記『秦幷天下……徙天下豪富於咸陽十二萬戶……每破諸侯寫放其宮室作之咸陽北阪上南臨渭自雍門以東至涇渭殿屋複道周閣相屬』

漢書地理志『漢興立都長安徙齊諸田楚昭屈景及諸功臣家於長陵後世世徙吏二千石高訾富人及豪桀幷兼之家於諸陵蓋亦以彊幹弱支非獨爲奉山園也』

西漢盛時長安以政治首都同時並爲商業首都壯麗殷闐超越前古．

班固西都賦『建金城其萬雉呀周池而成淵披三條之廣路立十二之通門內則街衢洞達閭閻且千九市開場貨別隧分人不得顧車不得旋闐城溢郭傍流百廛紅塵四合烟雲相連』

張衡西京賦『廓開九市通闤帶闠旗亭五重俯察百隧』

三輔黃圖『長安市有九各方二百二十六步六市在道西三市在道東凡四里爲一市致九州之人在突門夾横橋大道市樓皆重屋又有

旗亭樓在杜門大道南又有當市樓有令署以察商賈貨財買賣貿易之事三輔都尉掌之

西都賦『於是既庶且富娛樂無疆都人士女殊異乎五方游士擬於公侯列肆侈於姬姜鄉曲豪俊游俠之雄節慕原嘗名亞春陵連交合衆騁騖乎其中』

漢書地理志『……是故五方雜厝風俗不純其世家則好禮文富人則商賈爲利豪傑則游俠通姦瀕南山近夏陽多阻險輕薄易爲盜賊常爲天下劇又郡國輻湊浮食者多民去本就末列侯貴人車服僭上衆庶倣效羞不相及嫁娶尤崇侈靡送死過度』案據以上諸文可見漢時長安實具有近代各國大都市之規模

市民品流複雜習俗豪侈最稱難治

漢制掌市政之官一曰京兆尹及長安令（東漢則河南尹與洛陽令）其常職雖同於郡國守相及縣令長管其所屬郡縣之一切民事然其課績實以首都治理之能舉與否爲殿最若比附今制則京兆尹正如倫敦巴黎之市長也漢代以「徙郡國豪傑實關中」故市民複雜撫御最難加以達官貴戚所聚撓法者多故京兆尹必以武健綜覈者爲稱職如雋不疑韓延壽趙廣漢王尊王章皆其選也其夙以循良著稱如黃霸之流一登斯職聲譽頓減焉

漢書百官公卿表『內史周官秦因之掌治京師景帝二年分置左內史右內史武帝太初元年更名京兆尹左內史更名左馮翊』

漢書張敞傳稱『京兆典京師長安中浩穰於三輔尤劇』雋不疑傳稱『不疑爲京兆尹京師吏民敬其威信』趙廣漢傳稱『廣漢爲京兆尹發長安吏自將至博陵侯霍禹第搜索私屠酤又率長安丞捕賊』

張敞傳稱『敞爲京兆尹長安市無偷盜』則長安吏卒皆統率於京兆尹可知

漢京兆尹職權甚大可以專行誅殺看漢書卷七十六趙尹韓張兩王列傳便知其概

漢書酷吏傳『義縱遷長安令直法行治不避貴戚尹賞以三輔高第選守長安令得一切便宜從事』

後漢書董宣傳『特徵爲洛陽令搏擊豪强莫不震慄』又周紆傳『徵拜洛陽令貴戚跼蹐京師肅清』可見兩漢之長安洛陽二令苟得其人則亦能行其職權

二曰執金吾掌徼巡京師擒姦討猾其職略如今之警察。

唐六典『中尉秦官掌徼巡京師』

漢書百官公卿表『中尉掌徼循京師武帝太初元年更名執金吾』

後漢書注引漢官『執金吾緹騎五百二十人輿服導從光滿道路羣僚之中斯最壯矣世祖歎曰「仕宦當作執金吾」』

崔豹古今注（玉海引）『金吾棒也以銅爲之御史大夫司隸校尉亦得執焉』案此棒疑爲衞士所執若今警察之持棍北齊書崔暹傳『暹爲御史中尉世宗出之東山遇暹在道前驅爲赤棒所擊世宗回馬避之』北齊之御史中尉其職正如漢之執金吾導從皆持赤棒時高澄正以世子執朝政見之亦須避道也。

三曰司隸校尉初本暫設與執金吾權限不甚分明其後遂爲統部之官等於州牧京師市政非所管矣。

漢書百官公卿表『司隸校尉武帝征和四年初置持節從中都官徒千二百人捕巫蠱督大姦猾後罷其兵察三輔三河弘農』

玉海引漢儀『司隸校尉職在典京師外部諸郡無所不糾』案司隸本武帝末年爲察捕巫蠱一時權設其職略如民國以來所謂軍警執法處衞戍總司令等其職權與執金吾相混亦正如總司令部之與警察廳爭權其後權力日張則三輔（京兆尹左馮翊右扶風）皆其屬部故漢地理志以京兆等郡爲司隸所部而六朝以降則直改稱「司州」矣

後漢書鮑永傳『永爲司隸校尉帝（光武）叔父趙王良尊戚貴重永以事劾良大不敬……又辟鮑恢爲都官從事恢亦抗直不避強禦帝常曰「貴戚且宜斂手以避二鮑」……』案此可見東漢初司隸職權之一斑

右三官者皆以國家大吏（官皆中二千石）而綰都市之政其主要職責在摧豪強糾奸慝以維持市之秩序至於市官有令丞等職則皆小吏奉行細故不足爲重輕也。

漢書百官表京兆尹所屬有長安市廚兩令丞左馮翊所屬有長安四市四長丞

右三官者後代遞相沿襲而職權之伸縮因時而異西漢之京兆尹在東漢魏晉則爲河南尹在東晉宋齊梁陳

則爲丹陽尹。在北魏都代時爲萬年尹。遷洛後爲河南尹。在後周及隋皆爲京兆尹。唐則京兆河南太原三尹。五代北宋則開封尹。南宋則臨安尹。遼則五京皆以留守行尹事。金則爲大興府尹。元則大都路都總管。明清則順天府尹。民國復爲京兆尹。歷代之中。兩漢及兩宋尹權最重。苟得其人。則於市政能有所整飭。六朝則恆爲要人領兵者所兼。於吏事市政兩無關焉。唐則專爲地方官。監屬縣之治而已。元明皆以應辦官府供需與清末各省首縣職權相類。清及民國則爲地方官。略如唐制。京師坊市之事。非所過問。此其大較也。

執金吾與司隸校尉職權本相混。魏晉復漢初名爲中尉。東晉稱北軍中候。宋齊梁陳皆爲衞尉。北魏爲城門校尉。隋爲左右武候大將軍。唐五代爲左右金吾衞大將軍。宋爲左右金吾衞司仗司。金元爲都指揮使司。明爲錦衣衞親軍指揮使司。其後復設東廠以內監領之。故並稱廠衞。清爲步軍統領。清末置警部及京師警察廳。警部後改爲民政部。民國復改爲內務部。又別置京師市政公所。以內務部次長領之。而步軍統領仍存。專管四郊。至十三年始併於警廳焉。又常有所謂衞戍總司令警備總司令等。與警察對峙。權力恆在其上。此歷代首都保安機關沿革之大凡也。

凡此組織。皆與市政之獨立市民之自治絕無關係。然歷史事實之所以詔吾儕者。實止於此。一言蔽之。則吾民族只有鄉自治之史蹟。而無市自治之史蹟而已。首都如此。其他大小都市。亦壹皆由地方官吏主持。可以類推。

歷代都市狀況。雖故事雜記中間有紀載。然皆瑣屑散漫。難可條次。今略舉其有述者。則——漢長安街道修廣平直。列樹甚多。

三輔決錄『長安城面三門。四面十二門。皆通達九達。以相經緯。衢路平正。可並列車軌。三塗洞開。隱以金椎。周以林木。左出右入。爲往來之徑，行者升降有上下之別。』

東漢末洛陽曾以機引水灑掃道路。

後漢書宦者傳『作翻車渴烏施於平門外橋西用灑南北郊路以省百姓灑道之費。』

苻堅時長安沿郊有旅館街中有列樹北魏孝文時之洛陽亦然。

晉書苻堅載記『自長安至於諸州皆夾路樹槐柳二十里一亭四十里一驛旅行者取給於塗工商販賣於道百姓歌之曰「長安大街夾樹楊槐下走朱輪上有鸞棲」……』

楊衒之洛陽伽藍記『伊雒之間夾御道有四夷館……附化之民萬有餘家門巷修整閶闔塡列青槐蔭陌綠柳垂庭……』

北魏時洛陽市面積蓋甚大商民以職業分別部居。

洛陽伽藍記『御道南有洛陽大市周迴八里市東有通商達貨二里里內之人盡皆工巧屠販爲生資財巨萬市南有調音樂律二里……市西有退酤治觴二里……市北有慈孝奉終二里……別有準財金肆二里富人在焉凡此十里多諸工商貨殖之民千金比屋層樓對出……』

隋則於長安洛陽盛開河渠。

徐松唐兩京城坊考『長安龍首渠永安渠皆隋開皇三年開清明渠亦開皇初開洛陽通津渠隋大業元年開。』

陰渠之制蓋起於漢武帝時其後魏武帝行之於鄴唐代似亦行之於洛陽（？）元明以降則大行於北京。

史記河渠書『武帝初發卒萬餘人穿渠自徵引洛水至商顏下岸善崩乃鑿井深者四十餘丈往往爲井井下相通行水水穨以絕商顏東至山嶺十餘里。』

水經注『魏武引漳流自城西東入逕銅雀臺下伏流入城東注謂之長明溝。』

唐兩京城坊考『洩城渠自含嘉倉出流入漕渠。』名曰「洩城」似是宣洩汙水其制爲陰爲陽無考今北京沿城之陰溝——即大明溝蓋起於元代明清因之及民國而廢。

盛唐長安中公園蓋天子與庶民同樂。

曲江宮殿櫛比同時又爲都人士游賞之地。杜詩『江頭宮殿鎖千門』。其麗人行又寫士女雜沓游冶之狀。且言『愼勿近前丞相嗔』。自餘詩文紀曲江宴游者甚多。文宗太和九年敕『都城勝賞之地唯有曲江。承平以前亭館接連。近年廢毀。思俾葺修。要創置亭館者給與閒地任其營造』。

在今日研究古都市狀況其資料較多者惟南宋之臨安（杭州）。蓋有吳自牧夢粱錄。周密武林舊事。兩書里巷瑣故往往甄錄。又歐人馬可波羅游記亦多稱述焉。今於其坊陌之繁麗。士女之昌丰。不必多述。剌舉如下數事以見其概。臨安全盛時人口蓋百萬（？）除官俸米由官支給外每日民間食米由米鋪供給者尙需二千石（？）戶數約三十萬（？）

夢粱錄卷十八戶口條引乾道志人口十四萬五千八百八。淳祐志三十二萬四百八十九。咸淳志四十三萬二千四十六。其卷十六米鋪條則云『城內外不下百十萬口。每日街市食米除府第官舍宅舍富室及諸司有該俸人外。細民所食每日城內外不下一二千餘石。皆需之鋪家』。

武林舊事卷六『俗諺云「杭州人一日吃三十丈木頭」。以三十萬家爲率。大約每十家日吃擂搥一分。合而計之。則三十丈矣』。案擂搥蓋舂米之杵。

其人口登記甚周悉。

馬可波羅游記『每家必以家人姓名書之門上。妻子。奴隸。同居友人。須一一記入。人死則刪舊名。育兒則添新名。故國家周知人口多少。遠客至京師者。逆旅主人須以客之姓名並來去時日登記入簿』。

其所屬市鎭十有五。略如今之分劃市區。

見夢粱錄卷十三兩赤縣市鎭條。

其市肆則以貨物種類分地段。

舊事卷六諸市條載各行市所在地如藥市在炭橋。花市在官巷。書坊在橘園亭……等。

其專管市政之官曰點檢司(?)

夢粱錄武林舊事多言點檢司辦某事某事。大概是管市政之官。其官似屬於戶部。

市之收入不得其詳。大抵酒稅占重要部分。

舊事卷六『點檢所酒息日課以數十萬計。而諸司邸第及諸州供送之酒不與焉』

其民以服色辨職業。

夢粱錄卷十八『士農工商諸行百戶衣巾裝著皆有等差。香鋪人頂帽披背子。質庫掌事裹巾著皂衫角帶。街市買賣人各有服色頭巾。可辨是何名目人。』

民俗敦厚樂相友助。尤敬愛外客。

夢粱錄卷十八風俗條『人皆篤高誼。若見外方人爲人所欺。衆必爲之救解。或有新搬來居。則鄰人爭借動事。遺獻湯茶。指引買賣。吉凶事出力與之扶持。』又云『富家每沿門親察貧家。遇夜以碎金銀或錢令插於門縫。以周其苦。俾侵晨開戶。得之如自天降。』游記『其人從未有執兵器自衞者。亦無喧嘩忿爭之事。工商家與人貿易尤誠樸無欺。待外國人尤懇摯。忠告輔助如不及。』又云『國中絕無莠民。夜不閉戶。』

其學校有大學學生一千七百十六人。有醫學學生二百五十人。

看夢粱錄卷十五學校條。

其慈善事業有施藥局。慈幼局。養濟院。漏澤園及米場柴場。

施藥局每年官撥錢十六萬貫。以賞罰課督醫員。慈幼局雇乳媼育棄兒。養濟院收養老病者。漏澤園十二所收瘞遺骸。米場柴場官收買柴米以原價售與貧民詳見夢粱錄卷十八恩沛軍民條』

游記云『路有殘疾不能謀生者卽引至病院公費給養無疾游民則迫充公役』

其巡警分二十二區其救火事業設備極周

看夢粱錄卷十防隅巡警條帥司節制軍馬條（原文太長不錄）游記亦言『地多火災故火禁極嚴救火極敏捷萬二千石橋每橋有司擊柝者救火者由各橋嚮集動以千數』

淳祐臨安志卷六『輦下繁盛火政當嚴自趙公與籌尹正京邑因嘉定以來成規增置潛火軍兵總爲十二隅七隊皆就禁軍數內抽撥』此當時消防隊沿革之大凡也該志詳述各區人數十二隅共千一百二十二人潛火七隊共八百七十六人城南北廂潛火隅兵千八百人城外四隅千二百人合計四千九百九十八人

有保險倉庫數十所設於水中央

夢粱錄卷十九塌房條『城郭內北關水門裏有水路周迴數里於水次起造塌房數十所爲屋數千間專以假賃與市郭間鋪席宅舍及客旅寄藏物貨四面皆水不惟可避風燭亦可免偷盜必月月取索假賃（租錢）者管巡廊錢也（因須支給守夜巡警薪水）』

有公設浴室三千所

游記云『其民好潔間日輒浴浴室之美備洪大爲天下最』

有公設酒樓十一所極壯麗

武林舊事卷六臚舉其名如和樂樓豐樂樓等云『已上並官庫每庫設官妓數十人各有金銀酒器千兩以供飲客之用每庫有祗直者數人名曰下番……凡肴核盃盤各隨意攜至庫中初無庖人……』案吳文英周密皆有登豐樂樓長詞調寄鶯啼序讀之可見此項酒樓游賞之勝豐樂樓後因大學學生爭坐鬧事停止公開見舊事卷五

私家園林亭館皆公開游覽

舊事卷五湖山勝概篇所記皆公共游覽之地其中私人園館甚多私館公開蓋宋時風俗如此觀洛陽名園記可知至今西湖諸園依然爲

半公開的，亦沿宋舊也。

公園亦天子與庶民同樂。

舊事卷三載朱靜佳六言詩『柳下白頭釣叟，不知生長何年，前度君王遊幸，賣魚收得金錢。』又載孝宗常經斷橋旁小酒肆，見太學生俞國寶所題風入松一詞，為之改竄。可見天子雅游，不異民庶。

全市有石橋一萬二千座，高者雖大艦亦可通行。道路皆以石礫築成，兩旁設分道，各闊十步，其下為溝，以洩積水，有公差常司淘運。

俱見游記。所謂溝者為陽溝抑陰溝，俟查原文乃明。

夢粱錄卷十三『街道巷陌，官府差雇淘渠人沿門通渠，道路污泥，差雇船隻搬載鄉落空閒處。』

諸如此類，可紀者甚多。在九百餘年前有此等市政，良可以無慚於世界其他都市。書闕有間，不能一一論列也。

復次述商業都市。

春秋前之商業，不足以成都市。商業都市，蓋萌芽於春秋之末，而漸盛於戰國中葉以後。當時政治都市，實惟各國之都，然自工商業勃興，則地之交通利便，為貨物集散綰轂者，自然為商旅所萃，而新都市興焉。故范蠡逐時於陶，呂不韋居奇於陽翟，皆非國都也。

史記貨殖列傳『范蠡乘扁舟遊於五湖，在陶為朱公。朱公以陶為天下之中，諸侯四通，貨物所交易也。』案陶今山東定陶縣。

史記呂不韋列傳『不韋陽翟大賈也。』案陽翟今河南禹縣。

秦漢以降，政治都市集於一，此外則以商業所萃為發展主要條件。司馬遷序傳貨殖，最能了解此中消息。傳中所舉當時大都市如下。

(甲)關中區域（潼關以西今陝西四川甘肅諸省）

(一)長安今陝西長安縣

『關中自汧雍以東至河華。膏壤沃野千里。……秦孝文繆居雍隙隴蜀之貨物而多賈。獻孝公徙櫟邑。櫟邑北卻戎翟東通三晉。亦多大賈。武昭治咸陽因以漢興長安諸陵四方輻湊並至而會地小人衆……』

(二)巴蜀今四川

『巴蜀亦沃野。地饒巵薑。丹沙石。銅鐵。竹木之器。南御滇僰。僰僮。西近邛笮。笮馬旄牛。然四塞棧道千里。無所不通。唯褒斜綰轂其口。』

(三)天水今甘肅通渭縣 隴西今甘肅狄道縣 北地今甘肅環縣 上郡今陝西榆林道及內蒙鄂爾多斯左翼地

『天水隴西北地上郡與關中同俗然西有羌中之利北有戎翟之畜畜牧爲天下饒。』

(乙)三河區域（今河南全省及山西南部）

(一)河東之楊今山西洪洞縣 平陽今山西臨汾縣

楊平陽西賈秦翟北賈種代種代石北也。地邊胡數被寇。人民矜懻忮。好氣任俠爲姦。不事農商。然迫近北夷。師旅亟往。中國委輸時有奇羨。

……故楊平陽陳椽其間得所欲。』

(二)河內之溫今河南溫縣 軹今河南濟源縣

『溫軹西賈上黨北賈趙、中山。中山地薄人衆猶有沙丘紂淫地餘民。民俗懁急。仰機利而食。』

(三)河南之洛陽今河南洛陽縣

『洛陽東賈齊魯南賈梁楚。』

(四)潁川今河南禹縣 及南陽之宛今河南南陽縣

『潁川南陽夏人之居也。……南陽西通武關鄖關。東南受漢、江、淮、宛亦一都會也。俗雜好事業多賈。其任俠交通潁川。

(丙)燕趙區域(今直隸)

(一)趙故都邯鄲(今直隸邯鄲縣)

『邯鄲亦漳河之間一都會北通燕涿南有鄭衞鄭衞俗與趙相類然近梁魯微重而矜節濮上之邑徙野王野王爲氣任俠』

(二)燕故都燕(今京師)

『夫燕亦勃碣之間一都會也南通齊趙東北邊胡上谷至遼東地踔遠人民希數被寇大與趙代俗相類而民雕悍少慮有魚鹽棗栗之饒北鄰烏桓扶餘東綰濊貉朝鮮眞番之利』

(丁)齊魯梁宋區域(今山東全省及河南東部江蘇北部)

(一)齊故都臨菑(今山東濟南)

『齊帶山海膏壤千里宜桑麻人民多文綵布帛魚鹽夫臨菑亦海岱之間一都會也……其中具五民』

(二)陶(今山東定陶縣)睢陽(今河南商丘縣)

『夫自鴻溝以東芒碭以北屬巨野此梁宋也陶、睢陽亦一都會也……好稼穡雖無山川之饒能惡衣食致其畜藏』

(戊)楚越區域(今淮河及長江流域各省及其以南)

(一)西楚之楚故都江陵(今湖北江陵縣)

『夫自淮北、沛、陳、汝南、南郡此西楚也其俗剽輕易發怒地薄寡於積聚江陵故郢都西通巫巴東有雲夢之饒』

(二)西楚之陳(今河南陳留縣)

『陳在楚夏之交通魚鹽之利其民多賈徐、僮、取慮』

(三)東楚之吳(今江蘇蘇州)

『彭城以東東海、吳、廣陵、此東楚也其俗類徐僮朐繒以北俗則齊浙江南則越夫吳自闔廬春申王濞三人招致天下之喜游子弟東有海鹽之饒章山之銅三江五湖之利亦江東一都會也』

(四)南楚之楚故都壽春今安徽壽縣及合肥今安徽合肥縣

『衡山九江、江南、豫章、長沙、是南楚也其俗大類西楚郢之後徙壽春亦一都會也而合肥受南北潮皮革鮑木輸會也』

(五)越之番禺今廣東廣州

『九疑蒼梧以南至儋耳者與江南大同俗而揚越多焉番禺亦一都會也珠璣犀瑇瑁果布之湊』

據貨殖傳所言『關中之地於天下三分之一而人衆不過什三然量其富什居其六』故右表所謂第一區域者實占當時全國財富之過半而其惟一大都市卽京師—長安巴蜀隴西諸地實不過長安之貿易區域及物品供給地而已故傳中亦不數其都市之名蓋關中都市之發達爲絕對的集中狀態也此外大都市則在今河南者七在今直隸山東山西安徽者各二在今江蘇湖北廣東者各一其他諸省無聞可見當時經濟狀況北豐而南嗇其在北地則西部尤殷賑焉今所謂東南富庶之區者西漢全盛時則『江淮以南無凍餒之民亦無千金之家』氣象適相反矣

漢後江淮以南遂漸開拓三國時吳之鼎立以至晉宋兩次南渡在政治上爲分化發展經濟上亦當然隨之爲轉移長江流域及東部沿海岸線陸續發生新都市二千餘年間變化殊著其大勢別在地理篇論之今不詳敍

現代之商業都市大約可以現行之八十九個大小通商口岸總括無遺換言之則今日海關常關所在地卽全國商業集散之要所再換言之則商業市之繁榮實以對外貿易之關係爲主要條件也今專就此部分爲歷史

的觀察說明我國「通商口岸」之來歷.

中外交通自漢初卽以廣州爲孔道貨殖傳所謂『番禺一都會珠璣犀瑇瑁果布之湊』蓋貨品自海外來者集焉東漢末中國與羅馬之海道交通殆卽以交州或廣州爲鍵.

後漢書西域傳『桓帝延熹九年大秦王安敦遣使自日南徼外獻象牙犀角瑇瑁』

中國印度間之海通西漢時似已頗盛其海程見班志而綰轂之者則廣東也.

漢書地理志『自日南障塞徐聞合浦船行可五月有都元國又船行可四月有邑盧沒國又船行可二十餘日有諶離國步行可十餘日有夫都甘盧國自夫都甘盧船行可二月餘有黃支國……黃支之南有已程不國漢之譯使自此返矣』據此則漢時航路出發點不在今廣州市而在今廣州灣已程不丁謙謂屬南印度境待考.

廣州以通商關係故自漢至隋繼續發達觀官吏貪黷之跡可想見市廛殷賑之概.

晉書吳隱之傳『廣州包帶山海珍異所出一篋之寶可資數世……故前後刺史皆多黷貨』

南齊書王琨傳『廣州刺史但經城門一過便得三十萬也』

隋書侯莫陳穎傳『時朝廷以嶺南刺史縣令貪鄙蠻夷怨叛妙簡淸吏以鎭撫之』

隋末迄唐大食（阿刺伯）波斯人與中國貿易極盛中國通商口岸因此漸擴充及於廣州以外外國人著述中關於此方外之記載最古者爲九世紀中葉阿刺伯地理學家伊般哥達比 Ibn khordadbeh 之道程及郡國志.

此書一八六五年譯成法文一八八九年重譯成荷蘭文據歐洲學者所考定大概爲八四四年至八四八年間（唐武宗會昌四年至宣宗大中二年）作品此書吾未得見以下所引據日本桑原騭藏著伊般哥達比中之支那貿易港文中（史學雜誌三十卷十號）但桑原亦未見原書亦從歐人論文中轉引云

據彼書所記則中國當時通商口岸有四最南者爲 Loukin 迤北曰 Khanfou 更迤北曰 Djaufau 最北曰 Kantou 經東西學者考證辨難之結果則第一口岸爲龍編實今安南境之河內第二爲廣府卽廣州第三爲泉府卽廈門第四爲江都卽揚州

原書略云『自 Samb（此爲印度地名卽玄奘西域記之瞻波義淨寄歸傳之占波新唐書之占婆）至中國第一口岸 Loukin 水陸路皆約一百 Farsange 由此往 Khanfou 海行四日陸行二十日由 Khanbon 行八日至 Djanbou 更行六日至 Kontou』此四市所在地東西學者不一其說今據桑原所徵引定爲以上四地其各家所根據之理由恕不詳引

還觀中國記載則當時沿海大市實惟此四處文宗太和八年嘗下詔言『嶺南福建及揚州蕃客』之當保護令各節度使優待嶺南蓋包舉龍編廣州二地福建則泉州揚州則江都也

全唐文卷七十五太和八年詔『南海蕃舶本以慕化而來固在接以仁恩使其感悅如聞比年長吏多務徵求嗟怨之聲達於殊俗……其嶺南福建及揚州蕃客宜委節度使常加存問……任其來往通流自爲交易』

案唐時安南都護府屬嶺南道龍編卽嶺南節度使下之一縣（看舊唐書地理志上）伊般書中四市此詔僅舉三地以兩市隸嶺南也

當時回敎隨大食商人勢力入中國其根據地亦卽廣泉揚三州

明何喬遠閩書卷三七『……門徒有大賢四人唐武德中來朝遂傳敎中國一賢傳敎廣州二賢傳敎揚州三賢四賢傳敎泉州』

故知唐時通商口岸可指數者實如伊般氏所云也今依其順序加以敍述

其一龍編卽今安南之河內——

續漢書郡國志引交州記云『龍編縣西帶江有仙山數百里』

舊唐書地理志嶺南道安南都護府條下云『貞觀元年置』

元和郡縣志卷三十八『龍編縣在交州東南四十五里』

蓋外船入境之第一碼頭先經彼而後達廣州

舊唐書地理志『交州都護制諸蠻其海南諸國大抵在交州南及西南居下海中洲上相去或三五百里三五千里遠者二三萬里』自漢武以來朝貢必由交趾之道』

唐李肇國史補卷下『南海舶外國船也每歲至安南廣州』

中唐以後且曾議於其地設市舶司焉

陸宣公奏議卷十八有『論嶺南請於安南置市舶中使狀』一篇內云『嶺南節度使奏「近日船舶多往安南市易」……』

其名亦屢見於詩人謳歌及公牘

沈佺期有「度安海入龍編」一詩見全唐詩卷四陸龜蒙詩云『路入龍編海舶遙』見全唐詩卷二十三

高駢回雲南牒敍平定安南事蹟云『比者親征海裔克復龍編』見全唐文卷八十二

蓋自兩漢時今兩廣之地全屬交州刺史治而龍編實爲其首府東漢建安十五年交州刺史始移治番禺故入唐猶爲商業重鎭駸駸與廣州爭席及清光緒十一年以後安南割隸法國龍編繁盛之蹟只留供讀史者之憑弔而已

其二廣州——廣州自漢以來既爲一都會及唐則市舶使在焉市舶使者海關之起源總管對外貿易而直隸於政府者也其始置之年無考

市舶使爲唐代創置無疑但自唐六典至舊唐書職官志新唐書百官志皆不載其官故無從考其始置之年（顧炎武天下郡國利病書卷百二十言貞觀十七年始置實誤引宋史紹興十七年之文桑原氏辨之甚詳）

惟玄宗開元初既有是官似是特派大員專領

市舶使之名最初見於史者曰周慶立新唐書柳澤傳云『開元中監嶺南選時市舶使周慶立造奇器以進』又册府元龜卷五四六云『柳澤開元二年爲嶺南監選使會市舶使右衞威中郎將周慶立波斯僧及烈等廣造奇器異巧以進……』似其官爲特派非節度使兼領

又舊唐書玄宗紀『開元二年周慶立爲安南使舶使』似其時舶使駐安南也

時亦似宦官任之

通鑑卷二二三胡注『唐置市舶使於廣州以收商舶之利時以宦者爲之』

舊唐書代宗紀『廣德元年十二月甲辰宦官市舶使呂太一逐廣南節度使張體縱下大掠廣州』杜甫詩『自平中官呂太一收珠南海千餘日』即記其事

又新唐書盧奐傳稱『奐爲南海太守中人之市舶者亦不敢干其法』按奐爲玄宗時人則中官領市舶自玄宗末年已然矣

其後蓋兼領於節度使焉

柳宗元爲馬總作嶺南節度使饗軍賞記云『……其外大海多蠻夷由流求訶陵西抵大夏康居環水而國以百數則統於押蕃舶使焉內之輻員萬里以執秩拱璧時聽教命外之羈縻數萬里以譯言贄寶歲帥貢職合二使之重以治於廣州故賓軍之事宜無與校大』據此知市舶使亦名押蕃舶使由節度使兼領故曰合二使之重莫與校大也此文作於憲宗元和八年或者自呂太一叛亂後朝廷鑒其禍乃收其權於節度使也

唐書黃巢傳『……巢又丐安南都護廣州節度使書聞右僕射於琮議「南海市舶利不貲賊得益富而國用屈」……』可見唐末亦以節度使領市舶故巢欲得之而朝議靳不與也

蓋當唐全盛時海外交通之發達爲從來所未有正如韓愈所云『唐受天命爲天子凡四方萬國不問海內外無大小時節貢水土百物大者特來小者附集』（送鄭員外序）而綰轂其口者實惟廣州故廣州市之殷闐爲天下最李肇記其事云

『南海船每歲至安南廣州師子國舶最大梯而上下數丈皆積寶貨至則本道奏報郡邑爲之喧闐有蕃長爲主領市舶使籍其名物納舶腳……』（國史補卷下）

又天寶九載僧鑑眞往游日本道出廣州記其所睹情形云

『江中有婆羅門波斯崑崙等船不知其數並載香藥珍寶積載如山其舶深六七丈師子國大石國骨唐國白蠻赤蠻等往來居住種類極多州城三重都督執六纛一纛一軍威嚴不異天子』

鑑眞書中國失傳日本有之名曰唐大和上東征傳見羣書類從卷六十九

韓愈嘗爲文送嶺南節度使鄭權赴任亦云

『其海外雜國若躭浮羅流求毛人夷亶之州林邑扶南眞臘干陀利之屬東南際天地以萬數或時候風潮朝貢蠻胡賈人舶交海中』送鄭尚書序

觀此則廣州繁榮之狀——外國人來往之多民物之殷阜略可想見故當時印度乃至西域各國人皆呼廣州曰「中國」長安則曰「大中國」

義淨求法高僧傳卷上『有一故寺但有塼基厥號支那寺』自注云『支那即廣州也摩訶支那即京師也』『案摩訶譯言大

據鑑眞『往來居住種類雜多』之文知外國人雜居城中者不少此外同樣之記載尙多

舊唐書王鍔傳『廣人與夷人雜處地征薄而叢求於川市鍔能計居人之業而榷其利所得與兩稅相埒』

王虔休進嶺南王館使院圖表（全唐文卷五一五）云『今年波斯古邏本國二舶順風而至……寶舶薦臻倍於恆數……除供進備物之外並任蕃商列肆而市……』

故廣州具殊方詭俗詩人往往詫歎形諸吟咏

圖書集成卷一三一四引廣東通志（舊志）云『自唐設結好使於廣州自是商人立戶迄宋不絕詭服殊音多留寓流濱灣泊之地築室聯城以長子孫使客至者往往詫異形諸吟咏陸龜蒙詩「居人愛近環珠浦候吏多來拾翠洲賨稅盡應輸紫貝蠻童多學帶金鉤」……』

案張九齡送廣州周判官詩『海郡雄蠻落』王建送鄭權尚書之南海詩『勅設薰鑪出蠻辭呪節開』張籍送鄭尚書赴廣州詩海外蠻夷來舞蹈』又『蠻聲喧夜市』皆足爲當時諸蠻雜居之證

有時長官處置失宜則惹起騷動

資治通鑑卷二〇三『廣州都督路元叡爲崑崙所殺元叡闒懦僚屬侵漁不已商胡訴於元叡元叡索枷欲繫治之羣胡怒有崑崙袖劍直登廳事殺元叡及左右十餘人而去』案舊唐書南蠻傳云『林邑巳南皆卷髮黑身通號爲崑崙』崑崙蓋唐時對印度及馬來人之通稱

甚者相率爲寇亂

舊唐書西戎傳波斯條『乾元元年波斯與大食同寇廣州劫倉庫焚廬舍浮海而去』案此殆如英法聯軍之燒圓明園矣杜甫諸將詩『迴首扶桑銅柱標冥冥氛祲未全銷越裳翡翠無消息南海明珠久寂寥』卽詠其事

據當時阿剌伯商人之旅行記則當乾符五年黃巢陷廣州時回教徒景教徒祆教徒被害者已十二萬人則外國人流寓之多可想

唐五代時阿剌伯人之中國旅行記近代陸續發現譯成歐文者不少內中有一部爲阿蒲卓 Ahou zeyd 所著記回回歷二六四年（西紀八七八）有大盜 Banshoa 攻陷 Khanfou 摩哈默教徒基督教徒穆護教徒被殺者十二萬（據日本坪井九馬三史學研究法引）回歷二六四年卽乾符五年新唐書僖宗紀言黃巢以乾符六年陷廣州而舊唐書盧攜傳新五代史南漢世家皆云事在五年然則阿蒲卓書所云 Khanfou 者卽廣府其所云大盜 Banshou 者必黃巢之訛無疑唐書黃巢傳稱『巢焚室廬殺人如蓺』其屠戮固不限於外國人然此役亦可謂千年前之義和團矣

黃巢亂後廣州元氣固大傷然在唐末猶不失爲一樂土五代時南漢劉氏割據其地尚極侈靡焉

昭宗大順元年劉崇龜任嶺南節度使時黃巢亂後十二年也廣州府志卷七十六紀其事云崇龜至廣州修理城隍撫卹瘡痍嶺海靖安民夷賴之』是廣州並未十分殘破之證

五代史南漢世家云『唐末南海最後亂僖宗之後大臣出鎮者天下皆亂無所之惟除南海而已亦廣州較爲寧謐之證』

其三泉州。——泉州爲唐時通商口岸可據之史料較乏然福建爲當時外商湊集之一區域則甚明。

唐會要卷百『天祐元年三佛齊使者蒲栗訶至福建。』文苑英華卷四五七載乾寧三年授王潮威武軍（福州）節度使制云『閩越之間島夷斯雜。』五代史記卷六八記王審知政績稱其招來海中蠻夷商賈。』此皆唐時福建通商之證。前所述文宗太和八年詔明言嶺南福建揚州蕃商則蕃商悉集此三區甚明。

福建中則泉爲首關。據當時回教傳播區域可推。

前文引何喬遠閩書稱『摩哈默德四門徒其二人各傳敎廣州揚州其三人傳敎泉州。』今揚州故蹟雖無可考然廣州現存有懷聖寺番塔（今粵人所稱花塔街）宋方信孺南海百詠謂創建於唐時。泉州現存淸淨寺有阿剌伯文之碑謂創建於宋大中祥符二年（據桑原隲藏著蒲壽庚事蹟）則唐代回敎隨大食商人勢力以入中國而其最初根據地爲廣泉二州蓋事實也。

泉州至南宋以後駸駸奪廣州之席爲全國第一口岸其事實當在下文別論之。

其四揚州。——揚州爲唐時第一大都市時有『揚一益二』之稱。

資治通鑑卷二五九唐昭宗景福元年條下云『先是揚州富庶甲天下時人稱揚一益二。』

爲鹽鐵轉運使所在地東南財政樞軸寄焉。

唐代最著名之財政家劉晏整頓鹽鐵及漕運卽以揚州爲根據地。宋洪邁容齋初筆卷九云『唐世鹽鐵轉運使在揚州盡幹利權判官多至數十人商賈如織故諺稱「揚一益二」謂天下之盛揚爲一而蜀次之也。』

王象之輿地紀勝云卷三十七『自淮南之西大江之東南至五嶺蜀漢十一路百州遷徙貿易之人往還皆出揚州之下舟車日夜灌輸京師者居天下十之七。』此雖宋人記述之言其所述者實唐以來情狀也。

唐書李襲譽傳『揚州江吳大都會俗喜商賈。』又蘇環傳『揚州地當衝要多富商大賈。』皆唐代揚州商業極盛之證。又唐會要卷八十六載代宗大曆十四年詔書云『令王公百官及天下長吏無得與民事爭利。先於揚州置邸肆貿易者罷之。』則當時揚州爲利權淵藪可知。

大抵因海岸江岸變遷之結果揚州地勢今昔頗殊在盛唐時揚州城蓋距江岸甚近其江岸又距海岸甚近海船出入已便焉。

唐李頎送劉昱詩『鸕鶿山頭片雨晴揚州郭裏見潮生。』又李紳入揚州郭詩序『潮水舊通揚州郭內大曆以後潮信不通』此可爲中唐以後揚州岸移海遠之證。

坐是蕃客麕集教徒沓來。

文宗太和八年詔言『揚州蕃客』閩書記『一賢傳教揚州』具見前引。

波斯胡店往往而有。

明謝肇淛五雜俎卷十二『唐時揚州常有波斯胡店太平廣記往往稱之想不妄也』案太平廣記未及細查當更有資料可采。

偶値兵亂則外商罹其難者且不少。

舊唐書田神功傳『神功兵至揚州大掠居人……大食波斯賈胡死者數千人』此肅宗上元元年事也可見當時揚州外僑不少。

狹邪曲巷且多賈胡足跡供詩人譏笑之資。

全唐詩諧謔二載崔涯嘲妓詩云『雖得蘇方木猶貪玳瑁皮懷胎十箇月生下崑崙兒』崔涯與白居易同時集中多揚州游冶詩。

觀此可知揚州爲唐代第一都市即以對外貿易論其殷盛亦亞於廣州矣後經五代之亂揚州糜爛最劇自此不復爲互市重鎭。

舊唐書秦彥傳『江淮之間廣陵大鎭富甲天下』自畢師鐸秦彥之後孫儒楊行密繼踵相攻四五年間連兵不息廬舍焚蕩民戶喪亡廣陵之雄富掃地矣』觀此可知揚州衰落之原因南宋洪邁容齋隨筆卷九「唐揚州之盛」條下云『本朝承平百七十年尙不能及唐之什一今日眞可酸鼻也』可見經北宋百餘年間揚州迄不能恢復重以金人蹂躪南宋後益不可問矣。

宋代頗獎勵對外貿易．先後置市舶司之地七．元因之．而其地頗有異同．明初因元舊．中葉以後．因倭寇而始設海禁．末年還弛焉．清初以鄭氏據臺灣．禁海益嚴．康熙二十二年．臺灣平．始弛禁．設江海浙海閩海粤海四榷關．大抵由宋初迄清之道光．沿海諸市雖遞有盛衰．而廣州泉州寧波上海恆保持優越地位．後此南京條約之所謂「五口通商」者．即沿歷史上基礎而成立也．今列舉宋元明三朝之重要海港如左．

宋代市舶司所在地及其建置沿革．據宋史食貨職官兩志可考見者如下．

（一）廣州開寶四年置

（二）杭州初置年不詳熙甯九年議罷未行南宋乾道二年罷

（三）明州（今寧波）同上

（四）泉州元祐二年置南宋建炎初罷未幾復

（五）密州板橋鎮（今膠州青島）元祐三年置

（六）秀州（今松江）宣和間置監官

（七）江陰紹興二十九年置市舶務

（八）溫州初置年不詳

元置市舶司七．後漸裁併．僅存其三．元典章．柯劭忞新元史卷六十二引及元史食貨志記其名如下．

（一）廣州初置年不詳大抵因宋之舊至元二十五年改稱海南博易市舶提舉司

（二）泉州至元十四年置

(三)杭州初置年不詳至元三十年罷

(四)慶元(今寧波)至元十四年置

(五)上海

(六)澉浦(今海鹽)右二地皆至元十四年置大德二年罷併入慶元

(七)溫州初置年不詳至元三十一年併入慶元

明代市舶司置罷不常.其曾置者則有以下諸市.

(一)太倉黃渡此爲一市抑二市待考吳元年置洪武三年罷

(二)明州洪武初置洪武七年罷永樂元年復嘉靖元年再罷三十九年再復四十四年再罷萬歷中再復

(三)泉州同上

(四)廣州洪武初置洪武七年罷永樂元年復嘉靖後全國舶司總於此市

(五)交趾雲南永樂初置爲兩官分領兩地抑一官兼領兩地司署設在何處皆待考

據右所述合以清初之四海關則自唐迄明各通市之廢興如下表.

今地＼朝代	唐	宋	元	明	清(南京條約以前)
膠州(青島)		密州板橋鎮			
揚州	揚州				

松江（華亭及上海）		秀州	上海		江海
太倉				太倉黃渡	
杭州		杭州	杭州		
海鹽			澉浦		
寧波		明州	慶元	明州	浙海
泉州（廈門）	泉州	泉州	泉州	泉州	閩海
廣州	廣州	廣州	廣州	廣州	粵海
安南	交趾龍編			交趾	
雲南				雲南	

右諸市中揚州安南唐以後皆漸衰落安南今且淪爲異域雲南據樊綽蠻書所記似唐時已頗占重要位置。蠻書云大銀孔南有婆羅門波斯闍婆勃泥崑崙數種外通交易之處多諸珍寶宋則至斧畫江等諸化外元亦不聞經略惟明始一措意焉後亦無聞太倉暫興旋替溫州僅爲寧波附庸皆不復細敍惟敍自餘各市狀況。

其一廣州——宋初廣杭明三舶司並立而廣州實占全國對外貿易額百分之九十八以上。

清梁廷枏粵海關志引北宋畢仲衍之中書備對記神宗熙寧十年之貿易統計表而加案語云『謹按備對所言三州市舶司所收乳香三十五萬四千四百八十九斤其內明州所收惟四千七百三十九斤杭州所收惟六百三十七斤而廣州所收者則有三十四萬八千六百七十三斤是雖三處置司實只廣州最盛也』

朱彧（北宋末人）萍洲可談卷二云『崇寧初三路各置提舉市舶司三方惟廣最盛』案所謂三路者廣南東路福建路兩浙路也是時

泉已開市矣。

南宋及元雖一時為泉州所壓倒。然廣州終常保持優勢。他地市舶司屢有裁併。惟廣則除海禁時代外。常為互市門戶。歷千年無替。

絕對的海禁時代。一為明嘉靖元年迄三十九年。二為清順治元年迄康熙二十二年。廣州閉關。惟此兩時期耳。

清康熙海禁開後。首設粵海關。總西南洋互市之樞。至鴉片戰役後。則以條約定為五口通商之第一口焉。

廣東通志卷一八『康熙二十四年開南洋之禁。番舶來粵者歲以二十餘柁為率。至則勞以牛酒。牙行主之。所謂「十三行」是也。』

其二泉州——泉州自唐太和時已為蕃客走集之地。入宋而寖盛。當眞宗時。其地僑民蓋已甚多。創建頗壯麗之回敎寺院。故神宗時已感有置市舶司之必要。哲宗時遂實行。

泉州清淨寺創建於大中祥符二三年之間。有現存阿剌伯文碑記為證。前文已引及。則當時泉州外僑之多可想。宋史食貨志『熙寧五年。詔發運使薛向曰「東南之利。舶商居其一。比言者請置司泉州。其創法講求之」……』又云『元祐二年。增置市舶司於泉州。』

南宋以杭州為行在所。泉州以晉江轉輸內地便利。故駸駸奪廣府之席。為全國對外通商之總門戶。

吳自牧夢粱錄卷十二云『若欲船泛外國買賣。則自泉州便可出洋。』可見當時以泉州為海外航線之出發點。

及其末年。泉州市舶提舉官有西域人蒲壽庚者。且能舉足輕重。以制宋元興亡之鍵。泉之為重於天下可概見矣。

蒲壽庚宋史元史皆無傳。其人蓋阿剌伯人。先世僑居廣州。久以豪富聞。壽庚遷於泉。提舉泉市舶三十餘年。宋末任為福建招撫使。杭州陷。宋少帝逃至泉。欲依之。壽庚不納。旋以泉降元。殺戮宋宗室。宋不能偏安於閩粵。實壽庚之由。近日本桑原隲藏著蒲壽庚事蹟一書。考證其全部史實。為歷史界一傑作。

入元泉州仍繼續其在商市中所占之最優地位元史記西南諸蠻夷所在大率以泉爲計里之起點焉

元史外夷傳爪哇條下云『自泉南登舟海行者先至占城而後至其國』又馬八兒條下云『自泉州至其國約十萬里』此類尚多

當時歐洲人來游者如馬可波羅之流咸稱之爲全世界第一商埠入明清不替道光後以廈門爲五口通商之一焉

馬可波羅游記稱泉州爲塞登 Zayton 其書云『塞登爲外國商人入蠻子國』（元人稱南宋爲蠻子國）之大埠凡外國貨物必先至此然後轉輸至他處即胡椒一項經塞登輸入中國者與經亞歷山大輸入歐洲各國者蓋爲百與一之比例此埠實世界獨一無二之大商埠也』案泉州稱爲塞登者桑原氏考證爲「刺桐」之譯音蓋宋時泉州亦稱刺桐城云此外當時阿剌伯人稱刺桐城爲世界第一大市者尚多具見桑原所引

其三杭州——杭在北宋爲海船輻輳之區故初置三舶司而杭與居一焉

歐陽修杭州有美堂記『閩商海賈風帆浪舶出入於江濤浩渺煙雲杳靄之間』可見其時杭州海舶之盛

其後舶司或與明州合併或獨立

宋史食貨志『開寶四年始置市舶司於廣州後又於杭明置司』據此似是杭明同時並置然玉海卷一八六則云『後又置於杭淳化中徙於明之定州』然則先置於杭後乃由杭徙明耳徙明之年玉海僅云『淳化中』不得其確年乾道臨安志卷二云『提舉市舶衙舊在城中淳化三年四月庚午移杭州市舶司於明州定海縣』則知在淳化三年且月日皆可考矣玉海又云『咸平中杭明各置司』文獻通考卷六十二云『「咸平二年九月庚子令杭州明州各置市舶聽蕃官從便」據此當是太祖開寶間置司杭州太宗淳化三年廢杭司而移於明眞宗咸平二年乃杭明並置』宋史混言之誤也

南宋則杭爲行在所乾道間曾罷舶司未幾旋復

宋史職官志云『乾道初臣潦言兩浙市舶冗蠹可罷從之』然淳祐臨安志卷七云『市舶務舊在保安門外淳祐八年撥歸戶部於浙江

清水閘河岸新建牌曰行在市舶務』則淳祐間杭州明有市舶務不知何年復置也。咸淳臨安志卷九亦有市舶務之記事。

據元代西域人所記載則宋元之間杭城蓋劃出二三市區專爲外國人居留之地。

有阿剌伯人伊般白都達 Ibn Batuta 於元順帝至正六年（一三四六）著有記南宋杭都事之書言『城內分六區。第二區爲猶太人基督教徒及拜日教之突厥人所居。第三區則回教徒所居其市場與回教國無異』（日本史學雜誌第二十七編第十號藤田豐八著「宋元時代杭州海港」篇所引）

中國故書所記亦多有景教回教摩尼教徒雜居之痕跡。

明田汝成西湖游覽志卷十六『舊十方寺在薦橋西元僧也里可溫建』案也里可溫爲元代基督教徒之稱。

又卷十八云『眞教寺在文錦坊南回回大師阿老丁所建。先是宋室徙蹕西域夷人安插者多從駕而南元時內附者又往往編管江浙閩廣之間而杭州尤夥』

又云『靈壽寺江浙行省左丞相達識帖睦爾建本畏吾氏世族故稱爲畏吾寺俗訛爲義烏寺』案此卽白都達所謂拜日教之突厥人其寺實摩尼教寺也。

然自元以後杭州漸爲明州所掩不復能占兩浙商業市第一流位置。

其四明州慶元——今之寧波在宋爲明州在元爲慶元。當北宋初年曾移杭州舶司於此。其後與杭並立。見前注

入元則杭爲明絀矣。

元史食貨志『至元十四年立市舶司三於慶元上海澉浦』而杭州不與焉。

杭屈於明之故蓋因海岸變遷杭漸不適於碇泊明則恃內河轉運之便灌輸內地。

宋姚寬西溪叢話卷上引無名氏之海潮說云『今觀浙江之口起自纂風亭北望嘉興大山水闊二百餘里。故海商舶船畏避沙潭不由大江惟浮餘姚小江。易舟而浮運河。達於杭越矣。』案據此知杭州商舶日少之故。由於錢塘江所淤沙灘太大。不適碇泊而寧波有餘姚小江。

接連運河可通杭州紹興各地也。

寧波以交通優便故元初浙江間雖三市並立非久皆併於慶元。

元史食貨志『大德二年併上海澉浦入慶元市舶提舉司直隸中書省』

明則專爲日本通市之地。

明史食貨志『市舶司……洪武初……設於寧波泉州廣州寧波通日本……日本叛服不常故獨限其期爲十年人數爲二百舟爲二艘。……』

嘉靖間日人以爭互市眞僞鬨於長官遂引起倭寇之難於是寧波封鎖而全國海禁且緣之而起中國自唐宋以來皆獎勵互市輓近政策之變自茲始也。

明史食貨志『嘉靖二年日本使宗設朱素卿分道入貢互爭眞僞市舶中官賴恩納素卿賄右素卿宗設遂大掠寧波給事中夏言言倭患起於市舶遂罷之市舶既罷日本海賈往來自如海上姦豪與之交通法禁無所施轉爲寇賊二十六年倭寇百艘久泊寧台數千人登岸焚劫……乃嚴海禁毀餘皇……』

明清之交浙東爲明守者有年清康熙二十二年開海禁仍置浙海關於寧波道光二十二年遂爲五口通商之一。

其五溫州——南宋及元曾開市非久遂罷無得而詳述焉。

元史食貨志稱『至元三十年以溫州市舶司併入慶元』溫市何時創置無考想爲期甚暫。

其六澉浦——今海鹽也宋末開市(?)元因之非久亦併歸慶元。

明王樵檇李記『澉浦在海鹽之西宋元時通番舶之處』宋常棠澉水志『市舶場在鎮東海岸淳祐六年創市舶官十年置場』元史食貨志『至元三十年泉州上海澉浦溫州廣州慶元市舶司凡七所』元姚桐壽樂郊私語云『澉浦市舶司前代不設惟宋嘉定間置有騎

部尉監本鎮鹽課耳國朝至元三十年以留夢炎議置市舶司』案以上各書所言。互相違異。據澉水志則宋已置司。且能確指其年與地。據樂部私語則云『前代不設。』且明述其創之年與建議之人而宋史亦絕不言有澉浦置司事兩說孰當更待考證又元史及續文獻通考皆言澉浦司置於至元十四年姚相壽云在三十年疑姚較可信

其七秀州上海——秀州在宋時領嘉興華亭海鹽崇德四縣屬兩浙路宣和中始置市舶務於華亭之青龍江浦實今日上海市場之嚆矢。

宋史食貨志『宣和元年秀州開青龍江浦。舶船輻輳。請復置監官先是政和中置務設官於華亭縣。後江浦湮塞。蕃舶鮮至。止令縣官兼掌而是復設官專領焉』

華亭爲舊松江府附郭南宋時既爲通商名縣。

宋孫覿鴻慶居士集卷三十四朱公墓誌銘云『華泉據江瞰海。富室大家。蠻商舶賈交錯於水陸之道爲東南一大鎮……』

青龍江在城北七十里明隆慶間始卽其地分置青浦縣。蓋宋時海舶出入之所

明一統志松江府條下『青龍江在府城北七十里上接松江下通滬瀆吳孫權造青龍戰艦於此故名』明隆慶六年分青龍鎮置青浦縣。亦見明一統志

然吳淞江爲大江入海尾閭之洩淤積最易。故宣和元年青龍雖一度開濬及南宋淳熙開又復堙塞。

宋袁燮絜齋集卷十二羅公行狀云『華亭河流斷絕。邑宰劉㙔相視青龍江可通潮而湮廢已久。集丁夫給官價不超五日。濬七十餘里潮達縣市。』案此文所記爲淳熙十四年事上距宣和元年僅六十八年。

今之上海。本華亭屬舊名華亭海。青龍湮後江岸南徙。宋末已發展爲市及元而折置縣治。歷明迄清。至今遂爲國中第一市場。

明一統志『上海本華亭縣地。居海之上洋。舊曰華亭海。宋時商販積聚名曰上海市。元至元中置上海縣。』明曹學佺松江志勝云。按『按

永樂大典載郟亶水利考謂「松江南有大浦十八中有上海下海二浦」今縣治之左有大川曰黃浦亦曰上海浦縣之得名以此』案以上兩條記上海沿革及其名稱之由來甚明文獻通考卷六十二載宋乾道間臣僚言『市舶置司乃在華亭』疑卽指『華亭海』卽今上海地。

其八江陰——在北宋時亦爲賈船走集之所。

王荆公詩集卷三十四有一題云『予求守江陰未得酬昌叔憶江陰見及之作』詩云『黃田港北水如天萬里風檣看賈船海外珠犀常入市人間魚蟹不論錢』

南宋初曾置市舶務蓋來者多高麗賈客云。

江陰市舶務宋史食貨志職官志皆未載不知設於何年惟文獻通考一言之（詳下條）袁燮絜齋集卷十七趙公墓誌銘云『擢隆興元年進士第……歷江陰縣……有市舶務公兼之高麗之至者初止一艘明年六七焉語人曰吾聞長官清正所以來此』是袁燮時其官猶存也。

蓋南宋以都浙故浙中設官特多市舶之在兩浙路者凡五處江陰軍其一也。

宋史食貨志紀宋時市舶其在兩浙者僅及杭明秀三州職官志則言『福建廣南各置務於一州兩浙市舶乃分建於五所』所謂「五所」者未嘗舉其名文獻通考卷六十二引乾道初臣僚言『兩浙惟臨安明州秀州溫州江陰軍凡五處有市舶』此足補宋史之闕矣。

其九太倉——蓋明太祖初起時互市之所未幾而廢。

明史食貨志『市舶司提舉官……洪武初設於太倉黃渡尋罷』

其十密州板橋鎮——今青島也自晉以來卽爲中國與印度交通孔道。

法顯歸國時舟泊於長廣郡之勞山卽青島也西域僧遵此路來朝者尙有數人見高僧傳今未及細檢容更補注。

北宋之初其地海上貿易已頗盛。

有蔡齊者官密州范仲淹爲作墓志銘稱其『力請放海利以救東人』（見范文正集卷十二）歐陽修爲作行狀稱其『使民得買海易食以救飢東人至今賴之』（見歐陽文忠公集卷　）據此知前此密州有海禁至仁宗時始由蔡齊解放

至神宗元豐間遂議置板橋市舶司哲宗元祐間實行徽宗政和間益趨繁盛

宋史食貨志元豐五年知密州范鍔言『板橋瀕海東則二廣福建淮浙西則京東河北河東三路商賈所聚海舶之利顓於富家大姓宜即本州置市舶司板橋鎭置抽解務……』元祐三年鍔等復言『……若板橋市舶法行則海外諸貨物積於府庫者必倍於杭明二州……乃置板橋市舶司』

楊時龜山集卷三十四陸愷墓志銘云『乞監密州板橋鎭鎭瀕海海舶鬻至多異國珍寶……』案此蓋徽宗大觀政和間事

密州所以勃興之故蓋緣淮南一帶既因唐末五代之亂而衰落而北宋建都汴梁北方宜有海港以爲灌注恰値當時對高麗貿易正盛故密爲其最適之地點焉

萍洲可談卷二『元豐待高麗人最厚沿路亭傳皆名高麗亭高麗人泛海而至明州則由二浙泝汴至都下謂之南路或至密州則由京東陸行至京師謂之東路……』案此文敍汴梁與海岸交通狀況最明瞭

南北海路交通在此時似亦已盛開而北之密南之明即爲兩主要港

姚寬西溪叢話『今自二浙至登州與密州皆由北洋水極險惡然有自膠水鎭三日而抵明州定海者』

宋南渡後密州實爲宋金互市之要地

宋史李全傳『膠西當寧海之衝百貨輻輳全使其兄福守之爲窟宅計時互市始通北人尤重南貨價增十倍全誘商人至山陽以舟浮其貨而中分之自淮轉海達於膠西』

元行海運此爲運河入海處置海倉焉

萊州府志『元至元時海運故道入海處何有海倉遺蹟』

明初爲倭寇滋擾，逐漸衰落，海禁後益無可紀，直至近代，德日先後占領，迄今葛藤未絕焉，

山東通志云，『黃島在膠州東南六十里海中，舊有居民，因倭寇遷避，遺址多存，』

以上十地，並前文所述之揚州龍編可稱爲自唐以來中國沿海十二大都市，尤大者爲廣泉揚杭明秀六州，其他六地次之，最盛時期爲唐宋元，尙繼續保持，自明以迄清中葉則爲中落時期，其原因蓋緣波斯大食人在唐宋時正爲全世界商業活動最主要之民族，其人無政治野心，壹惟以通商爲務，我國人亦以懷柔遠人之態度歡迎之，保護之，耦俱無猜焉，都市之繁榮，彼我皆利賴之，明清以還，波斯久衰，大食亦日以不競，葡萄牙荷蘭先後代興，其勢力未能大伸於遠東，故東西互市頓呈中落之象，中間倭寇滋擾，幾與明祚相終始，國人厭惡外夷之心日益甚，馴至有海禁之設，清中葉後，英人橫行海上，馴至有「毒藥戰役」我師熸焉，作城下盟，今之所謂通商口岸，非復昔所云矣，各市商業狀況，當於通商篇別述，今但刺取僑民掌故與市政有連者論次一二云，

外人除通商市外是否可以雜居內地，唐以前法制無可考，

唐文宗太和八年詔書言『嶺南福建及揚州蕃客，任其來往通流，自爲交易，』似當時無雜居內地之禁，

宋初蓋僅聽在廣州居止，不得適他地，崇寧間始由市舶司發給護照來往焉，

宋史食貨志『崇寧三年令蕃商欲往他郡者，從舶司給券，毋雜禁物姦人，初廣南舶司言海外蕃商至廣州，聽其往還居止，而大食諸國商亦丐通入他州及京東販易，故有是詔，』

卽在通商市中，原則上亦只許居城外，

朱熹文公集卷九十八傳自得行狀云『化外人法不當城居，』可見南宋時法律上明有此規定，大抵自唐時已然矣，

外人所居地謂之「蕃坊」名義上頗類今租界矣。蓋起自唐時。宋後沿之。

朱彧萍洲可談云『廣州蕃坊海外諸國人聚居置蕃長一人管勾蕃坊公事』彧書成於宋徽宗宣和元年（據直齋書錄解題）則北宋時確有蕃坊可知。然蕃坊恐不止起於宋。顧炎武天下郡國利病書卷一百四引投荒錄云『頃年在廣州蕃坊獻食多用糖蜜腦麝有魚俎。雖甘香而腥臭自若也』投荒錄爲唐文宗太和中房千里所著。見新唐書藝文志。則唐之中葉廣州既有蕃坊矣。

明則政府特建館舍以居之。

明史食貨志『永樂三年以諸蕃貢使益多。乃置驛於福建浙江廣東三市舶司以館之。福建曰來遠。浙江曰安遠。廣東曰懷遠』廣東通志卷一八〇引郝志云『置懷遠驛於廣州城蜆子步。建屋一百二十間以居番人』據此知福建浙江兩驛亦必有建屋矣。

清則牙商築室招待焉。

廣東通志卷一八〇『番舶來粵。則勞以牛酒。牙行主之。所謂「十三行」也。皆起重樓臺榭爲番人居停之所』案十三行今爲西關街名。在城中極繁盛處。蓋昔日番商租界遺址也。十三行招待番商。蓋鴉片戰役前尤然。

宋時蕃坊所在。廣泉杭三州尚約略可考。廣州蓋在城西南。

廣州蕃坊所在確地。今難考。惟據廣東通志卷二一八引金志云『舊府學在西城蕃市通衢』則蕃市在城西可知。又引黃志云『明市舶提舉司署在府城外西南一里。卽宋市舶亭海山樓故址』又云『海山樓建於嘉祐中……在鎭南門外。山川拱揖。百越偉觀。此爲第一。樓下卽市舶亭』市舶亭計當與蕃坊相近也。又引郝志云『明懷遠廢驛在府城西』先輩或言今濠畔街爲懷遠驛故址。要之宋以來外僑皆居城西南。殆無可疑。昔時珠江江面必較今爲闊。故在城西南一里之海山樓卽臨大江。萍洲可談記其形勝云『廣州市舶亭枕水。有海山樓。正對五洲。其下謂之小海』

泉州蓋在城南。

南宋趙汝适諸蕃錄卷上記『大食互商施那幃僑寓泉南。且在泉州城外東南作叢塚。爲賈胡之公葬地』又言『南毘國蕃商時羅巴智力干父子住居泉南』又言『天竺僧囉護哪在泉州城南建寶林院』據此則當時泉州蕃坊在城南可知。

杭州蕃在城東淸泰門內。

西湖游覽志云『三太傅祠在薦橋東舊十方寺基也元僧也里可溫建』又云『文錦坊在薦橋西』又云『眞敎寺在文錦坊南元延祐間回回大師阿老丁所建先是宋室徙蹕西域夷人安插者多從駕而南元時內附者又往往編管江浙閩廣之間而杭州尤夥……』陶宗儀輟耕錄卷二十八云『杭州薦橋側首有高樓八間俗謂之八間樓皆富實回回所居……』則薦橋一帶爲外僑所聚居甚明薦橋在何地耶游覽志云『淸泰門在城東宋名崇新門俗稱薦橋門』據此諸條杭州蕃坊地可以略定矣前文引伊般具都達所言杭城第二第三市區卽其地也

輟耕錄又云『聚景園回回墳塚在焉』聚景園又在何處耶徐逢吉淸波小志卷上云『聚景園在淸波門外孝宗致養之地……此武林舊事所載今則爲番回埋骨之地……』嘉靖仁和縣志云『舊城基南路有回回墳』則宋聚景園故址入元爲回回墳者明時在舊城基南可知舊城基又在何處耶游覽志又云『張士誠據兩浙改築杭城自艮山門淸泰門展出三里而絡市河於內此其舊基也』據此則淸泰門內一帶地卽所謂薦橋附近者在張士誠以前實爲城外宋元蕃坊卽在此

然所謂『化外人法不當城居』者不過法律上有此規定云爾事實上因禁網疏闊之故城居者蓋亦少。

宋樓鑰攻媿集卷八十八汪大猷行狀云『蕃商雜處民間』

顧炎武天下郡國利病書卷一〇四云『自唐設結好使於廣州自是商人立戶迄宋不絕詭服殊音多流寓海濱灣泊之地築石聯城以長子孫……禁網疏闊夷人隨商翺翔城市』

唐代蕃人雜居廣州事前文已述（看第卆葉）至宋時則有蒲姓之酋豪世居廣州城中實爲宋末賣國奴蒲壽庚之祖。

宋岳珂桯史卷十一『番禺有海獠雜居其最豪者蒲姓號曰番人本占城之貴人也旣浮海而遇風濤憚於復反乃請於其主願留中國以通往來之貨主許焉其家歲益久定居城中屋室侈靡逾制使者以其非吾國人不之問』

蕃商在唐時則波斯最富。

波斯胡賈之豪奢見於唐人筆記小說中者甚多不可悉舉李商隱雜纂卷上有「不相稱」一條所列舉者一窮波斯二病醫人三瘦人相

撲四肥大新婦波斯不宜有窮人此段小滑稽語句可代表晚唐時人感想

在宋時則阿剌伯最富

宋周去非嶺外代答卷三云『諸蕃國之富盛多寶貨者莫如大食國』桯史卷十一所記豪商蒲姓者即大食人也岳珂記其人赴知州宴時豪侈之狀云『其揮金如糞土（賞犒）輿皁無遺珠璣香貝狼籍座上』

其商人至能報効私財以修城池

宋史外國傳大食國條下云『熙寧中其使辛押陀羅進錢銀助修廣州城不許』案使所云使者蓋前此商人皆以貢使爲名其實則僑商耳蘇轍龍川略志（天下郡國利病書引）別有關於辛氏之紀事云『番商辛押陀羅者居廣州數十年矣家貲數百　緡』明楊思謙泉州府志卷四云『嘉定四年守鄒應龍以賈胡簿錄之貲請於朝而大修之城始固』是熙寧中雖不許蕃商助修廣州城嘉定間卻許其助修泉州城矣

其僑民首領名曰蕃長又有都蕃長實爲後此領事總領事之濫觴

萍洲可談卷二『廣州蕃坊海外諸國人聚居置蕃長一人管勾蕃坊公事專切招邀蕃商』

唐會要卷一百『天祐元年六月授福建道三佛齊國入朝進奉使都蕃長蒲訶栗為寧遠將軍』

亦名曰蕃首或呼之爲番酋

宋史大食傳記都蕃首蒲陀羅離慈事唐劉恂嶺表錄異記在番酋家食棗事

蕃長雖以蕃人爲之但須經朝命非如今領事官由彼國簡派也

宋史大食傳云『熙寧中其使辛押陀羅乞統察蕃長司公事詔廣州裁度』又云『都蕃首保順郎將蒲陁婆離慈表令男麻勿奉貢物乞以自代詔但授麻勿郎將』可見蕃長必經政府任命不輕授且常須經廣州長吏察核保舉

故其人實爲中國官吏服中國之服

萍洲可談卷二『蕃長用蕃官爲之巾袍履笏如華人』

其關於外人犯罪之裁判據唐律疏議所規定

『諸化外人同類自相犯者各依本俗法異類相犯者以法律論』卷六名例

此實爲領事裁判權之嚆矢蓋守「因其風不易其俗」之訓以寓「懷柔遠人」之意純出於恩惠的特許非有所脅而然也

疏議云『化外人謂蕃夷之國別立君長者各有風俗制法不同其有同類自相犯者須問其本國之制依其俗法斷之異類相犯者若高麗之與百濟之類皆以國家法律論定刑名』案此疏解釋律文甚明例如英人與英人爭訟則適用英國法律英人與法人爭訟則適用中國法律也至英法人與中國人爭訟須用中國法律自無待言

明律則改爲『凡化外人犯罪者並依律擬斷』無復中外之別

明律注云『化外人卽外夷來降之人及收捕夷寇散處各地方者皆是』對於化外人之解釋與唐律疏議不同恐非是蓋來降人等已變成中國人不必別立規定也明代外人僑寓者視唐宋爲少且不見有蕃長等官則其一切受治於本國法律固宜

依唐律本意則中國法官審判外人罪犯時『須問其本國之制依其俗法斷之』云爾原則上並不以審判權授諸外人也然對於外國而一一調查其「俗法」爲事頗繁難故爲程序簡易起見往往委蕃長以便宜從事然亦限於輕微罪而已罪稍重者仍付正式法庭

萍洲可談卷二『蕃人有罪詣廣州鞫實送蕃坊行遣……徒以上罪則廣州決斷』

然而官吏偷惰奉行不善時或放棄職權委諸外人甚至中外鬬訟之案亦依蕃例

樓鑰攻媿集卷八十八特進汪公（大猷）行狀云『蕃商雜處民間而舊法與郡人爭鬥非至折傷皆用其國俗』

惟伉直守法之長吏每當官而行不稍假借

宋史王渙之傳『渙之知福州未至復徙廣州蕃客殺奴市舶使據舊比止送其長杖笞渙之不可論如法』

又汪大猷傳『大猷知泉州故事蕃商與人爭鬥非傷折罪皆以牛贖大猷曰「安有中國用島夷俗者苟在吾境當用吾法」』

又張昷之傳『徙廣南路轉運使夷人有罪其酋長得自治而多慘酷昷之請一以漢法從事』

其有濫用此特許的恩惠與惰力的習慣而認爲正當權利爲治外法權之要求者實自明成化間之日本人始論史者有餘恫焉耳

明史日本傳云『成化四年十一月使臣淸啓復來貢傷人於市有司請治其罪詔付淸啓奏言「犯法者當用本國之刑」且自服不能鈐束之罪帝俱赦之自是使者益無忌』案淸啓曲解唐律條文不服裁判而朝廷亦竟優容之此領事裁判權痛史之第一幕也矣

中国文化史六讲

何谓文化，事极难言。追溯文化之由来，而明其所以然之故，弥不易矣。予谓文化者，人类理性之成绩也。人之举措，直情径行者果多；熟思审处者，亦自不少，举措既非偶然，成绩必有可睹；一人然，人人从而效之，万人然，后人率由不越，积久则成为制度，习为风俗。其事不容骤变，而其迹亦不可遽灭。此则所谓文化史者矣。人之作事，恒因其境而异，各国民所处之境不同，故其所造之文化亦不同。观其异同，而其得失可见矣。非茹荼不能知苦；观于其粲然者，而其文化可知矣。故就我国社会，荦荦大端，分为二十篇述之。其目为：婚姻族制第一；户籍阶级第二；财产制度第三；农工商业第四；衣食居处第五；交通通信第六；政体官制第七；学校选举第八；兵制第九；法律第十；财政赋税第十一；文字印刷第十二；先秦学术第十三；两汉经学第十四；玄学佛学第十五；理学第十六；清学第十七；史学第十八；文学美术第十九；神教第二十。

【第一讲】

婚姻族制

《易》曰："有天地，然后有万物。有万物，然后有男女。有男女，然后有夫妇。有夫妇，然后有父子。有父子，然后有君臣。"若是乎社会之组织，实源于家族，而家族之本，又由于男女之牉合也。欲知文化之源者，必不容不知婚制及族制审矣。

今言人伦，必始夫妇。然夫妇之制，非邃初所有也。《白虎通》言，古之时，人民但知其母，不知其父。是为夫妇之制未立之世。斯时匹合，盖惟论行辈。同辈之男，皆可为其女之夫。同辈之女，皆可为其男之妻。《周官·媒氏》有会男女之法。而《礼运》言“合男女，颁爵位，必当年德”。盖由于此。其后虑以争色致斗乱，而程度日进，各部落之接触日繁，乃有劫略或价买于异族者。婚礼必行之昏时，盖即源于略夺。六礼之纳征，则卖买之遗俗也。《郊特牲》曰：“取于异姓，所以附远厚别也。”厚别所以防同族之争乱，附远则借此与异族结和亲也。益进，则脱卖买之习，成聘娶之礼矣。婚礼有六，曰纳采（亦曰下达，男氏求婚之使）；曰问名（女氏既许婚，乃曰：“敢请女为谁氏。”谦，不必其为主人之女也。问其姓氏者，盖主人之亲戚或佣婢之类也，果是主人之女，奚用问姓也。纳采、问名共一使）；曰纳吉（归卜之于庙）；曰纳征（亦曰纳币，卜而得吉，使告女氏，纳玄纁束帛俪皮）；曰请期（定吉日也。吉日男氏定之，然必三请于女氏，女氏三辞，然而告之，示不敢专也）；曰亲迎。亲迎之夕，共牢而食，合卺而酳，所以合体，同尊卑，以亲之也。质（同平）明，赞妇见于舅姑。厥（三日）明，舅姑共飨妇。舅姑先降自西阶，妇降自阼阶，以著代也（此礼亦称授室。与适同嫡子之冠于阼同，惟冢妇有之）。妇入三月（以三月气候一转也）而祭行。舅姑不在，则三月而庙见。未庙见而死，归葬于女氏之党，示未成妇也[①]。必三月者，取一时，足以别贞信也[②]。纳征之后，婿若女死，相为服丧，既葬而除之。故夫妇之关系，实自纳征始。然请期之后，婿若女之父母死，三年服阕，仍可别婚[③]。则礼必成于亲迎。后世过重纳征，乃有未嫁婿死，女亦为之守贞者，宜清人汪容甫讥为好仁不好学。其蔽也，愚也。

娶妻之礼如此。若言离婚，则妇人有七弃，五不娶，三不去，说见《公羊解诂》（庄公二十七年。其说曰：尝更三年丧不去，不忘恩也。贱取贵不去，不背德也。有所受无所归不去，不穷穷也。丧妇长女不取，无教戒也。世有恶疾不取，弃于天也。世有刑人不取，弃于人也。乱家女不取，类不正也。逆家女不取，废人伦也。无子弃，绝世也。淫佚弃，乱类也。不事舅姑弃，悖德也。口舌弃，离亲也。盗窃弃，反义也。嫉妒弃，乱家也。恶疾弃，不可奉宗庙也）。《大戴礼记·本命篇》略同。后世法律，亦明七出之文，然社会情形，今古不同，故律所强其出之者，惟在义绝。何谓义绝，律无明文，盖难言之，故以

① 《礼记·曾子问》。
② 《公羊》成公九年，《解诂》。
③ 《礼记·曾子问》。

含滓出之也。

婚礼精义，在于男不亲求，女不亲许（今世婚姻适得其反矣。吁!）。故如鲁季姬使鄫子请己，《春秋》大以为非[①]。然如《左氏》所载，子南子皙，争婚徐吾氏，乃使其女自择者，亦非无之[②]。婚礼不称主人，特其形式而已[③]。固非如后世，全由父母主婚，男女绝不与闻也。

婚年。《书传》（《尚书大传》)、《礼记》、《公》、《谷》、《周官》皆云男三十，女二十。《墨子·节用》、《韩非·外储说右下》则曰男子二十，女十五。《大戴礼记·本命》谓大古男五十，女三十。中古男三十，女二十。此皆为之极限，使不可过。非谓必斠若划一也。大抵婚年早者，出于蕃育人民之意。迟则由于古人财力不及，故杀礼多婚，为《周官·大司徒》荒政十二之一。古者霜降逆女，冰泮杀止[④]。至于仲春而犹不能婚，则其财力不逮可知。故《周官·媒氏》，仲春会（计也）男女，奔者不禁。所谓奔者，谓不备礼，正以贫乏故也。六礼不备曰奔，非淫奔之谓也（婚年婚时，以王肃之说为通。见《孔子家语·本

① 《公羊传》僖公十四年。

② 《左传》昭公六年。

③ 《公羊传》隐公二年。

④ 《荀子·大略》、《春秋繁露·循天之道》。

命解》及《诗·摽有梅疏》)。后世生计渐裕，则婚嫁较早。曹大家十四而适人[①]，汉惠帝令女子十五不嫁五算(《汉书·本纪》。惠帝时成年者纳一算)，皆其征也(《大戴记》谓婚年自天子至庶子同。《左氏》则谓国君十五而生子。见襄公九年)。越勾践挠败于吴，乃颁律男女十七不婚嫁者，科其父母，以进生殖也。

畜妾之俗，起于富贵之淫侈。《盐铁论·散不足篇》谓"古者一夫一妇，而成家室之道"。妾非邃古所有，见于书传者，惟此而已。妾御之数见于经者，《公羊》谓天子娶十二女[②]，诸侯九(庄公十八年。取一国，则二国往媵，皆有侄娣。夫人有左右二媵。侄为今之内侄女，娣为今之小姨)。《曲礼》谓"天子有后，有夫人，皆世妇。有嫔，有妻有妾。公侯有夫人，有世妇，有妻有妾"。《昏义》谓天子有一后，三夫人，九嫔，二十七世妇，八十一御妻(《周官》无三夫人，有世妇女御，而不言其数)。案冠、婚、乡、射、燕、聘诸义，皆《仪礼》之传，传文皆以释经。惟《昏义》末节，与经不涉，文亦不类。而百二十人之数，适与王莽和、嫔、美、御之制合[③]

---

① 见《女诫》。

② 《公羊传》成公十年，《解诂》。

③ 《汉书》本传。

（和、嫔、美、御亦一百二十人），其为后人窜人无疑。古者诸侯不再娶，所以“节人情，开媵路”也（《公羊》庄公十八年。《仪礼·丧服传》。媵与夫人之娣，为贵妾，得为继室）。《昏礼》曰“无大夫冠礼而有其婚礼，古者五十而后爵，何大夫冠礼之有”。然则大夫五十，犹得再娶，其为继娶可知。得继娶，其本为妾媵可知。故知畜妾为后起之俗也。

《颜氏家训》云：“江左不讳庶孽，丧室之后，多以妾媵终家事。河北鄙于侧出，不预人流。是以必须重娶。至于三四。”盖江左犹存有妾不得再娶之义，河北则荡然也。《公羊》质家（《公羊》有文质两家，质求实际也），母以子贵（隐公元年。又《春秋繁露·三代改制质文篇》）。然妾为夫人，特庙祭之。子死则废[①]。犹与正夫人有别。此由本为妾媵故然。再娶事自有异。《唐书·儒学传》：郑余庆庙有二妣，疑于祔祭，请诸有司。博士（博士为太常寺司员，掌礼也）韦公肃议曰：“古诸侯一娶九女，故庙无二适。自秦以来有再娶。前娶后继，皆适也。两祔无嫌。”余庆用其议。后世亦多遵之（同为适室，只限继娶。若世俗所谓兼祧嗣也双娶等，则为法

① 《公羊传》隐公五年，《解诂》。

所不许。大理院统字四百二十八号解释，以后娶者为妾）。妾之有无多少，古视贵贱而分，后世则以贫富而异。法律仍有依贵贱立别者（如《唐书·百官志》：亲王孺人二人，媵十人。二品，媵八人。国公及三品，媵六人。四品，媵四人，五品媵三人）。庶人娶妾，亦有限制（如《明律》，民年四十以上无子者，方听取妾，违者笞四十）。然多成具文而已。

贞妇二字，昉见《礼记·丧服四制》。宋伯姬逮火而死（鲁女嫁宋伯姬。古例傅姆不下堂。傅，年长之男侍。姆，年长之女待）。《春秋》特书之[①]。以及《芣莒》、《柏舟》（柏舟，齐公主嫁卫国君，甫抵卫城而国君亡）、《大车》之序于《诗》（皆见《列女传》。刘向学《鲁诗》，今诗分鲁齐韩三家，古唯《毛诗》而已）。皆可见儒家之崇奖贞节。然有淫通者，亦不以为大过（《凯风》之诗，卫有七子之母，不安其室。而孟子曰："《凯风》，亲之过小者也"）。视再嫁尤为恒事（《郊特牲》曰："壹与之齐，妻也终身不改，故夫死不嫁。"案："壹与之齐，终身不改。"谓不得以妻为妾。非谓不得再嫁。《注》亦不及再嫁义。此语为后人窜入无疑）。宋学家好作极端

① 《公羊传》襄公三十年。

之论。宋学盛行，而贞节乃益重，上中流女子，改嫁者几于绝迹矣。世多以伊川“饿死事小，失节事大”之言为诟病。案此语出程氏《外书》，《外书》本不如《遗书》之可信。而此语之意，亦别有在（意在极言失节之不可，非主妇女再嫁言也），泥其辞而昧其意，亦流俗无识使然。未可专咎小程也。

倡妓之始（娼妓本作倡伎，最初之时，本为男人所操之业。日本谓之卖淫），世多以《管子》女闾三百为征。此盖后世乐户之流。至于私倡，则其原始，无可征矣。后世乐户，多以罪人及其家属充之。或取诸贱族。详见《癸巳类稿》（乐户分官奴婢和私奴婢两种，俞正燮理初著有《乐户集》）。

以上论婚制竟。以下略论族制。

夫妇之制既为邃初所未有，则保育子女之责，必多由母任之。故人类亲亲之情，必造端于母子。知有母，则知有同母之人焉。由此而推之，则知有母之母焉。又知有与母同母之人焉。亲属之关系，自此昉也。故古代血统，以母为主，所以表其血统者为姓。于文，女生为姓，职是故也。女系时代，得姓之由，略如下图：

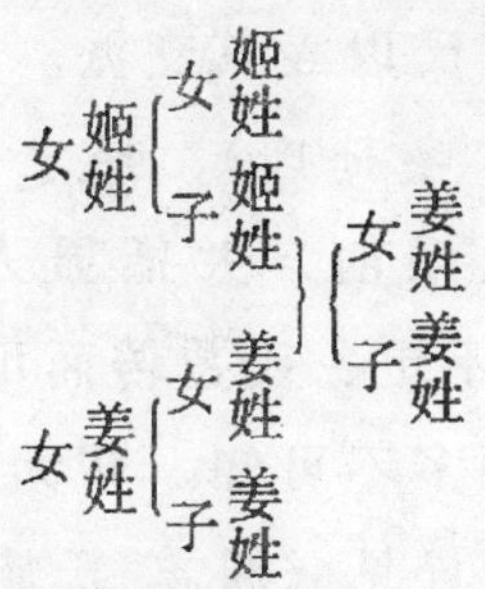

斯时甥舅为一家之人（同姓一，异姓二，阴阳之义也。母党者，生之所自出也；妻党者，生之所由出也，终始之义也。其后所生者虽不同，而其为甥舅则一也，均异姓也），而世叔父则否。欧俗财产或传诸甥由此。人类生计，必自渔猎进于游牧，自游牧进于耕农。渔猎之世，民居出谷洲渚之间，可以合族而处。游牧须逐水草，耕农各有分地，斯不然矣。丁斯时也，人民由合而分，而女子遂为男子之私属。私其子姓，人有恒情，有财产者，必思传于子。又古代职业，父子相继，欲知其人为何如人者，必先知其父为何如人。财产权力之统系，亦必有以表之。夫是之为氏。故姓之始，恒从女。而氏之起恒从男。

然至男权日张，妻子皆为之私属（周时子姓乃随父，如文王姓姬，夫人任武王亦姓姬），则表女系之姓，亦易而为男系。如周姓姬，齐姓姜，宋姓子是也。是之谓正姓，同出一祖者，正姓皆同。而又有氏以表其支派。若鲁之三桓（孟孙氏、仲孙氏、季孙氏），郑之七穆是也。是之谓庶姓[①]。三代以前，大抵男人称氏，女子称姓[②]。姓百世尚不更，氏数传而可改。封建既废，谱牒沦亡，正姓多不可知。亦无新起之庶姓，而姓氏之别遂亡。详见《通志·氏族略》（古有王牒纂修馆）。

下图九族，为今《戴礼》、《欧阳尚书》说。

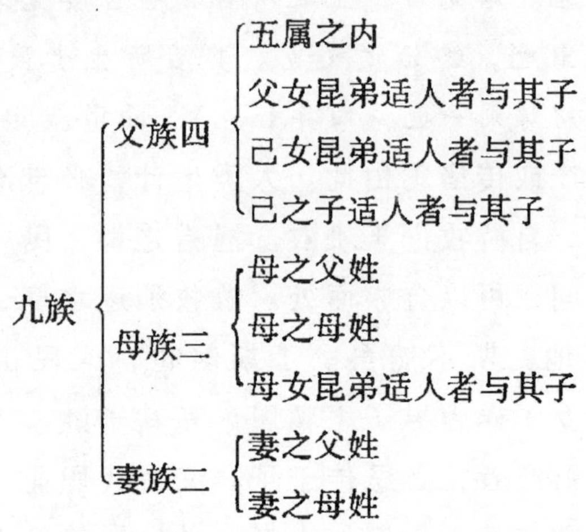

古文家以上自高祖，下至玄孙为九族，乃九世之误也（俞荫甫说）。宗法至周而始详，盖亦至周而始严，其法以别子为祖。别子之正适为大宗，次子以下，皆为小宗。小宗之正适，为继祢小

① 详见《礼记》、《尚书大传·注疏》。
② 详见顾亭林《原姓》。

宗，其正适为继祖小宗，以次相传，为继曾祖小宗，继高祖小宗。继祢者兄弟宗之，继祖者从兄弟宗之，继曾祖者再从兄弟宗之，继高祖者三从兄弟宗之，六世亲尽。则不复宗事与我同六世之正适，故曰五世而迁。大宗之正适，则永为同出一祖者所宗事，故曰百世不迁。凡诸小宗，皆为大宗所统摄。族之殇与无后者，从祖附食。皆祭于大宗之家。故小宗可绝，大宗不可绝[①]。大宗不绝，则同出一祖之人，皆能抟结而不散。此宗法之组织，所以为坚强而悠久也。天子者，同姓诸侯之大宗。诸侯者，同姓大夫之大宗。故曰"君之宗之"[②]。然则宗子皆有土之君，故能收恤其族人。族人皆与宗子共生息于其封土，故必翊戴其宗子。此宗法与封建，所以相辅而行也[③]。古者诸侯不敢祖天子，大夫不敢祖诸侯。祖，正统之世祖也。宗，旁系也。

国君—┬—嗣君——嗣君
　　　├—旁系（诸侯）（大宗之祖）—┬—大宗宗子
　　　└—旁系（诸侯）　　　　　　　└—旁系（大夫）

如上图，大宗之祖不能称国君为祖也。然称

① 《仪礼·丧服》。
② 《诗·笃公刘》。
③ 九族之义，详见《五经异义》。宗法详见《礼记大传》。

宗则可也。而不能亲与祭祀，以正名也。旁系在本系内称诸侯，至别系内又得称世祖。小宗在别系内又得称大宗。

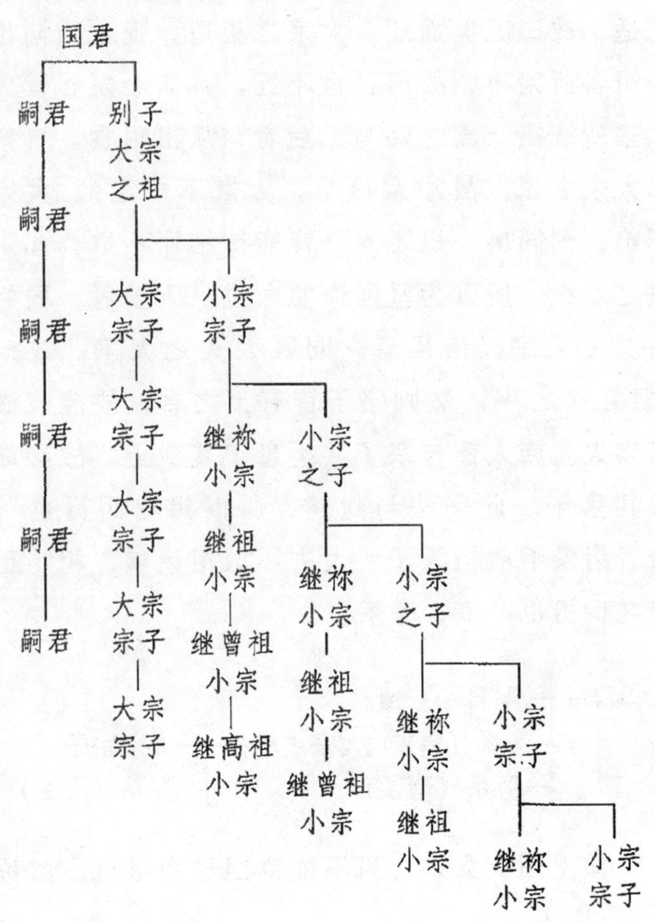

文王 ─┬─ 武王(大宗)
　　　└─ 周公(小宗)

鲁 —— 周公(大宗) ─┬─ 伯禽(大宗)
　　　　　　　　　└─ □□(小宗)

古代之民所以笃于宗族者（先有族后有宗），以其时人类相亲相爱之情未广，分工协力之道未备，政治与生计之抟结，皆止于是也。后世亲爱之情日扩，通工易事之范围亦日广。职业复杂，断不容聚族而居，强宗巨家或且为政令之梗。则宗法不得不替，而相生相养，专恃五口八口之家，治理则胥由于国矣（有谓古之家族观念厚，今之家属观念薄，实则非人心之异，乃社会之组织不同有以致也。古者社会组织简陋，宗族事务非协力无以生存。今则适趋其反，工商发达，凡百事业，皆可以金钱代力。则宗族愈大，反致无济于事，是以宗族之观念疏焉）。丧服同财，以大功为限。平民有弟，则为余夫[①]。可见古者卿大夫之家，较今日普通之家为大。平民之家，则相等也。五口八口，为一夫上父母，下妻子。此谓相生相养，不得不然之抟结。较诸欧人，亦仅多上父母一代耳。此非至人人“不独亲其亲，不独子其子”之世，不易破除也。宗族百口，累世

① 《孟子·滕文公上》。

同居之事，史传多载之。笃旧者侈为美谈，喜新者又以为诟病，其实以中国之大，此乃凤毛麟角耳。制度与社会组织，格不相入，未有能行之广，持之久者也。继嗣之法，自周以来，始专重適长。其时宗族方盛，宗子之地位最尊，有一大宗，则同出一祖之人，皆得所依倚。故所不可绝者仅大宗。后世宗法既废，敬宗收族之意亦亡。而不孝有三，无后为大之见解，依然如故[①]，遂至人人皆欲立后，此其势实不可行。故仪礼之家多非之。然财产既许私有，无后则产无所归，归公非人情所愿。近亲分受，转益纠纷，尚不如立一人焉。主其祀而袭其产之为得，此习俗之所以重立嗣，而法律亦从而许之也。惟今世法律，当重保护人之财产，立后与否，当听其人之自愿。财产归诸何人，当一凭本人之意。而法律于此，不能尽符。此则未尽善者耳（赵瓯北先生著《陔余丛考》一书，专叙历史上制度与社会组织正史所遗漏不载）。

兼祧之法（长房之子兼祧于其次各房者，则于本生父母服三年而于兼祧父母服一年。小房之子兼祧长房者，于本生父母服一年，于兼祧父母三年）创于清高宗时。盖一族人丁衰少时，往往

---

① 《孟子·离娄上》。

近亲固无多丁，远房亦无支子。清律禁立异姓为后（惟仍得为养子，且得分给财产）。又禁昭穆（辈分相称也）失序，非如是，不能令人人皆有后也。女子继承，系国民政府新定之法，于理固当。然与习俗相违，推行尽利，尚非旦夕间事也。

【第二讲】

户籍阶级

凡治皆以为民，亦凡治皆起于民。故户籍者，一国政治之根本也。吾国户口之清晰，盖尚在三代以前，斯时国小而为治纤悉。君卿大夫，皆世守其地，易知民之情伪。又生事简陋，交通阻塞，社会风气诚朴。而民之轻去其乡者少，故户籍易于清厘。后世则一切反是，故其民数，遂至无可稽考也（中国古时户口之不得清查，丁、户税之存在，亦为一大主因）。

清查户口，必始乡里。邻比之制（邻比之制，犹今之区镇街长是也），实为其基。《周官》小司徒，颁比法于各乡，使各登其乡之众寡，承行其事者，盖皆比闾族党之长，司民登万民之数，特为之会计而已。后世乡职，名存实亡。官吏又皆客籍，视其位为传舍（逆旅也），此等详密之政，安得推行尽利哉！而其尤为清查之累者，则莫如户籍役籍，并为一谈一事。

徐幹（汉末年人）《中论》曰："民数者，庶事之所出也。以分田里，以令贡赋，以造器用，以制禄食，以起田役，以作军旅。"盖古之清查户口，有裨治理如此。后世此等事一切不问，特为收税起见，加以清查。则人民安得不隐匿，官吏又安肯切实奉行乎？

历代清查户口之法，虽难具详，要之在官必始于县，自此上达于郡，更上达于中央，或监司之官。自县以下，则委之吏胥及乡职。吏胥舞弊，乡职蠢愚，其不能善其事，无待再计矣。略举其弊，约有七端。酷吏务求增丁，畏葸者亦不敢减；户有死绝，摊诸现存，一也（清以前人民须得度牒，方得落发空门。清以来乃废，以致僧侣益众）；货贿出入，任意低昂，二也；吏胥娄索，三也（此弊之在官吏者也）；诈称客籍，冒为士族，或妄托二氏（二氏者，和尚道士也），以规免役，四也；脱户漏口，五也；豪强隐占，亲族蔽匿，六也；户役轻重，各有不同（如军民匠灶等），情有趋避，遂生诈冒，七也（此皆弊之在民者也）。总而言之，役籍不实，而户籍与之并为一谈，其不能实，无待再计矣。

姑以明清近事征之。明制：以百十户为里（在城曰坊，近城曰厢），岁役里长一人，甲长十人，以司其事。民数具于黄册。黄册以户为经，以田为纬，亦以里长司之。而上诸县，县上诸府，府上诸布政司，布政司上诸户部，岁终以闻。命户科给事中一人，御史二人，户部主事四人校焉。其制似极精详，黄册先载户数，次载当差丁数，次载男妇口数，末总计当差丁数。鳏寡孤独，不能应役者，附十甲后为畸零。僧道有田者，编册如民科，无田者亦为畸零。果能推行尽利，全国民数，亦未始不可周知。然总结只具当差人丁，其法已不尽善。况于当差人丁，数亦未必得实。不当差之男妇，其为随意填写，抑真加以清查，更不可知乎。又况乎后来并黄册而无之，或有之而全不实。厘定赋役，但凭所谓白册者乎（各县自造，以供定赋役之用者，谓之白册）。明制，五年一均役，十年则更造黄册。清初三年一编审，后改为五年，所谓编审，与清查人口，全无干涉。只是将全县应收丁税，摊之各户而已。此时丁税，实早摊入田亩。故康熙五十年，有嗣后滋生人丁，永不加赋之诏。非不欲加丁税，明知即加之，所得亦终有限也。雍正四年，径将丁银摊入地粮，自此编审不行。乾隆时，遂凭保甲以造户册。保甲固与役法无关，然其立法极详密。以昔时政治之疏阔，安能实力奉行，则亦具文而矣。人谓编审停而户口之数较得实，吾不信也。

嬴秦以前，户口之数，已无可考。自汉以来，则散见史籍，大约口数盛时，多在六七千万左右，最少时不足千万（历代户口之数，可看三通考户口考最便），此可觇历代口税盈绌耳。与户口之数，实无涉也。乾隆既停编审，户口之数骤增，口数逾一万万。自此递有增加，道光十五年，遂逾四万万。今日习称中国人口为四万万，由此也。

中国议论，有与欧洲异者。欧洲古希腊等皆小国，崎岖山海之间，地狭人稠，过庶之形易见。故自亚里士多德（古希腊大哲学家）以来，已有人众而地不能容，为最后之忧之说。马尔萨斯之人口论，特承其余绪而已。中国则大陆茫茫，惟患土满。故古之论者，多以民之不庶为忧，后世虽有租庸调等计口授田之法，实未必行。故过庶之患难见。而政治主于放任，调剂人口等事，政府又素不关怀，殖民之说，尤自古无有。数千年来，国内则荒处自荒，稠密处自患稠密。开疆拓土，亦徒以餍侈君喜功好大之心，于人民无甚裨益。“年年战骨埋荒外，空见葡萄入汉家”。古来暴骨沙场，不知凡几，而讫今日，仍以广田自荒，启戎心而招外侮。诵昔人之诗，能无深慨乎！

古有恒言曰君子小人，所谓君子，盖执政权者之通称。所谓小人，则不与政，自食其力者也。大抵古代阶级，由于战争，有战争，则有征服者，亦有被征服者。征服者之同姓、外戚、功臣、故旧，谓之百姓（古百姓与民异义。如《尧典》“平章百姓”与“黎民于变时雍”分言）。其余则因其职业之异，分为士农工商。士之初，盖战士之意。当时政事，盖多在此等人手，故后遂变为任事入仕之称。初任事者曰士，士而受爵，则为大夫，此皆所谓君子。自士以下，执事者曰庶人。“士有员位，而庶人无限极”[①]，则与农工商同为小人矣。士农工商，通称四民，野人则变民言氓[②]。盖民为征服人之族，居于郭以内。野人则服于人之族，居于郭以外（城为极小之方围，郭乃大范围之城，无定形，郭内景象，一如乡村。然郭内多行畦田制，郭外多行井田制，以

① 《孝经·庶人章·疏》引严植之语。
② 《周官·遂人注》。

郭内多不平之地也。古制居于郭之内者，称国人。居于郭之外者，称野人。大概国人为战胜民族，野人为战败民族，其待遇迥异。孟子曰："国人皆曰可杀，然后杀之。国人皆曰可用，然后用之。"故国人之力大焉，而野人无与也）。古代参与政治，实惟国人（如询国危，询国迁，询立君等，见《政体篇》）以此。其后封建制坏，君卿大夫，渐失其位，遂至与民无别。而国人增殖，不能不移居于野。野日富厚文明，寖至与国无异，则国人野人之迹亦泯矣。又有所谓奴婢者，盖以罪人及俘虏为之。《周官》司隶有五隶，罪隶为罪人。闽隶、蛮隶、夷隶、貉隶皆异族。盖战胜所俘也。然其除去奴籍，初不甚难。《左氏》襄公三十二年，斐豹请杀督戎，范宣子喜曰："而杀之，所不请于君焚丹书者，有如日。"则以君命行之而已。后世人主每以诏旨释放奴婢，殆亦沿之自古欤。

古代之阶级，由贵贱而分。封建政体既坏，则由贫富而异。秦汉之世，拥厚资者，大略有三：曰大地主；曰擅山泽之利者；曰大工商。董仲舒言，富者田连阡陌，贫者无立锥之地，此则所谓大地主。《史记·货殖列传》所载事种树、畜牧、煮盐之人，则所谓擅山泽之利者也。晁错谓当时商贾，交通王侯，力过吏势。以利相倾，千里游敖。乘坚策肥，履丝曳缟。当时所谓商贾，实兼制造之家言之。如孔仅为南阳大冶是也。此所谓大工商也。《汉书》谓编户齐民，同列而以财力相君，虽为仆隶，犹无愠色（《货殖列传》）。贫富阶级之显著，概可见矣。然古代贵贱之阶级，亦非至此而遂划除净尽也。其遗留者，则为魏晋以后之门阀。

唐柳芳论氏族曰："氏族者，古史官所记也。昔周小史，定系世（《系》，帝系也。《世本》，诸侯卿大夫之家谱也），辨昭穆，故古有《世本》，录黄帝以来至春秋时，诸侯卿大夫名号继统。秦既灭学，公侯子孙，失其本系。汉兴司马迁父子，乃约《世本》修《史记》，因周谱明世家，乃知姓氏之所由出。虞、夏、商、周、昆吾、大彭、豕韦、齐桓、晋文，皆同祖也。更王迭霸，多者千祀，少者数十代。先王之封既绝，后嗣蒙其福，犹为强家。汉高帝兴徒步，有天下，命官以贤，诏爵以功。先王公卿之胄，才则用，不才弃之。不辨士与庶族，始尚官矣。然犹徙山东豪杰，以实京师。齐诸田，楚屈、景，皆右姓也。其后进拔豪英，论而录之。盖七相五公之所由兴也。魏氏立九品，置中正，尊世胄，卑寒士，权归右姓已。其州大中正主簿，郡中正功曹，皆取士族为之，以定门胄品藻人物。晋宋因之，始尚姓已（中正之弊，惟能知其阀阅，非复辨其贤愚，是亦九品制之不完美也。所谓尊世胄，卑寒士，助长阶级之气焰。上品无寒门，下品无世族）。于时有司选举，必稽谱籍而考其真伪。故宦有世胄，谱有世官。贾氏王氏谱学出焉。由是有谱局（谱局为齐梁时所设），令史职皆具。夫文之弊，至于尚官；官之弊，至于尚姓；姓之弊，至于尚诈。隋承其弊，不知其所以弊。乃反古道，罢乡举，离地著，尊执事之吏。于是乎士无乡里，里无衣冠，人无廉耻，士族乱而庶人僭矣。"[①] 此说于阶级兴替，言之殊为了然。盖古代贵族宗支，具存谱牒。故与平民不相混。此等谱牒，本皆职以官司。逮封建废而官失其守，谱牒沦亡。汉世用人，又不拘门第。自古相沿之阶级，本可至斯而泯。然沿袭既久，社会视听，骤难变易，故魏晋以降，其焰复张。当时士庶之隔，有若鸿沟。婚姻不相通，朊仕不相假，甚至一起居动作之微，亦不相侪偶。观《陔余丛考·六朝重氏族》一条可见（琅邪王姓，博陵崔姓，皆贵族也）。唐文宗欲以公主降士族，曰："民间婚姻，不计官品，而尚阀阅。我家二百年天子，反不若崔卢邪？"[②] 可见唐末此等风气尚盛。乃至

① 《旧唐书·柳冲传》。
② 《旧唐书·杜兼传》。

五季，而“取士不问家世，婚姻不问阀阅”[1]。千年积习，一旦捐除，虽曰遭遇丧乱，官私谱牒沦亡（《昭明文选》讥琅邪王与富阳满通婚姻事，以不明谱牒也），亦何遽至此哉？君子观于此，而知世变之亟也。凡蟠踞社会之上层者，必有其实力，实力惟何，一曰富，一曰贵，贵者政治上之势力，富者社会上之势力也。观《廿二史札记·江左世族无功臣》、《江左诸帝皆出庶族》、《南朝多以寒人掌机要》等条，而知士族政治势力之式微。观《日知录·通谱》、《廿二史札记·财昏》等条，而知庶族社会势力之雄厚。社会之组织，既不容由凭恃财力，复返于凭恃武力。则徒借相沿阀阅以自雄者，终不能不为新起之富豪所征服，有断然矣。盖至此而自古相沿之阶级尽矣。论者或以崇尚门阀，区别士庶为美谈，而转陋隋唐之所为，岂知言哉？

门阀既废，则为平等之累者，惟有奴婢。奴婢有二：以罪没入者为官奴婢，以贫粥卖者为私奴婢。二者皆汉世最盛，而后汉光武一朝，免奴最多[2]，殆可称中国之林肯。不过政治力强，莫敢举兵相抗而已。古代奴婢，皆使事生业（所谓“耕当问奴，织当问婢”），非如后世以供驱使，

---

① 《通志·氏族略》。
② 皆见《本纪》。

故其数可以甚多。白圭、刁间、蜀卓氏皆以此起。后世二者亦不绝，然政治常加以纠正，故其势不能大盛。大抵官奴婢有赦令则免，私奴婢则或以诏旨勒令释放，或官出资为赎，或令以买直为庸资，计其数相当则免之。然在民国以前，其迹终未能尽绝也。又有所谓部曲者，其初盖属于将帅之卒伍，后遂为之私属（《续汉书·百官志》：大将军营五部，部下有曲，曲下有屯，此部曲本意。《三国魏志·李典传》：宗族部曲三千余家，居乘氏，自请愿徙诣魏郡。《卫觊传》：镇关中，时四方大有还民，诸将多引为部曲，觊书与荀彧谓郡县贫弱，不能与争，兵家遂强，一旦变动，必有后忧，皆部曲专属将帅之证）。部曲之女，谓之客女，较平民为贱，而较奴婢为贵，自魏晋至唐宋皆有之。

古代婢妾，本无区别，故以罪没入之妇女，亦可使之执伎荐寝以娱人，是为乐户。此制历代皆有，直至清世始全废。俞氏正燮《癸巳类稿》，有文纪之。又历代以罪沦为贱民者极多，至清世亦皆放免（如江山之九姓等）。亦见俞氏文中。在清代，所谓身家不清白者，惟倡优皂隶，及曾粥身为奴者而已。然不许应试入仕，亦仅以三世为限也。至民国，乃举此等汙迹，一律划除焉。

以上所述，为本族之阶级，而本族与异族间

之阶级，亦随武力之不竞而俱起。此则述之而滋可伤者已。我族为异族所征服，自五胡之乱始。史称高欢善调和汉人与鲜卑，其语鲜卑人曰：汉民是汝奴，夫为汝耕，妇为汝织。输汝粟帛，令汝温饱，汝何为陵之。其语汉人则曰：鲜卑是汝作客。得汝一斛粟，一匹绢，为汝击贼，令汝安宁，汝何为疾之。以汉人任耕，鲜卑任战，俨然一为武士，一为农奴焉。五胡之待中国人可知矣。辽金元清，猾夏尤甚。辽自太祖，即招致汉人，别为一部。卒以此并八部而成帝业。然终辽之世，征兵必于部族。五京乡丁，仅使保卫闾里而已。辽世设官，分南北面。北以治部族宫帐，南以治汉人州县，而财赋之官，南面特多，盖朘汉人以自肥也。辽金汉人不杂居，其祸尚浅。金则猛安谋克户人中原者，皆夺民地以畀之。宣宗南迁，骚扰尤烈，致成骨仇血怨，一朝丧败，屠戮无遗。观其后来报之惨，而知其初陵之烈矣[①]。元人中国，至欲尽戮汉人，空其地以为牧场[②]。虽不果行，而汉人入奴籍者甚多，虽儒者亦不免[③]。元世分人为蒙古、色目、汉人、南人四等，一切权利，皆不平等，末造见诛之事，往史虽语

---

① 《廿二史札记·金末种人被害之惨》。

② 《元史·耶律楚材传》。

③ 《廿二史札记·元初诸将多掠人为私户》。

焉不详，然今谚犹有“杀鞑子”一语，鞑子即蒙人自号也。想其见报，亦必不免矣。清代满汉不通婚，不杂居，故相仇亦视金元为浅。然其初入关时，藉明庄田，又圈民地，以给旗民，亦与金代所为无异。官缺皆分满汉，又有蒙古包衣缺，亦与元代长官必用蒙人者，相去无几。此皆非契丹所有。其刑法，宗室、觉罗及旗人，皆有换刑，特邀宽典。又或刑于隐者，俨然有“不与国人虑兄弟”之意。亦与辽金元不同。辽金元之初，刑法亦汉蕃异施。然意在各率其俗，与清代用意不同也。迫令举国薙发易服，尤前此外夷所不敢行，相迫相煎之局，每以降而愈烈。处兹生存竞争之世，固不容不凛凛矣。

【第三讲】

财产制度

中国财产分配之法，大抵隆古之世，行共产之制。有史以后，逐渐破坏，至秦汉之世而极。是时冀望复古者甚多，王莽毅然行之，卒召大乱，自是无敢言均平财产者。私产之制，遂相沿以迄于今。

老子言“郅治之世，邻国相望，鸡犬之声相闻。民各甘其食，美其服，安其俗，乐其业，至老死不相往来”。此为邃古之世，部落分立之情形。其时盖各部落之中，自行共产之制。孔子谓大道之行也，“人不独亲其亲，不独子其子”。“货恶其弃于地也，不必藏于己，力恶其不出于身也，不必为己”。盖即此时代之情形也。自交通日辟，彼此之往来日繁，而其制渐坏。

部落共产之制，所以随交通之便而破坏者，一因其互相兼并，胜者攘败者之财为己有。一由交易渐兴，前此自造之物，至此可不造而易之于外，少造之物，可多造以与人相易。前此之分职，遂不可复行。而奇异之物，日接于耳目，欲利之心，因之日炽。为公家任职之处，又多制私货，雠诸异族。于是部落中有私财之人日多，而贫富渐不均。前此共产之组织，亦遂逐渐破坏，两部落之相争战也，败者之财产，率尽为胜者所有。斯时无所谓个人之私产也，一部落之财产，则其族之人所共有而已。然财产虽为一族之人所共有，而管理之权，必操诸一人，其实乃与族长一人所有无异。战败之族之财产，尽归诸战胜之族，亦仍如此。《诗》曰：“普天之下，莫非王土。率土之滨，莫非王臣。”王即战胜之族之酋长也。战胜之酋长，以此土地，分给子弟亲故，使食其入而治其人，是为封建。以此土地，赋与农奴，使之耕种，则所谓井田之制也。农奴仅得耕作，土地初非所有，故有还受之法焉。古代分职，时曰士农工商，士之初盖为战士，其后乃变为任事之称。凡为士者，皆禄足代耕，然亦仅足代耕而已。农夫所食，自九人至五人。工业大者皆由官营，商人之贸迁，亦为国家谋通有无，弥阙乏，所得私利有限，国家所以监督之者又甚严(见农工商业篇)。故斯时四民，实无甚贫甚富。其所入较多者，惟有封地之君大夫而已。此则诸部落互相兼并，因生平民贵族之差，以至于此也。

贫富之不平，首由井田之破坏；井田之破坏，孟子谓由“暴君汙吏，慢其径界”。实亦人口渐繁，土地不足，惜田间道路沟洫，占地太多，故欲从事垦辟也[①]。自井田废而民或无立锥之地，贫富始大不均矣。农田以外之土地，古代皆为公有。故《王制》谓“名山大泽不以封”，孟子言“数罟不入汙池”，“斧斤以时入山林”。而《周官》有山虞、林衡、川衡、泽虞、迹人、卝人等官。盖凡遵守规则者，皆得取用焉。自土地日辟，成法日坏，亦为私人所有。《史记·货殖列传》所载，以畜牧种树煮盐开矿致富者是也。汉董仲舒言“富者田连阡陌，贫者无立锥之地。又颛川泽之利，管山林之饶”，鼌错言商贾“大者积贮倍息，小者坐列贩卖”，“男不耕耘，女不蚕

① 见朱子《开阡陌辨》。

织，衣必文采，食必粱肉”，“因其富厚，交通王侯，力过吏势”。汉世所谓商人，实包含大工业家在内。大地主、大工商，乃当时所谓富者阶级也。

汉人救正之法有二。其于土地，主急进者欲复井田，主渐进者则欲限民名田。终两汉之世，迄未能行。其于大工商家，则法律抑之特甚。《汉书·食货志》言：“高祖令贾人不得衣丝乘车，重税以困辱之。孝惠高后时，天下初定，复弛商贾之律，然市井子孙，亦不得仕宦为吏。”又汉时有所谓七科谪者，贾人，故有市籍，父母有市籍，大父母有市籍者皆与焉[①]。其于农人，则特轻其税。汉初十五税一，文帝除民之田租，至于十有三年。景帝即位，乃令民半出租，为三十而税一。后汉亦仍之。然荀悦谓其“适足以资豪强”。晁错谓“法律贱商人，商人已富贵矣；尊农夫，农夫已贫贱矣”。盖其救正之效甚鲜矣。

王莽者，社会主义之实行家也。莽既得志，更命天下田曰王田，奴婢曰私属，皆不得卖买。男口不盈八，而田过一井者，分余田与九族乡党，又立五均司市泉府之官。司市以四时中月，定物平价，物之周于民用而不雠者，均官以本贾

---

① 《汉书·武帝记》天汉四年《注》引张晏说。

取之，物昂贵过平一钱，则以平价卖与民。工商百业，皆除其本，计其利，以十分之一为贡。民欲治产业，或丧祭无费者，泉府以贡之所入贷之，丧祭者无息，治产业者，岁取息无过十一。又行六筦之制，收盐、铁、酒酤、山泽、赊贷、铁布铜冶，皆归诸官。合生产者与消费者，皆思有以剂其平。盖欲一举而复三代盛时之旧矣。然行之既无其法，而吏又因之为奸，遂至“元元失业，食货俱废”。天下大乱，莽卒以亡。自莽之亡，言治者辄引为戒。虽亦知贫富不均，为致乱之原，然所行者，率不过弥缝补苴之策，无敢更言清源正本者矣。

王莽变法，虽召大乱，而土地却因乱而渐均。荀悦云：“井田之制，不宜于人众之时，田广人寡，苟为可也。然欲废之于寡，立之于众，土地布列在豪强，卒而革之，并有怨心。则生纷乱，制度难行。若高祖初定天下，光武中兴之后，人众稀少，立之易矣。”观此，可知东汉之初，实有土广人希之象，向之田连阡陌，又颛川泽之利，管山林之饶者，至此皆因兵燹而丧其所有矣。此其所以获暂安也。

凡一种制度，为人心所同欲，学者所同然，一时虽未克行，久之，未有不见诸施行者。限民名田之论，两汉儒者之公言也。两汉迄未能行，而晋以后行之。晋之户调式，魏之均田令，唐之租庸调法，皆以成年为丁，因男女之异，而受田有差。其所受之田既均，则其所纳之税亦均，乃按户而征之，是曰户调。魏制有桑田露田之别，桑田为世业，露田有还受。盖以在官之荒田授民为露田。其所私有，亦不夺之，则为桑田（孟子曰：“五亩之宅，树之以桑。”桑田盖屋庐所在）。桑田得卖其盈，亦得买所不足。而不得卖其分，亦不得买过所足。盖欲以渐平均地权也。唐制：还受者曰口分，不还受者曰永业。乡有宽狭，田多可以足其人者为宽乡，不足者为狭乡。田，乡有余以给比乡，县有余以给比县，州有余以给比州。庶人徙乡及无以葬，得卖世业田。自狭乡徙宽乡者，得并卖口分田。其立法弥详矣。然史称开元而后，其法大坏，并兼踰汉成哀。德宗时，杨炎创两税，就其有而取之，虽称救时良法，然制民之产之意，荡焉尽矣。

凡天下丧乱之际，必为豪强兼并之时，其故约有数端：田多荒芜，乘机占有，一也。贫者无以自立，或迫于苛税，弃田而去，亦为豪强所占，二也。乱时民或弃农为兵，田益易荒，三也。暴政恒施于小民，民不得不托庇于豪强，四也。吏治苟简，不能摧抑豪强，或且与之结托，五也。唐中叶以后，盖即其时，宋兴，初未能加以救正，故其农民困苦特甚。当时民间借贷，自春徂秋，取息逾倍（宋太祖时尝禁之，见《宋史·食货志》）。且谷粟布缕鱼盐薪蔌耰锄斧锜之属，皆杂取之[1]。宣仁太后临朝，司马光疏言农民疾苦，有曰："幸而收成，公私之债，交争互夺。谷未离场，帛未下机，已非己有。所食者糠粃而不足，所衣者绨褐而不完，直以世服田亩，不知有何可生之路耳。"其言可谓哀切矣。王安石秉政，欲行方田均税之法，南渡后又有经界之制。然或推行未广，或则有名无实，讫无成效可见。而南宋贵势，肆行兼并，两浙腴田，多落其手。贾似道当国，强买为公田，即以私租为官额。明太祖下平江，恶其民为张士诚守，又以私租为官赋。嗣后虽屡经核减，至于今日，两浙赋额，犹独重于全国。并兼之诒祸，亦可谓烈矣。

明初行黄册鱼鳞册之法，黄册以户为主，以田从之。鱼鳞册则以土田为主，诸原阪坟衍下隰沃瘠沙卤之别毕具。据黄册则知各户所有丁粮，由之以定赋役，而田之所在，则稽诸鱼鳞册而可知。其法本甚精详，使能实行，则户口土田，皆有可考，虽由此进谋平均地权可也。顾积之久，鱼鳞册漫漶不可问，而田所在不可复知。于是黄

① 《宋史·陈舜俞传》。

册亦失实，卒至富者有田而无税，贫者有税而无田，其或田弃粮存，则摊征于细民，责偿于里甲。绅士又为下户代纳赋税，而私其所入，其弊不可胜穷。嘉靖时，乃有履亩丈量之议。神宗初，张居正为相，行之，限三岁竣事。史称豪猾不得欺隐，里甲免赔累，而小民无虚粮焉。清代丁税摊入地粮，但按田征税，而人户之有田无田，及其田之多少，不复过问。地权之均不均，国家遂无从知之矣。

工商之业，在私有财产之世，所以制驭之者，不过税法之重轻；业之大者，实宜收归官营，一以防豪强之兼并，一则国家得此大宗收入，可以减轻赋税，以利穷民，且可兴举大业也。然历代论政之家，狃于三代以前，偏重田租口赋之制，不知此为产业未盛之时之遗法，而以为义所当然。故汉汲黯谓县官但当衣食租税[①]。晋初定律，酒酤等事，皆别为令，以便承平时废除[②]。隋文帝定天下，亦将一切杂税，次第除去。唐中叶后，藩镇擅土，王赋所入无几，国用艰窘，不得不取之杂税。而盐茶等税，乃日增月益，藩镇亦竞收商税，有住税，有过税，亦犹清代军兴时之有厘金也。宋代养兵太多，竭天下之财以给之，

① 《汉书·食货志》。
② 《晋书·刑法志》。

此等税遂迄不能除，抑且加重。元明清三代，皆沿袭焉。然皆徒为敛财计而已。抑并兼利万民之意，则荡然无复存焉者已。

借贷之事，古者盖由公家司之。孟子谓“春省耕而补不足，秋省敛而助不给”①。陈氏（齐大夫）以公量贷，而以家量收之②，冯谖为孟尝君收责于薛，尽焚其券以市义③，盖皆其事。《史记·货殖列传》谓“子贷金钱千贯者，比千乘之家”。则秦汉时，已有私人恃放债为生者，其后讫亦不绝。赵氏翼《陔余丛考》有一条考之，可见其概。

其以救济为宗旨者，于民食，在汉为常平，在隋为义仓，在宋为社仓。更思推此以充借贷者，则为宋王安石之青苗法。常平之法，创自耿寿昌。盖沿李悝粜甚贵伤民甚贱伤农之说，而思有以剂其平。其法于诸郡筑仓，谷贱时增价以籴，谷贵时减价以粜。民获其利，而官司亦有微赢，诚为良法。然在谷物贸易未盛之时，其策可用。后世食粮之市场益广，而在官之资本甚微，则其效亦寡矣。且其法仅可以平谷价，而不可以充振贷。于是隋长孙平有义仓之法。劝课当社，

---

① 《梁惠王下》。
② 《左传》昭公三年。
③ 《战国策》。

收获之日，随其所得，出粟及麦，时或不熟，即以振给。既能遍及各地，又令人民自谋，实为最善。然后或移之于县，则全失本意矣。宋以来，乃又有所谓社仓。孝宗乾道四年，建民艰食，朱熹请于府，得常平米六百石，请本乡土居朝奉郎刘如愚，共任赈济。夏受粟于仓，冬则加二计息以偿。自后逐年敛散，或遇少歉，即蠲其息之半，大饥即尽蠲之。凡十有四年，得息，造成仓廒，以元数六百石还府，仍存米三千一百石，以为社仓，不复收息。一乡四十五里间，虽遇凶年，人不阙食，后多有放行之者。《通考》谓"凶年饥岁，人多赖之。然事久而弊，或主之者倚公以引私，或官司移用而无可给，或拘纳息米而未尝除，甚者拘摧无异正赋"。

盖此为人民自治之事，必人民程度高，而后其效可睹也。青苗之法，始于李参。参官陕西，令民隐度谷粟之赢，贷以钱，俟谷熟还官。安石秉政，请以诸路常平广惠仓钱谷，依其例，预借于民，令出息二分，随夏秋税输纳。谓常平广惠之物，收藏积滞，必待年俭物贵，然后出粜，而所及又不过城市游手之人。今通一路有无，贵发贱敛，可以广蓄积，平物价，使农人有以赴时趋事，而并兼者不得乘其急也。当时反对者甚众，大抵谓官吏奉行不善，而朝廷之意，实在借此以取财。予谓青苗立法之意颇善。然实人民自相扶助之事，一经官手，则因设治之疏阔，而监督有所难周，法令之拘牵，于事情不能适合，有不免弊余于利者。此安石所以行之一县而效，行之全国而不能尽善也（王安石尝一度长浙鄞县令，故云）。

平均市价之事，后世无之。汉桑弘羊行均输之法，藉口百物由官贩赏，则富商大贾，无所牟大利，则反本而万物不得腾跃，故抑天下之物，名曰平准。然其意实在理财而已。宋神宗时，尝置市易务。凡货之可市及滞于民而不售者，平其价市之，愿以易官物者听。若欲市于官，则度其抵而贷之钱，责期使偿，半岁输息十一，及岁倍之。以吕嘉问为都提举市易司，诸州市易司皆隶焉。颇近王莽之司市泉府，其事亦卒不能行。盖后世商业日盛，操纵非易也。

自王莽以后，以国家之力，均平贫富，无复敢萌此想者。然特谓其事不易行而已，固非谓于理不当行。读王安石之《度支厅壁题名记》，可见其略。安石之言曰："合天下之众者财，理天下之财者法，守天下之法者吏也。吏不良，则有法而莫守，法不善，则有财而莫理。有财而莫理，则阡陌闾巷之贱人，皆能私取予之势，擅万物之利，以与人主争黔首，而放其无穷之欲，非必贵强桀大，而后能如是。而天子犹为不失其民者，盖特号而已耳。虽欲食蔬衣敝，憔悴其身，愁思其心，以幸天下之给足而安吾政，吾知其犹不得也。然则善吾法而择吏以守之，以理天下之财，虽上古尧舜，犹不能毋以此为急，而况于后世之纷纷乎。”此等见解，盖非特安石有之，此现今之社会主义，所以一输入，遂与吾国人深相契已。然其行之如何，则固不可不极审慎矣。

【第四讲】

农工商业

人类资生，莫急于食，取食之方，有仅为目前之计，其技几于不学而能者，水渔山猎，及取天然之草木以为食是也；有必待稍知久远之计，勤苦尽力而后能得之者，畜牧种植是也。《礼运》曰："昔者先王未有火化，食草木之实，鸟兽之肉，饮其血，茹其毛。"盖我国疆域广大，偏北之地，气候物产，近于寒带；偏南之地，则近热带。故取资动植，以给口实者，一国之中，兼有之也。古称三皇曰燧人、伏羲、神农。燧人之功，在能攒木取火，教民熟食。伏羲之号，盖以能驯伏牺牲。神农二字，本古农业之通称（如《月令》言“水潦盛昌，神农将持功”。又古言神农之教，乃农家言，非谓炎帝之教令也）。盖至此三君之世，而我国民始渐习于畜牧种植之业矣。神农以后，农业日重。《尧典》载尧命羲和四子，历象日月星辰，敬授民时。授时者，古代农政之要端也。《禹贡》备载九州土性，分为九等，固未必真禹时书，亦无以断其所录非禹时事。《无逸》一篇，历述殷周贤王，中宗、高宗、祖甲、大王、王季、文王，多重农之主。此篇出周公之口。《生民》、《笃公刘》，亦周人自述先世之作。此皆信而有征，观此知唐虞三代之世，我国农业，业已盛行矣。

农业既盛，而渔猎畜牧之事遂微。田猎仅行之农隙，以寓讲武之意。渔则视为贱业，为人君所弗亲[①]。牧业如《周官》所设牧人、牛人、充人、羊人、犬人等，皆仅以供祭祀之用。惟马政历代皆较注重，则以为交通戎事所资也。此以设官论，至于民间，亦因重视农业，地之可供畜牧，民之从事畜牧者少，故仅盛于沿边。内地则谷量牛马者，几于绝迹矣。

---

① 可看《左传》隐公五年，臧僖伯谏观鱼之辞。

蚕业兴起，略与农业同时。《农政全书》引《淮南蚕经》，言黄帝元妃嫘祖，始育蚕治丝茧。说固未可尽信。然《易·系辞传》言："黄帝尧舜，垂衣裳而天下治。"《疏》曰："以前衣皮，其制短小，今衣丝麻布帛，所作衣裳，其制长大，故言垂衣裳也。"《虞书》亦有"以五采章施于五色作服"之文。知黄帝尧舜时，蚕织必已发明矣。三代之政，天子亲耕，后亲蚕。"五亩之宅，树之以桑"。男耕女织并称本业，至于今未替。此其所以能以丝织，著闻五洲也。然古代蚕利，盛于西北，而后世惟盛于东南。偏僻之处，且有绝不知纺织之利者。此则疆域广大，各地方风气不齐，而治化亦不能无进退故也（清知襄阳府周凯，尝劝民种桑。其言曰："《禹贡》兖州曰桑土既蚕，青州曰厥篚檿丝。"檿，山桑也。杨徐东南亦仅曰厥篚织贝，厥篚玄纤缟而已。《诗·豳风》：蚕月条桑。《唐风》：集于苞桑。《秦风》：止于桑。桑者闲闲，咏于魏。鸤鸠在桑，咏于曹。说于桑田，咏于卫。利不独东南也。襄阳介荆豫之交，荆州厥篚玄纁玑组，豫州厥篚纤纩。纩，细绵也。纁绛币组绶属，皆丝所织。北燕冯跋下书令百姓种桑。辽无桑，慕容廆通晋求种江南。张天锡归晋，称北方之美，桑葚甘香。《先贤传》载司马德操躬采桑后园，庞士元助之。

《齐书》载韩系伯桑阴妨他地，迁界，邻人愧谢。三子皆襄阳人，襄之宜桑必矣。《日知录》曰：今边郡之民，既不知耕，又不知织。虽有材力，而安于游惰。引华阴王宏撰著议，谓延安一府，布帛贵于西安数倍。又引《盐铁论》，边民无桑麻之利，仰中国丝絮。夏不释复，冬不离窟。崔寔《政论》，五原土俗，不知缉绩。冬积草，伏卧其中。若见吏，以草缠身。谓今大同人，多是如此。妇人出草，则穿纸裤）。

我国农业之进化，观其所植之物，及其耕作之精粗，可以知之。古曰百谷，亦曰九谷（郑司农云：黍稷秫稻麻大小豆大小麦。康成谓无秫大麦，而有粱苽。见《周官·大宰注》）、五谷（黍稷粟麦稻）。盖其初以为主食之品甚多，后乃专于九，专于五也。今则以稻麦为主矣。古者一夫百亩，又有爰田之法（爰即换字。《公羊》宣十五年何《注》：上田一岁一垦，中田二岁一垦，下田三岁一垦。《周官·大司徒》：不易之地家百亩，一易之地家二百亩，再易之地家三百亩）。其所获则“上农夫食九人，其次食八人，其次食七人，其次食六人。下农夫食五人”[1]。今日江南，上农所耕，不逮古者三之一，其所食，未有

① 《孟子·王制》

以逊于古也。此盖积时久则智巧渐开，人口增，土地少，则垦治之法日密。乃社会自然之进步也。然亦有不逮古者二端。一古国小，设官多，为治密，故有教民稼穑之官，亦多省敛省耕之事。《噫嘻》郑《笺》，谓三十里即有一田畯主之，其精详可想。汉世乡有啬夫，犹存遗意。魏晋而后，此制荡然。耕植之事，一任人民自谋，官不过问，士之讲农学者绝少，有之亦不能播其学于氓庶。凡事合才智者以讲求，则蒸蒸日上。听其自然，未有不衰敝者也。此其一也。一则古代土地，属于公有，故沟洫陂渠，易于整治。后世变为私有，寸寸割裂，此等事，遂莫或肯为，亦莫或能为。而如人民贪田退滩废堰，滥伐林木等，又莫之能禁。利不兴，弊不除，农事安得不坏。古代农业，西北为盛。后世大利，皆在东南。唐都长安，宋都汴梁，元明清都北平，无不仰东南之转漕者，以东南天然之利厚，而西北有待于人力者大。人事荒，故农业盛衰，随之转移也。此又其一也。历代农业升降之原，二者盖其大端也。

古代教稼之法，今略见于《周官》（如大司徒“辨十有二壤而知其种”。司稼“巡邦野之稼，而辨穜稑之种，周知其名，与其所宜地以为法，而悬于邑闾”。此辨土壤择谷种之法也。草人“掌土化之法，以物地相其宜，而为之种”。此变化土壤之法也)。其农书，则《管子》之《地员》，《吕览》之《任地》，《辨土》，《审时》，其仅存者，惜不易解。汉世农书，以氾胜之为最，今亦无传焉。今所传者，以后魏贾思勰《齐民要术》为最古。后来官修之书，如元之《农桑辑要》，清之《授时通考》；私家巨著，如元王桢之《农书》，明徐光启之《农政全书》，皆网罗颇广(如蚕桑菜果树木药草孳畜等，皆该其中。田制劝课救荒等，亦多详列)，即不皆有用于今，亦足考昔日耕耘之法。

《管子》言葛卢雍狐之山，发而出水，金从之，蚩尤受而制之以为兵[①]。此盖矿业初兴，尚未知取之于地。又述伯高对黄帝之言，谓“上有丹砂者，下有黄金。上有慈石者，下有铜金。上有陵石者，下有锡铅赤铜。上有赭者，下有铁。此山之见荣者也”。则已知察勘矿苗之法矣。《管子》东周之书，其时盖已有此法。其托之伯高，盖不足信。汉有司言“黄帝作宝鼎三，禹收九牧之金铸九鼎”[②]。而《易·系辞传》言黄帝尧舜之时，“弦木为弧，剡木为矢”。《禹贡》荆州之贡，“砺砥砮丹”。贾逵曰“砮，矢镞之石也”。则其

① 《地数》。
② 《汉书·郊祀志》。

时之金，特用以铸重器。至春秋时，乃以之作兵。《左氏》僖公十八年，“郑伯始朝于楚，楚子赐之金。既而悔之，与之盟，曰无以铸兵”是也。斯时之农器，则多以铁为之。《管子》书所言其事，秦汉之世犹然。故贾生说汉文收铜勿令布，而曰“以作兵器”。汉武筦盐铁，而文学以为病民也。曹魏以后，乃多以铁作兵，而铜兵渐少[①]。工业在古代，较重难者，皆由官营。其简易者，则人人能自为之。《考工记》曰：“粤之无镈，燕无函，秦无庐，胡无弓车。粤之无镈也，非无镈也，夫人而能为镈也。燕之无函也，非无函也，夫人而能为函也。秦之无庐也，非无庐也，夫人而能为庐也。胡之无弓车也，非无弓车也，夫人而能为弓车也。”《注》曰：“人人皆能作是器，不须国工。”此简易之工，人人能自为之之说。其设官“曰某人者，以其事名官。曰某氏者，官有世功，若族有世业，以氏名官者也”。此则重难之工，国家设官治之者也。此盖古代自给自足之遗制。其后交通日繁，贸易日盛，一国所造之物，或为外邦所需，或可不造而求之于外。人民智巧日进，能自造械器者亦多。则设官制器之事，不复可行，而其制渐废矣。中国夙以

① 详见《日知录》卷十一。

节俭为训，又其民多农业，安土重迁，故其器率贵坚牢朴质，奇巧华美非所尚，间或有之，则智巧之士特出心裁。达官世家，豪民驵贾，日用饮食，殊异于人。重赏是怀，良工竞劝，为是以中其欲耳。夫智巧由于天授，而人云亡而其技亦湮。衔粥专于一家，则制虽工而其传不广。此皆无与工业之进化。工业之进化，当观多数人之用器，比较其精粗良楛而得之。如古人率用几席，无后世之桌椅，宋以后渐有之。然民国初元，濮阳宋古城发见，民家所用桌椅，率多粗恶，较诸今日，精粗几不可以道里计，又其所用陶器，亦较今世为粗，此则工业进化之一端也。

古代小部落，率皆自给自足，故商业无由而兴。《老子》谓："郅治之极，邻国相望，鸡犬之声相闻，民各甘其食，美其服，乐其业，至老死不相往来。"《盐铁论》曰："古者千室之邑，百乘之家，陶冶工商，四民之求，足以相更。"① 则此时代之情形也。交通日便，往来日繁，则贸迁有无之事起。最初所行，大抵如现在之作集。《易·系辞传》言，神农氏"日中为市，致天下之民，聚天下之货，交易而退，各得其所"是也。《酒诰》言农功既毕，"肇牵车牛远服贾"。《郊特

① 《权修》。

牲》言“四方年不顺成，八蜡不通”。皆可见其贸易之有定时。其后社会日进，有资于通工易事者日多，则商业亦日盛。商人分两种，行货曰商，居货曰贾。贾大率在国中。《考工记》：“匠人营国，面朝后市。”又有设于田野之间，以供人民之需求者。《公羊》何《注》“因井田而为市”[①]是也。《孟子》谓：“有贱丈夫焉，必求龙断而登之，以左右望而罔市利。”龙断谓冈陇之断而高者，亦可见其在田野之间矣。其行货者，则必远适异国。如《左氏》所载郑商人弦高是[②]。此等人周历四方，见闻较广，故其才智颇高。弦高之能却秦师，即其一证。

隆古社会，本皆自给自足，有求于外者，非淫侈之品，则适逢荒歉之时耳。惟所贩粥，本多淫侈之品，故当时之商人，多与王公贵人为缘。如子贡结驷连骑，以聘享诸侯[③]。汉晁错谓当时商人，交通王侯，力过吏势是也。其当本国空无之时，能远适异国，以求得其物者，则于国计民生，所关甚大。郑之迁国，实与商人俱[④]。岂不以新造之邦，财用必患不足，不得不求之于外

① 《公羊传》宣公十五年。
② 《左传》僖公三十三年。
③ 《史记·货殖列传》。
④ 《左传》昭公十六年。

哉！斯时之商贾，实生产消费者之友，而非其敌也。其后则渐不然。《管子》曰：岁有四秋（四秋即四次收获也。农事作为春之秋，丝纩作为夏之秋，五谷会为秋之秋，纺绩缉缕作为冬之秋）。物之轻重，相什而相百[①]。又曰：岁有凶穰，故谷有贵贱，令有缓急，故物有轻重。然而人君不能治，故使畜贾游于市。乘民之急，百倍其本[②]。至此，则商人日朘生产消费者以自肥，始与公益背道而驰矣。然分配之机键，操其手中，非有新分配之法，商人固未易废除也。

商业之演进，不征诸富商大贾之多，而征诸普通商人之众。普通商人众，则分工密，易事繁。社会生计，互相依倚，融成一片矣。《史记·货殖列传》，谓关中自秦汉建都，“四方辐凑，地小人众，故其民益玩巧而事末”。又谓“邹鲁地小人众，好贾趋利，甚于周人”。以地小人众而为商，其必负贩之流，而非豪商大贾明矣。古代之市，皆自为一区，不与民居相杂。秦汉而降，此意仍存。如《三辅黄图》谓长安市各方二百二十六步，六市在道西，四市在道东。《唐书·百官志》，谓市皆建标筑土为候，日击鼓三百以会众，日入前七刻（古者每昼夜分为十二小时，每时分

① 《管子·轻重乙》。
② 《管子·国畜》。

为十刻，每刻分为十二分），击钲三百而散。《辽史》谓太祖置羊城于炭山北，起榷务，以通诸道市易。太宗得燕，置南京，城北有市，令有司治其征。余四京及他州县货产懋迁之地，置示如之是也。邸肆民居，毫无区别，通衢僻巷，咸有商家，未有如今日者。此固由市制之益坏，亦可见商业之日盛也。

中外通商，亦由来已久，且自古即颇盛。《货殖列传》述栎邑、巴蜀、天水、陇西、北地、上郡、扬、平杨、上谷至辽东等，与外国接壤之处，商利几无不饶。汉初两粤，尚同化外，西域尤绝未闻知。而枸酱竹杖，既已远至其地，商人之无远勿届，亦可惊矣。西域既通，来者益多。罽宾杀汉使，遣使谢罪，汉欲遣使报送，杜钦言其“悔过来，而无亲属贵人奉献者，皆行贾贱人，欲通货市买，以献为名”。钦述当时西域之道，险阻为害，不可胜言。而贾胡犹能矫其君命，远来东国，其重利可谓甚矣。自此至南北朝，中国与西域之交通，虽或盛或衰，而讫未尝绝（史所云绝者，以国交言之。若民间之往来，则可谓终古未绝也）。隋唐之世，国威遐畅，来者尤多，元代地跨欧亚，更不必论矣（唐宋元明中外通商情形，可参考《蒲寿庚传》一书）。日本桑原隲藏《东洋史要》曰：“东西陆路之互市，至唐极盛，先是隋炀帝时，武威、张掖、河西诸郡，为东西交易之中枢。西方贾人，来集其地者，溢四十国。唐兴，中亚天山南路之路开，西方诸国，来东方通商者益盛。支那人之商于中亚波斯印度者亦不少。素谙商业之犹太人，乘机西自欧非，东至支那印度间，商权悉归掌握，或自红海经印度洋，来支那之南海。或自地中海东岸之安地凹克，经呼罗珊、中亚、天山南路来长安。及大食勃兴，阿剌比亚人渐拓通商之范围，无论陆路海路，世界商权，殆在其掌中。”又曰：“自蒙古建国，四方割据诸小国悉灭，商贾往来日便，又新开官道，设驿站，分置守兵，旅客无阻。东西两洋之交通，实肇于此。是时西亚及欧洲商人，陆自中亚经天山南路，或自西伯利亚南部经天山北路，而开贩路于和林及燕京。波斯与印度及支那之间，海上交通亦日繁，泉州、福州诸港，为世界第一贸易场，外人来居其地者，以万数云。”

海路通商，似亦先秦即有之。《史记·货殖列传》言番禺为珠玑、瑇瑁、果、布之凑，此即后世与外国交易之品也。自秦开南海、桂林、象郡，今安南之地，自广和以北，悉在邦域之中（广和，即后来据地自立之林邑也）。桑原氏云：“当时日南交阯，为东西洋交通中枢。西方贾人，多集其地。时则罗马商船，独专印度洋航权。及佛教东渐，锡兰及南洋诸国，与支那道路已通。支那海运，因而渐兴，经爪哇、苏门答剌至锡兰之航路，遂归支那人手。历南北朝至唐初叶，支那商船更推广其航路。或自锡兰沿西印度海岸入波斯湾，或沿阿剌伯海岸至亚丁。当时锡兰为世界商业中枢，支那人、马来人、波斯人、哀西比亚人等，交易于斯。及大食兴，非洲西亚沿岸及印度河口港湾，前后归其版图，阿剌比亚人与其属波斯人、犹太人，益恢张海运，东经南洋诸国，通商支那，代支那人而专有亚细亚全境之航权。日本历千三百五十年顷（周武后天授中），阿剌比亚人，商于广州、泉州、杭州者以万数，唐于诸港置提举市舶之官，征海关税，为岁入大宗”云。案国史于南方诸国，纪载最详者，当推宋、梁、唐三书。所记诸国，大抵为通市来者也。互市置官，始于隋之互市监，而唐因之。市舶司之置，新、旧书六典皆不载。《文献通考》曰：唐有市舶使，以右威卫中郎将周庆立为之。唐代宗广德元年，有广州市舶使吕太一。案庆立见《新唐书·柳泽传》。吕太一事，见《旧唐书·代宗纪》。又新书《卢怀慎传》：“子奂，天宝初，为南海太守，汙吏敛手。中人之市舶者，亦不敢干其法，远俗为安。”然则唐市舶使之置，多以武人宦官为之。赎货无厌，以利其身，损国体而敛怨于远人。云为岁入大宗，盖东史臆度之语。泉杭诸州，曾置市舶，史亦无文。谓于诸港皆置提举，亦不审之谈也。及宋代而设置渐多，其可考者，有杭、明、温、秀、泉、广诸州，及华亭、江阴、板桥（镇名，属密州，即今青岛也）。所税香药犀象，往往以酬入边，充钞本。始真于国用有裨矣。元、明二代，亦皆有之（元设于上海、澉浦、杭州、庆元、温州、泉州、广东，凡七处。时有省置，明洪武初，设于太仓黄渡，寻罢。复设于宁波，以通日本，泉州以通琉球，广州以通占城暹罗及西洋。永乐中，又常设交阯、云南市舶提举司。元代甚重视木棉之培植，故江浙一带设有提举司一职，专司一切提倡木棉事务）。明之设司，意不在于收税，而在以此抚治诸夷，消弭衅隙，此其时倭寇方张也。宋、元二代，海路所通颇远，明祖御宇，亦使驿四通。陆路远至天方，海路几遍今南洋群岛。成祖之遣郑和下西南洋，事在永乐三年，即西历一千四百有五年。哥伦布得亚美利加，事在西历千四百九十三年，当明孝宗弘治六年。后于和者，实八十八年也。自郑和航行后，中国之声威，颇张于海表。华人之谋生南洋者不少，且有作蛮夷大长者。新大陆既发现，西人陆续东航，而通商之情形，乃一变矣。其详更仆难穷，其大略则人多知之。其利害又当别论。今不具述。

【第五讲】

衣食居处

《礼记·礼运》曰："昔者先王未有宫室，冬则居营窟，夏则居橧巢。未有火化，食草木之实，鸟兽之肉，饮其血，茹其毛。未有麻丝，衣其羽皮。后圣有作，然后修火之利，范（熔铸也）金合土，以为台榭宫室牖户。以炮以燔，以亨以炙，以为醴酪。治其麻丝，以为布帛。"此总述古代衣食居处进化之大略也。所谓先王，盖在伏羲以前，所谓后圣，则在神农以后，何以知其然也。《礼运》又曰："夫礼之初，始诸饮食，其燔黍而捭豚，汙尊而抔饮，蒉桴而土鼓，犹若可以致其敬于鬼神。”《疏》引《明堂位》：“土鼓苇籥，伊耆氏之乐。”《乾凿度》云伊耆氏为神农，断此为神农之事。《世本》曰：“伯余作衣裳。”亦见《淮南子·汜论》。伯余黄帝臣，《易·系辞传》：“黄帝尧舜，垂衣裳而天下治。”《疏》曰：“以前衣皮，其制短小。今衣丝麻布帛所作衣裳，其制长大，故曰垂衣裳。”《传》又言：“上古穴居而野处，后世圣人易之以宫室。”同蒙上黄帝尧舜而言。《淮南·修务》亦云：“舜作室筑墙茨屋。”知衣食居处之进步，必先在炎黄尧舜之世矣。

古人食草木之实，鸟兽之肉，其物较少，不足以饱。乃于食肉之外，兼茹其毛[①]。果实之外，亦兼茹菜，是谓疏食（疏今作蔬），亦曰素食。《墨子·辞过》曰：“古之民，素食而分处，圣人作，诲男耕稼树艺，以为民食。”故谷食者，疏食之进化也。谷食始称百谷，继则九谷，继称五谷。盖其初用以充食之物甚多，渐次去其粗而存其精，是则所谓嘉谷也。此又谷食中之进化也。

既进于农业之世，则肉食惟艰，故必贵人耆老，乃得食肉（《孟子》：鸡豚狗彘之属，无失其

---

① 见《礼运·疏》。

时，七十者可以食肉矣）。庶人所食，鱼鳖而已[①]。《盐铁论·散不足》曰：古者燔黍食稗而烨豚以相饷，其后乡人饮酒。老者重豆，少者立食。一酱一肉，旅饮（旅饮即轮转互饮也）而已。及其后宾昏相召，则豆羹白饭，綦脍孰肉。今民间酒食，肴旅重叠，燔炙满案。古者庶人粝食黎藿，非乡饮酒膢腊祭祀无酒肉。诸侯无故不杀牛羊，大夫无故不杀犬豕。今闾巷阡陌，无故烹杀，负粟而往，易肉而归。古者不粥饪，不市食。其后则有屠沽，沽酒市脯，鱼盐而已。今熟食遍列，肴旅（即杂列重叠之意，言其繁也）成市云云。可见汉时饮食远较古代为侈。然《论衡·讥日》谓海内屠肆，六畜死者，日数千头。则较诸今日不过十一之于千百耳。《隋书·地理志》谓梁州汉中，“性嗜口腹，多事佃渔，虽蓬室柴门，食必兼肉”。已非汉时所及矣。可见人民生活程度，无形之中，日渐增高也。

饮食之物，随世而殊。如古人食肉，犬豕并尚，后世则多食豕。古调羹用盐梅，秦汉则用盐豉（见《左氏》昭公二十年《疏》。盐之豆豉。今湘赣亦兼有用淡豆豉以调羹者，苏浙不多见）。古人刺激之品，惟有酒及荤辛（《仪礼·士相见

① 见《诗·无羊·疏》。

礼："夜侍坐，问夜，膳荤，请退可也。"《注》："膳荤，谓食之荤辛物葱薤之属，食之以止卧。"案葱韭气荤而味非辛。故郑言之属以该之辛，如姜桂是也。郑兼言辛，见膳荤亦得兼及辛）。后世则兼有茶烟。古食甘止有饴，后世乃有蔗糖。此等或因生业之不同，或因嗜好之迁变，或因中外交通，食品增多，未易一一列举矣。

酿酒盖起虞夏之世。《战国策》曰："仪狄作酒，禹饮而甘之。"《明堂位》谓"夏后氏尚明水"。其征也。神农之世，汙尊抔饮，盖饮水而已。《疏》谓凿地盛酒，恐非。

古无茶字，只有荼字。荼见于《诗》者，或指苦菜，或指茅秀，或指陆草，皆非今之茶。惟《尔雅》释木，"槚，苦荼。"《注》曰："树小如栀子，冬生叶，可煮作羹饮。今呼早采者为荼，晚取者为茗。一名荈，蜀人名之苦荼。"此字虽亦从草从余，而所指实为今之茶。盖茶味亦苦，故借苦菜之名以名之。复乃变其韵而成两字。王褒《僮约》："武都买茶"。张载《登成都白菟楼诗》，"芳茶冠六清"。孙楚诗"芦桂茶荈出巴蜀"。《本草衍义》："晋温峤上表，贡茶千斤，茗三百斤。"《三国吴志·韦曜传》"密赐茶荈以当酒"。《世说新语》："王濛好饮茶，客至，尝以是饷之。"则饮茶始于蜀，先行于南方，至唐时乃

遍行全国。故《唐书·陆羽传》，谓羽著《茶经》三篇，天下益知饮茶，而茶税亦起唐世也。然金章宗时，尝以茶皆市于宋，费国用而资敌，置坊自造。其后坊罢，又限七品以上，方得饮茶，则尚不如今日之盛也。

蔗糖之法，得自摩揭陀。见《唐书·西域传》。大徐《说文》新附中，始有糖字，糖乃从米，训以饴而不及庶，则宋初尚未大盛。至王灼撰《糖霜谱》，始备详其法焉。

烟草来自吕宋，漳州莆田人始种之，盛行于北边。谓可避瘴，崇祯末尝禁之，卒不能绝，禁旋弛。王肱《枕蚓菴琐语》，张岱《陶庵梦忆》，皆谓少时不识烟草为何物。则其盛行，实在明末弛禁之后也。然是时吸食之法，尚不如今日之便。张岱谓大街小巷，尽摆烟卓。黄玉圃《台海使槎录》，谓“鸦片烟用麻葛同雅土切丝，于铜铛内剪成鸦片拌烟，另用竹筩，实以棕丝，群聚吸之，索值数倍于常烟”。中国人之吸鸦片，本由吸烟引起。观张黄二氏之说，则当初之吸菸，殆亦如后来之吸鸦片也。

鸦片由吸烟引起，说见日本稻叶君山《清朝全史》。案罂粟之名，昉见《开宝本草》。又曰，一名米囊。而唐雍陶《西归出斜谷诗》曰：“万里客愁今日散，马前初见米囊花。”则唐时已有

其物。然自明以前皆作药用。清雍正硃批谕旨，七年“福建巡抚刘世明奏，漳州知府李国治，拿得行户陈远，私贩鸦片三十四斤，拟以军罪。臣提案亲讯，陈远供称，鸦片原系药材，与害人之鸦片烟，并非同物。当传药商认验，佥称此系药材，为治痢必须之品，并不能害人，惟加入烟草同煎，始成鸦片烟。李国治妄以鸦片为鸦片烟，甚属乖谬，应照故入人罪例，具本题参奏”云云。则知当时吸食鸦片，尚未与烟草相离也。制烟膏之法，见明王玺《医林集要》亦以作药用。岂雍正以后，吸食鸦片之禁日严，有瘾者欲吸不得，乃代之以药，而成后来之吸法欤。

未有麻丝以前，衣之材料有二。一《礼运》所谓衣其羽皮，此为皮服。一则如《郊特牲》之黄衣黄冠，《诗》之台笠，所谓卉服也。有麻丝以后，此等材料，乃逐渐淘汰。至其裁制，则最初有者，为后世之韨（亦曰韠），郑注《乾凿度》谓“古者佃渔而食，因衣其皮，先知蔽前，后知蔽后”是也[①]。夫但知蔽前为韨，兼知蔽后，则为裳矣。裳有袪机而短则为裈（《事物纪元》，裈，汉晋名犊鼻。姚令威曰：医书膝上二寸为犊鼻。盖裈之长及此）。长其袪则为袴（《说文》作

① 《诗·采薇·疏》引。

绔，曰胫衣也）。蔽上体者曰衣。连衣裳而一之为深衣（详见《礼记·深衣》、《玉藻》两篇。裳幅前三后四，朝祭之服，襞绩无数。丧服三襞绩，深衣之裳，前后皆六幅不襞绩）。衣之在内者短曰襦，长曰衫，长而有著者曰袍。古朝祭之服，皆殊衣裳，深衣则否。然惟庶人即以为吉服。汉以后，渐去衣裳，径以袍为外服，而其便服转尚裙襦，遂渐成今世之服矣（详见任大椿《深衣释例》。《唐书·车服志》："中书令马周上议，礼无服衫之文，三代之制有深衣。请加襕袖褾襈，为士人上服。开胯者曰缺袴，庶人服之。"《类篇》：衣与裳连曰襕。褾，袖端也。襈，缘也。《事物记原》曰："缺胯衫，今四胯衫"）。

作事以短衣为便，古今皆然。《曲礼》曰："童子不衣裘裳。"《内则》曰："十年，衣不帛，襦袴。"衣不帛句绝。《疏》谓"不以帛为襦袴"。误矣。二十可以衣裘帛，则亦二十而裳。不言者，与上互相备，古人语法如此。故戴德丧服变除，童子当室（自十五至十九），其服深衣不裳也。武人之服亦然。故杜预释跗注曰：若袴而属于跗[①]。不径曰袴者，袴不皆属于跗也。此即后世之袴褶。魏晋以后，为车驾亲军，中外戒

① 《左传》成公十六年。

严之服。王静庵以为皆出于胡[①]，误矣。中国服饰，惟鞸确出于胡，见《陔余丛考》。古人则夏葛屦，冬皮屦也[②]。曾三异《同话录》曰："近岁衣制，有一种，长不过腰，两袖仅掩肘，名曰貉袖。起于御马院圉人，短前后襟者，坐鞍不妨脱著，以其便于统驭也。"此今之马褂也。裲裆，《玉篇》曰："其一当胸，其一当背。"《广雅》谓之袙腹，宋时谓之背子[③]。此为今之坎肩[④]。加于首者，最尊者为冕，以木为干，用布衣之。上玄下朱，前俯后仰，黈纩塞聪（《东京赋》薛综注。黈纩，以黄绵，大如丸，悬冠两边，当耳。案后以玉曰瑱）。垂旒蔽明，盖野蛮时代之饰。弁如冕，前后平，以皮革韦等物为之，冠以豢发[⑤]，略如后世之丧冠。中有梁，广二寸，秦始皇改为六寸，汉文帝增为七寸，而梁始广，而古制不可见矣[⑥]。冠之卷曰武，缨以组二属于武，合结颐下。有余则垂为饰，是曰緌。冠为士服（古者男女必冠，以露发为耻。故子路谓君子死，冠不免，结缨而死。后世官吏获咎者，每称免冠谢

① 见《观堂集林·胡服考》。
② 见《士冠礼》。
③ 见《石林燕语》。
④ 见《陔余丛考》。
⑤ 《说文》。
⑥ 详见江永《乡党图考》。

过）。庶人则以巾。巾以覆髻曰帻。带有大带、革带。大带以素丝为之，以束腰，垂其余为饰，谓之绅[①]。革带在大带上，为杂佩所系（佩有德佩、事佩。德佩，玉也。事佩，如《内则》所云纷帨小觿之属。纷帨，即今之手帕也。小觿，解结之具）。袴之外有行縢，亦曰邪幅。袜，初亦以革为之。故见尊者必跣，后则惟解屦耳。

古无棉布，凡布皆麻为之。所谓絮纩，皆今之丝绵也。裘之制，则因贵贱而不同，详见《礼记·玉藻》。古人衣裘，皆毛在外，故曰："虞人反裘而负薪，彼知惜其毛，不知皮尽而毛无附。"裘上有衣，时曰裼衣。开裼衣露其裘曰裼，掩之曰袭。无裼衣为表裘，为不敬。故曰"表裘不入公门"[②]。袗（袗，禅也。袗，絺绤之外袍也）、絺（音 chī）、绤（音 xì）亦然。惟犬羊之裘不裼。贱者衣褐。褐，毛布也。木棉，宋以前惟交广有之。宋末元初，其种乃入江南。有黄道婆，自崖州至松江，教纺织之法，其利遂遍全国[③]。

古丧服以布之精粗为序，非以其色也。斩衰三升（约二百余支纤维为一升），齐衰四升五升六升，大功七升、八升、九升，小功十升、十一

① 《左传》桓公二年《疏》。
② 《玉藻》。
③ 《陔余丛考》。

升、十二升，缌麻十五升去其半，至十五升则为吉布，为深衣。然其色亦白。故《诗》曰“麻衣如雪”。素服亦白色。周之大札、大荒、大灾[①]，或以绢为之，与丧服非同物。古王公大人，服有采章，无爵者皆白，故白衣为庶人处士之称，然王公大人，初非不著白衣也。宋程大昌《演繁露》谓“南齐桓崇祖守寿春，著白纱帽，肩舆上城。今人必以为怪。乐府《白纻歌》曰：质如轻云色如银，制以为袍余作巾。今世人丽妆，必不肯以白纻为衣，古今之变，不同如此。《唐六典》：天子服有白纱帽，其下服如裙襦袜，皆以白，视朝听讼，燕见宾客，皆以进御，犹存古制。然其注云，亦用乌纱。则知古制虽存，未必肯用，习见忌白久矣”。愚案欧洲古平民只许衣黑，革命之后，乃并贵人皆黑衣[②]。中国古代平民只衣白，阶级崩坏，乃并许平民衣采章，似以中制为得也。

未有宫室以前，居处因寒暑而异。《礼运》：冬则居营窟，夏则居橧巢。《注》云：“寒则累土，暑则聚柴薪居其上。”《诗》曰：“古公亶父，陶复陶穴。”《疏》曰：“平地累土谓之复，高地凿坎谓之穴。其形如陶灶。”此即所谓寒则累土。

① 《周官·司服》。
② 见康有为：《欧洲十一国游记》。

《孟子》曰“下者为巢”。此即聚柴薪而居其上之类也。《墨子·节用》曰：“未有宫室之时，因陵丘堀穴而处，圣王虑之，以为堀穴，冬可以避风寒，逮夏，下润湿，上熏蒸，恐伤民之气，于是作为宫室而利。”宫室之所由兴如此。然栋梁之制，实原于巢居。墙壁之制，则原于穴居者也。

古之民，盖居水中洲上，州岛同音，州洲实一字也。明堂称辟雍。雍者，壅之古字。西北积高，则称雍州。辟即璧。玉肉好若一曰璧，璧形圜，言其四面环水也。后世之城，率绕之以池，盖犹沿邃古之制。城方大国九里，次国七里，小国五里[①]。皆筑土为之。时曰墉，墉之上为垣，称陴睨。亦曰陴，亦曰女墙（《释名》），城皆以人力为之。其外曰郭，亦曰郛，则依山川，无定形[②]。郭之内为郊，犹称国中，其外则为野鄙。匠人营国，面朝后市。内有九室，九嫔居之。外有九室，九卿朝焉。案天子诸侯，皆有三朝。最南为外朝，在皋门（诸侯曰库门）之内，应门（诸侯曰雉门）之外。应门之内曰治朝，其内为路门，路门之内为燕朝，燕朝之后为寝，寝之后为宫。宫寝之间，为内宫之朝。内九室当在于是，外九室则当在治朝也。其余尚有官府次舍，

---

① 《考工记》。

② 焦循：《群经宫室图》。

不能确知其处。应门之旁有阙，亦曰观，亦曰象魏，为悬法之地（天子外阙两观，诸侯内阙一观。见《公羊》昭二十五年《解诂》。家不台门，见《礼器》）。路门之侧为塾，民居二十五家为闾，闾之两端有门，其侧亦有塾，为教学之地。

路寝之制，前为堂，后为室。堂之左右为两夹，亦曰厢。东厢之东曰东堂，西厢之西曰西堂。室之左右为东西房，其北曰北堂，牖户之间谓之房。室西南隅为奥，户在东，西南隅最深隐，故名，尊者常处焉。西北隅谓之屋漏，日光所漏入也。东北隅谓之宧，宧，养也。盖饮食所藏。东南隅谓之窔，亦隐闇之义。此为贵族之居。晁错论募民徙塞下，谓古之徙远方，“先为筑室，家有一堂二内”。此近今日中为堂，左右为室之制。盖平民之居然也。

《尔雅》曰：“阇谓之台”（《注》“积土四方”）。有木者谓之榭（《注》“台上起屋”）。又曰：“四方而高曰台，狭而修曲曰楼。”则今日之楼，非周以前所能为。《孟子·尽心》：“孟子之滕，馆于上宫。”赵注：“上宫，楼也。”可以为馆，则似今日之楼。而非前此之台榭，仅供眺望者矣。恐不足信。然亦可见邠卿时，已有今日之楼也。

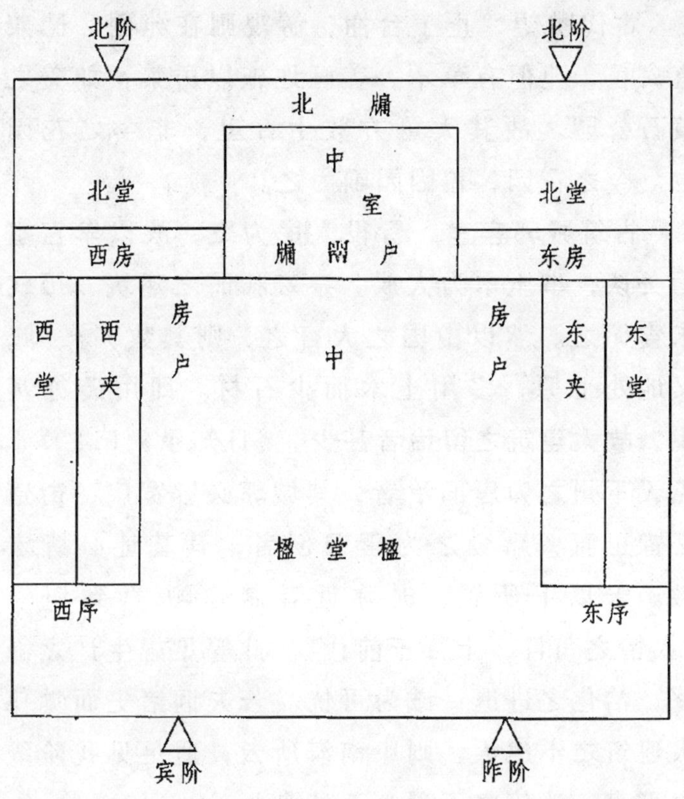

《儒行》称“一亩之宫，环堵之室，筚门圭窬，蓬户瓮牖”。可想见古代民居之简陋。然《月令·季秋》：“乃命有司：寒气总至，民力不堪，其皆入室。”《诗》：“十月蟋蟀，入我床下。穹窒熏鼠，塞向墐户。嗟我妇子，曰为改岁，入此室处。”《公羊解诂》亦曰：“吏民春夏出田，秋冬入保城郭。”（宣公十五年）则除风雨寒暑外，蜇处室中之时，盖甚少也。

古代眺望，止于台榭，游观则在苑囿。囿兼有禽兽，苑但有草木，盖画地施以厉禁，如美之黄石公园。故其大可方数十百里，非今之花园也。今之花园，盖因园圃为之。

古筑城郭宫室，皆役人民为之，故以卑宫室为美谈，事土木为大戒。崇宏壮丽之建筑，历代未尝无之。然以中国之大言之，则其数甚微耳。又地处平原，多用土木而少石材。即用砖亦甚晚，故大建筑之留诒者甚少。《日知录》曰：“予见天下州之为唐旧治者，其城郭必皆宽广，街道必皆正直，廨舍之为唐旧创者，其基址必皆宏敞。宋以下所置，时弥近者制弥陋。”致慨于“人情之苟且，十百于前代”。此等足觇生计之舒蹙，治化之进退，诚为可忧。若夫调诸史而觉伟大建筑之不逮人，则康南海所云，适足见我阶级之平夷，迷信之不深，不足愧也。

【第六讲】

交通通信

交通者，国家之血脉也。以地理形势言之，原隰平坦之区，陆路交通为亟。水路交错之区，河川交通为亟。山岭崎岖，港湾错杂之地，则其民长于航海。我国之黄河流域，东亚之大平原也。长江支流航路之远，亦世界所仅见也。南岭以南，平地较少，河川虽多，航行之利，亦不如长江。然海线曲折，则远非江河流域所及，故其航海之业，亦为全国之冠焉。

中国文明，本起河域。故其陆路交通，发达

最早。《庄子》所谓“山无蹊隧，泽无舟梁”者，盖已在荒古之世。至于三代，则其陆路交通，已颇便利矣。斯时之道路，当分国中及野外言之，国中之道，《考工记·匠人》云：“经涂九轨。”《王制》云：“男子由右，妇人由左，车从中央。”盖极宽平坦荡，野外则不能如是。《仪礼》：“商祝执功布，以御柩执披。”《注》云：“道有低仰倾亏，则以布为左右抑扬之节，使引者执披者知之。”《曲礼》曰：“送葬不避涂潦。”《左氏》载梁山崩，晋侯召伯宗，行辟重，重人曰：“待我，不如捷之速也。”可见其宽平不逮国中矣。案郊野之道，盖即所谓阡陌。《月令·季春》：“命司空，修理隄防，道达沟渎，开通道路，毋有障塞。”《注》：“古者沟上有路。”盖依沟洫为之。井田未废之时，沟洫占地颇多，且颇平直。则依沟洫而成之道路，亦必较今日田间之道路，为宽且直矣。特其用人力修治，不能如国中之殷，故其平坦，亦不逮国中耳。其有多用人力，修治平坦者，则秦汉间所谓驰道。

古戎狄事田牧，多居山险。汉族事耕农，多处平地，故驾车之时，较骑乘之时为多。车有两种，一曰大车，驾以牛，平地任载之车也。一曰小车，即兵车，亦称武车，驾马，人行亦乘之（妇人坐乘，男子立乘，车皆驾二马。三马为骖，四马为驷，然三四皆可称骖。《公羊》说：天子驾六。《毛诗》说：自天子至大夫皆驾四）。

古书言骑乘者甚少，后人因谓古马惟驾车，无单骑。《左传》昭公二十五年："左师展将以公乘马而归。"《疏》引刘炫，以为骑马之渐，此非也。《日知录》谓"古公亶父，来朝走马"。即是骑马。其说得之。又言："春秋之世，戎狄杂居中夏者，大抵在山谷之间，兵车之所不至。齐桓晋文仅攘而却之，不能深入其地者，用车故也。中行穆子之败翟于大卤，得之毁车崇卒。而智伯欲伐仇犹，遗之大钟，以开其道，其不利于车可知矣，势不得不变而为骑。骑射，所以便山谷也。胡服，所以便骑射也。"此虽言兵事，而交通变迁之故，从可知矣。

古代骑马，又不独平人也，驿亦有之。戴侗曰："以车曰传，以骑曰驲。"《经典释文》曰："以车曰传，以马曰遽。"亭林因谓《左氏》所载乘驲乘遽，皆是骑马。说亦甚确。汉初尚乘传车，后恶其不速，皆改为乘马矣。

水路之交通，不如陆路之发达。《孟子》言"岁十一月，徒杠成。十二月，舆梁成。"则必水浅之时，乃能乘之以架桥。水大时，则惟有用舟济渡耳。《尔雅》所谓天子造舟（比船为桥），诸侯维舟（连四船），大夫方舟（并两船），士特舟

（单船），庶人乘柎（并木以渡）者也。此即后世之浮桥（《诗》疏）。川之甚之者，则乘舟以渡。《诗》云“谁谓河广，一苇杭之”是也。浅狭之处则徒涉，《诗》云：“子惠思我，褰裳涉溱。”《论语》云：“深则厉，浅则揭。”《礼记》言：“舟而不游。”《淮南子》言“短绻无袴，以便涉游”是也。舟之初盖以一木为之。故《易》言“刻木为舟”，又曰“利涉大川，乘木舟虚”也（《注》“空大木为之曰虚”）。《月令》有舟牧，季春之月：“命舟牧覆舟，五覆五反，乃告舟备具于天子。”则其制造，必非如前此之简陋矣。《禹贡》九州贡路，皆有水道，虽未必真禹时书，亦必春秋以前物。《左氏》：晋饥，乞粜于秦，秦输之粟。“自雍及绛相继，命之曰泛舟之役。”则能由水道漕粟矣。然北人之使船，似终不如南人。吴欲伐齐，城邗，沟通江淮，此为以人力开运河之始。其后徐承又自海道伐齐。吴楚争战，用舟师时甚多。入郢之役，楚所以不能御者，以吴忽舍舟而遵陆，出不意故也。春秋时，江域之文化，远后于北方，独航行驾于其上。亦可见开化之必由地利矣。

中国地势，西高东下，大川皆自西徂东。故其交通，东西易而南北难。自河域通江域之运河，相需最亟。古代以人工开凿者，盖有二焉。

一为邗沟，一为鸿沟也。鸿沟久湮，《史记·河渠书》述其略曰：“荥阳下引河东南为鸿沟，以通宋、郑、陈、蔡、曹、卫，与济、汝、淮、泗会。”其为用，颇似今惠民河、贾鲁河也。

娄敬言河渭漕挽天下，西给京师。则自泛舟之役以来，其利迄未尝替。至后汉明帝时，而引汴渠自荥阳至千乘之大工程出焉。盖当时富力，皆在山东。故亟谋自长安通齐地之水运也。东晋以后，富力渐集于江淮，则运道亦一变。隋开通济渠，自东都引榖洛入河，又自河入汴，自汴入淮，以接淮南之邗沟。自江以南，则自京口达余杭，开江南河，凡八百里。唐世江淮漕转，二月发扬州，四月自淮入汴，六七月至河口，八九月入洛。自此以往，有三门之险，欲凿之而未成，乃陆运以入于渭。此自东南通西北之运道也。宋都汴京，水道四达。东河通江淮（亦曰里河），西河通怀孟，南河通颍寿（亦曰外河，今惠民河其遗迹也），北河通曹濮。四河之中，东河之利最巨，淮南、浙东西、荆湖南北之货，皆自此入汴。岭表之金银香药，亦陆运至虔州入江。陕西之货，有入西河入汴者。亦有出剑门，与四川之货，同至江陵入江者，盖东河所通，三分天下有其二矣。元有天下，始引汶水，分流南北，以成今日之运河，历明清无改。此则自东南通东北之水路也。

陆路交通，秦汉而后，盖已不如列国时之修整，自宋以后，废坏尤甚。今试引《日知录》数则，以见其概。

《日知录》曰："读孙樵《书褒城驿壁》，乃知其有沼有鱼，读杜子美《秦州杂诗》，又知其驿之有池有林有竹。今之驿舍，殆于隶人之垣矣。予见天下州之为唐旧治者，其城郭必皆宽广，街道必皆正直，廨舍之为唐旧创者，其基址必皆宏敞。宋以下所置，时弥近者制弥陋。此又樵记中所谓州县皆驿，而人情之苟且，十百倍于前代矣。"

又曰："古之王者，于国中之道路，则有条狼氏，涤除道上之狼扈，而使之洁清。于郊外之通路，则有野庐氏，达之四畿。合方氏，达之天下，使之津梁相凑，不得陷绝。而又有遂师以巡其道修，侯人以掌其方之道治。至于司险掌九州之图，以周知其山林川泽之阻，而达其道路。则舟车所至，人力所通，无不荡荡平平者矣。晋文之霸也，亦曰：司空以时平易道路，而道路若塞，川无舟梁，单子以卜陈灵之亡。自天街不正，王路倾危。涂潦遍于郊关，污秽锺于辇毂。《诗》曰：周道如砥，其直如矢。君子所履，小人所视，睠焉顾之，潸焉出涕。其斯之谓欤。"

又曰："《周礼》：野庐氏，比国郊及野之道路宿息井树。《国语》：单襄公述周制以告王曰，列树以表道，立鄙食以守路。《释名》曰：古者列树以表道，道有夹沟，以通水潦。古人于官道之旁，必皆种树，以记里至，以荫行旅。是以南土之棠，召伯所发。道周之杜，君子来游（甘棠之咏召公，郑人之歌子产）。固已宣美风谣，流恩后嗣。子路治蒲，树木甚茂。子产相郑，桃李垂街。下至隋唐之代，而官槐官柳，亦多见之诗篇（《诗》云：蔽芾甘棠，勿剪勿败，召伯所憩）。犹是人存政举之效。近代政废法弛，任人斫伐。周道如砥，若彼濯濯，而官无勿翦之思，民鲜侯甸之芘矣。《续汉书·百官志》，将作大匠，掌修作宗庙路寝宫室陵园土木之功，并树桐梓之类，列于道侧，是昔人固有专职。《后周书·朱孝宽传》：雍州刺史，先是路侧一里置一土堠，经雨颓毁，每须修之。自孝宽临州，乃勒部内，当堠处植槐树代之。既免修复，行旅又得庇荫。周文帝后问知之。曰：岂得一州独尔，当令天下同之。于是令诸州夹道一里种一树，十里种三树，百里种五树焉。《册府元龟》：唐玄宗开元二十八年，正月，于两京路及城中苑内种果树。代宗永泰二年，正月，种城内六街树。《旧唐书·吴凑传》：官街树缺，所司植榆以补之。凑曰：榆非九衢之玩，命易之以槐。及槐荫成而湊卒，人指树而怀之。《周礼·朝士注》曰：槐之言怀也，怀来人于此。然则今日之官，其无可怀之政也久矣。”

又曰：“《唐六典》：凡天下造舟之梁四，石柱之梁四，木柱之梁三，巨梁十有一，皆国工修之。其余皆所管州县，随时营葺，其大津无梁，皆给船人。量其大小难易，以定其差等。今畿甸荒芜，桥梁废坏，雄莫之间，秋水时至，年年陷绝，曳轮招舟，无赖之徒，借以为利。潞河渡子，勒索客钱，至烦章劾。司空不修，长吏不问亦已久矣，况于边障之远，能望如赵充国，治隍狭以西道桥七十所，令可至鲜水，从枕席上过师哉。《五代史》：王周为义武节度使，定州桥坏，覆民租车，周曰：桥梁不修，刺史过也。乃偿民粟，为治其桥。此又当今有司之所愧也。”

今日各地方之情形，与亭林所言，有以异乎？无以异乎？其原因，亭林谓由“国家取州县之财，纤毫尽归之于上，而吏与民交困，遂无以为修举之资”。盖古代之民政，愈至后世而愈废弛，此实中国不振之大原因也。

古代肩舆，仅用之于山地。《史记·河渠书》所谓“禹山行即桥”。《汉书·严助传》所谓“舆轿而隃岭”者也。宋某小说载，王荆公终身不乘肩舆，可见北宋时用者尚罕。南渡以后遂盛行，亦可见城市中路日趋倾隘也。

驿置历代有之，至唐益备。唐制：卅里一驿，天下水驿一千六百三十九，陆驿一千二百九十七，水陆相兼之驿八十六。其职属于驾部。宋以驾部属兵部，有步递马递急脚递之分。急脚递日行四百里，军兴则用之，南渡又有金字牌急脚递，日行五百余里[①]，宋史所谓岳飞一日奉金字牌诏十二者也。元称站赤（站之称固取之他国也），设置兼及藩王封地，规模尤大。明制：南北京设会同馆，在外设水马驿递运所。清制分铺递驿递两种，铺递用人，驿递用马，亦皆属兵部。凡驿皆有官马及舟车，不足则和雇。驰行则或役民夫，或用兵卒。自邮局兴，驿站乃以次裁撤。

驿站之设，人物既可往来，音讯亦资传递，实为最便之事。然历代仅限其用于官，而未能推以便民。故民间通信，事极艰苦。非遣急足，诿亲友，则必辗转请托矣。历来当寄书之任者，盖多商人或旅客。或代人请托者，则为逆旅主人。至清代乃有民信局之设，初起宁波，后遍全国，甚至推广及于南洋。而沿江一带尤盛。邮局设立

① 见沈括《梦溪笔谈》。

以后，虽逐渐减少，犹未尽绝也。此事颇足见我国民才力之伟。

海道交通可考者，始于吴人以舟师伐齐，前已言之。此等沿岸航行，盖随世而益盛。至汉以后，则有航行大海者，其路线见《汉书·西域传》、《唐书·地理志》。明时郑和奉使，航路抵今非洲，详见巩珍《西洋番国志》、马欢《瀛海胜览》。《明史·外国传》，即采自巩书者也。海路运粮，始于唐之陈磻石。磻石润洲人。咸通中，用兵交阯、湖南、江西，转饷艰苦。磻石创海运之议，自扬子经闽广以往。大船一艘，可运千石，军需赖以无阙云。元明清三代，则天庾之正供，亦藉海舟以输运矣。